学ぶ・わかる・みえる シリーズ 保育と現代社会

演習・保育と社会的養護実践
—— 社会的養護Ⅱ ——

編集　橋本 好市
　　　原田 旬哉

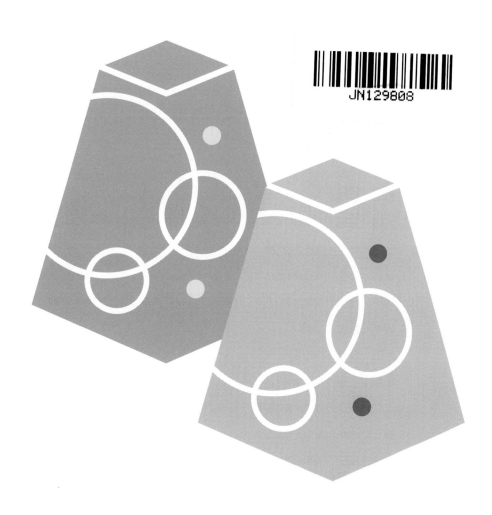

みらい

執筆者一覧

● 編者

橋本 好市（はしもと こういち）　神戸常盤大学

原田 旬哉（はらだ じゅんや）　園田学園女子大学

● 執筆者（五十音順）

明柴 聰史（あけしば さとし）	富山短期大学	第1部第3章
大河内 修（おおこうち おさむ）	中部大学	第2部ケース1
太田 敬志（おおた たかし）	児童養護施設阿波国慈恵院	第2部ケース8
金本 秀韓（かねもと しゅうかん）	自立援助ホームそなえ	第2部ケース9
川島 直子（かわしま なおこ）	頌栄短期大学	第2部ケース4
河野 清志（かわの きよし）	大阪大谷大学	第1部第1章
久保田美沙子（くぼた みさこ）	大妻女子大学	第2部ケース13
小島 知子（こじま ともこ）	園田学園女子大学	第2部ケース12
下木 猛史（しもき たけし）	純真短期大学	第1部第2章
杉山 宗尚（すぎやま むねまさ）	頌栄短期大学	第1部第4章
高田 豊司（たかた とよし）	関西福祉大学	第2部ケース6
谷 俊英（たに としひで）	大阪大谷大学	第1部第5章
辻井 善弘（つじい よしひろ）	社会福祉法人宝塚さざんか福祉会	第2部ケース2
直島 正樹（なおしま まさき）	相愛大学	第1部第6章
橋本 好市（はしもと こういち）	（前出）	終章
原田 旬哉（はらだ じゅんや）	（前出）	第2部ケース11・終章
松島 京（まつしま きょう）	相愛大学	第2部ケース3
三村 和久（みむら かずひさ）	津山児童相談所	第2部ケース5
籔 一裕（やぶ かずひろ）	京都文教大学	第2部ケース10
渡邊恵梨佳（わたなべ えりか）	神戸海星女子学院大学	第2部ケース7

はじめに

　現在、子どもと家庭を取り巻く社会的環境の厳しさは周知の通りである。特に児童虐待は深刻化の一途を辿り、セーフティネット機能としての社会的養護が益々重要な役割として期待されている。

　社会的養護は、親（保護者）と一緒に家庭で暮らすことが困難な子どもを親や家庭に代わって養育する機能である。近年は、より家庭に近い形態での養護へと移行しつつあり、2017（平成29）年には「新しい社会的養育ビジョン」が示され、里親やファミリーホーム特別養子縁組を柱とした「家庭養護」が具体化されることとなった。また、施設においても小規模化が促され、これまでの大舎制から小舎制に代わり小規模グループケアや地域小規模児童養護施設といった「家庭的養護」の整備が本格化している。2012（平成24）年度には、児童養護施設および乳児院には里親支援専門相談員が配置され、施設と里親との連携が始まっている。

　社会的養護が必要な子どもについて「自分とは関係のない他人ごと」、「テレビのなかの出来事」といった自身とはかけ離れた問題としてとらえる傾向もある。しかし実際の保育や福祉現場では、虐げられリスクを抱えている子どもたちの存在は増加傾向にある。保育士は、児童福祉施設としての社会的養護関係施設も職域の範疇にあるため、児童養護の専門職としてこれら状況下にある子どもに対する専門的支援を提供する立場としての社会的役割を有する。

　本書は、実践現場で活躍する保育士をはじめ、保育士を志す学生や保育士養成関係者が保育と社会的養護の関係について理解を深めていただけることを目的に編集したものである。保育士養成課程にある「社会的養護Ⅰ」では原理を学び、「社会的養護Ⅱ」では実践の学びを深める体系化された科目群である。本書の特徴は、「実践の学び」を理解し習得するために、「原理」的要素の再確認をしたうえで、多様な事例を通して「実践」力を高めることができる構成としている。本書での学びを通して、社会的養護実践に関する専門的支援の視点と資質を構築できるよう配慮した。社会的養護は保育士にとって重要な実践課題ととらえ、一人でも多くの者が社会的養護にかかわっていただけることを願っている。

　最後に、わが国における子ども観は「社会を支え、経済を支えるもの」という社会システムの一部としての見方が強い。この観点は子どもが健やかに自分らしく育つ社会を創ることのバリアになる。まず大切なことは、子どもの生活基盤を安定させ発達・成長を保障することこそが、長期的視点でみたときに国の財産となる。この命題を実現するための役割を保育士が担っているのであり、本書がその一助となれば幸甚である。

　本書の発行にあたり、編集や校正に多大なるご尽力をいただいた企画部の三浦敬太氏にこの場をお借りして心より感謝申し上げる。

　平成31年1月

編　者

『演習・保育と社会的養護実践』テキストの特長と活用

○本書は、保育士養成課程における「社会的養護Ⅱ」の科目に対応したテキストです。社会的養護Ⅱは演習科目である一方で、基本理念や原理、法制度などの社会的養護の基礎となる理論も扱っています。もちろん主眼となるのは、この演習科目の目標である社会的養護の実際について学ぶことにあります。

　本書では第1部を「社会的養護の理論と実際」として、社会的養護の基礎となる理論や理念、体系などを実際の視点から学びます。第2部は「ケーススタディ」として、保育士が活躍する各施設でのケースを通して、支援計画、日常生活の支援、自立支援など社会的養護にかかわる支援の方法について実践に必要な専門的知識を具体的に学びます。

○第1部の各章の導入部分には、保育士をめざす「みらいさん」と社会的養護内容を担当する「じゅん先生」が、その章のテーマについて、その項目を学ぶ理由、保育士との関係性を、会話形式で説明しています。この会話を最初に読むことによって、その章で学ぶ内容や理解すべきポイントを把握できるようにしています。

　また、第1部の各章にはそれぞれワークを設け、学んだ内容をふりかえることができるようにしています。ワークは学んだことをまとめるだけではなく、自分自身をふりかえったり、施設の実際について、学生同士が考え合うことで、学びの力を高めていく内容になっています。

○第2部は、保育士が実際に勤務している、養成校の実習先となっている各施設のケースから支援の方法について学んでいきます。

　各ケースでは、「個別支援計画の作成」「自立支援」など、それぞれテーマを設けています。そのテーマをポイントにしながら施設の役割や保育士や職員の支援を読み取ることができます。

　また、第2部には、それぞれのケースのテーマにかかわる演習課題を設けています。演習課題を考えることで、事例のふりかえりを行うことはもちろんのこと、社会的養護の新たな視点や実践現場での留意点などさまざまな気づきにつなげてください。

○本書には、担当教員が利用するために「指導者用マニュアル」を別に作成しました（弊社ホームページからダウンロードできます）。

　指導者用マニュアルでは、第1部の各ワークに関する「ねらい」「進め方と指導上の留意点」「ふりかえり」などの項目について解説し、第2部では事例を読むうえでポイ

ントとなる箇所の解説、演習課題の解答例を記しています。効果的・効率的に演習を進めるための指導ガイドとして活用してください。

○本書は、社会的養護を理解するための入門的な位置づけです。より内容を深く理解したり、興味が深まってきた場合には、章末にある引用文献や参考文献をあたってみましょう。きっと、新しい発見や多様な考え方に出会い、学びを深めていくことができるでしょう。

じゅん先生　　みらいさん

本書を活用される教員のみなさまへ

　本書をご利用いただく際には、指導者用マニュアルをご活用ください。指導者用マニュアルには、ワークや演習課題の解答例や解説が記載されています。本書をテキストとしてご採用、もしくはご検討いただく場合には、弊社ホームページの「書籍サポート」からダウンロードいただけます（無料）。「ダウンロード申し込みフォーム」からご利用ください。

　みらいホームページ：https://www.mirai-inc.jp/　→「書籍サポート」

【お問い合わせ】
㈱みらい　企画編集部内「演習・保育と社会的養護実践」係
〒500-8137　岐阜市東興町40番地　第5澤田ビル
TEL：058-247-1227　　FAX：058-247-1218　　E-mail：info@mirai-inc.jp

もくじ

はじめに
『演習・保育と社会的養護実践』テキストの特長と活用

■第1部 社会的養護の理論と実際■

第1章 社会的養護の理念と機能、法制度と枠組み

1 社会的養護の動向と新しい社会的養育ビジョン ……………… 14
1 2016（平成28）年成立の児童福祉法の改正について　14
2 新しい社会的養育ビジョン　14
3 社会的養育（社会的養護）における代替養育の体系　16

2 社会的養護とは ……………………………………………………… 17
1 社会的養護の概要　17
2 社会的養護の現状　20

3 社会的養護に関する法制度 ……………………………………… 22
1 児童福祉法制定の経緯　22
2 児童福祉法の社会的養護に関する主な改正　22
3 児童福祉施設の設備及び運営に関する基準　24
■ワーク1　「子どもの最善の利益」とは何かを考えてみよう。　24
■ワーク2　ペアレントトレーニングを体験してみよう。　26

第2章 社会的養護を必要とする子どもの理解と権利

1 子どもの権利と児童の権利に関する条約 ……………………… 28
1 子どもの権利とは何か　28
2 児童の権利に関する条約とは　28

2 社会的養護と子どもの権利 ……………………………………… 30
1 社会的養護の必要性のある子ども　30
2 虐待と子どもの権利　31

❸ 社会的養護を必要とする子どもの暮らしの実際 …………………… 32
　　1　家庭的養護　32
　　2　家庭養護　33

❹ 施設や里親等のもとで生活する子どもの権利擁護 …………………… 37
　　1　子どもの権利擁護に対する取り組み　37
　　2　家庭的養護・家庭養護に共通する権利擁護の取り組み　37

❺ 子どもの権利を守るしくみ …………………… 39
　　1　子どもの権利が侵害された時　39
　　2　被措置児童等虐待　40
■ワーク1　施設や里親のもとで暮らす子どもにわかりやすく権利を伝えよう。　41
■ワーク2　事例を通して子どもの権利侵害を考える。　41

第3章　社会的養護にかかわる保育士の役割

❶ 社会的養護にかかわる保育士の役割 …………………… 44
　　1　保育士が従事している社会的養護関係施設　44
　　2　施設における支援の実際　45
　　3　レジデンシャルケア　47

❷ 保育士の倫理および責務 …………………… 47
　　1　施設保育士等の倫理に関する指針　47
　　2　保育士の責務　48

❸ 保育士の専門性 …………………… 51
　　1　相談支援と多職種との連携　51
　　2　子どもの生涯発達を見通した支援　52
■ワーク1　保育士の役割を整理してみよう。　53
■ワーク2　子どもの権利擁護のために必要な社会的養護に関する施設の保育士の配慮を考えてみよう。　54

第4章　施設における支援の実際

❶ アドミッションケア（入所前後の支援：児童相談の流れ） …… 56
　　1　子どもが施設入所に至るまで　56
　　2　施設入所前後の支援　59

3　自立支援計画　60

❷　インケア（In Care） ……………………………………………… 60

　　1　インケアとは　60
　　2　基本的生活習慣の確立　61
　　3　治療的支援　62

❸　リービングケア（Leaving Care） ……………………………… 63

　　1　リービングケアとは　63
　　2　リービングケアの内容　63
　　3　「人とつながる」ための支援　63
　　4　ライフストーリーワーク　64

❹　アフターケア（After Care） …………………………………… 64

　　1　アフターケアとは　64
　　2　アフターケアの体制　64
　　3　子どもが相談できる職員　65
■ワーク1　被虐待体験から学ぶ。　66
■ワーク2　リービングケアについて考えよう。　66

第5章　社会的養護にかかわる相談支援

❶　家庭・家族への支援 ……………………………………………… 70

　　1　家庭・家族支援の必要性　70
　　2　保護者へ向けた支援　71

❷　里親への支援 ……………………………………………………… 74

　　1　里親支援の必要性　74
　　2　里親に向けた支援　75

❸　自立支援 …………………………………………………………… 75

　　1　自立支援の必要性　75
　　2　自立に向けた支援　76
■ワーク1　社会資源について考えてみよう。　78
■ワーク2　里親支援について学びを深めよう。　78

第6章　記録および評価

1 社会的養護実践における記録 …………………………………………… 80
1 記録の意義と目的　80
2 記録の方法・種類　80
3 記録のスタイル　81
4 記録作成上の留意点　84

2 社会的養護実践における評価 …………………………………………… 84
1 ソーシャルワークの展開過程における評価　84
2 社会福祉全体および社会的養護関係施設における評価制度　86
3 社会的養護関係施設における評価制度の特徴　88
4 社会的養護関係施設における評価制度の今後の課題　92
■ワーク1　適切な文章を作成しよう。　96
■ワーク2　社会的養護関係施設における自己評価・第三者評価についてまとめてみよう。　96

■第2部　ケーススタディ■

ケーススタディを学ぶにあたり

ケース1　施設への入所前後の支援
被虐待により短期間施設入所を利用し、家庭復帰をした子どもの事例… 101

ケース2　個別支援計画の作成1
知的障害者の個別支援計画の作成…………………………………………… 110

ケース3　個別支援計画の作成2
乳児院における個別支援計画の作成 ………………………………………… 120

ケース4　日常生活支援1
障害児入所施設における生活支援のなかで
不適切な行動の軽減を図った知的障害のある子どもの事例 ………… 129

ケース5　日常生活支援2
児童自立支援施設での小舎夫婦制による日常生活支援……………………… 137

ケース6　治療的支援1
情緒が不安定な子どもへの児童心理治療施設での治療的支援の事例…… 150

ケース 7　治療的支援 2
児童養護施設における発達障害のある子どもへの心理的ケア ……… 160

ケース 8　自立支援 1
高校を中退した子どもへの児童養護施設での就労支援 ………………… 170

ケース 9　自立支援 2
自立援助ホームで生活する子どもへの退居支援（リービングケア）…… 180

ケース 10　家庭養護へ向けての支援
ネグレクトされていた子どもの里親委託までのプロセス …………… 189

ケース 11　永続的解決に向けての支援
乳児院に入所していた子どもの養子縁組までのプロセス ……………… 198

ケース 12　相談支援 1
ネグレクトにより子どもが乳児院に入所している母親への支援の事例 …… 205

ケース 13　相談支援 2
DV被害を受けて母子生活支援施設へ入所した母親への就労支援と離婚の事例 …… 213

終章　社会的養護実践における課題と展望〜その将来像〜

1 社会的養護の歴史的経過　220
2 児童福祉法改正と新しい社会的養育ビジョン　221
3 社会的養護にかかわる専門職として　223
4 社会的養護のこれから　224

第1部
社会的養護の理論と実際

第1章　社会的養護の理念と機能、法制度と枠組み

社会的養護の理念や制度を学ぼう！

みらいさん　最近、児童虐待に関するニュースをよく聞くのですが、昔と比べて虐待は多くなっているのでしょうか？

じゅん先生　そうだね、もちろん昔から虐待はあったけど、児童虐待防止法が制定されてから、虐待についての関心が高くなったことも要因の一つとして考えられるし、児童相談所における児童虐待に関する相談件数は年々増加しているのは確かですね。

みらいさん　そうすると、そうした子どもたちのケアや家庭への支援が大切になってきますね。

じゅん先生　その通りだね。そのために、社会的養護があるのですが、その役割も昔と比べて変わってきています。

みらいさん　どのように変わってきているのでしょうか？

じゅん先生　かつて、社会的養護は保護者がいなかったり、保護者に育てられない子どものための支援が中心でした。しかし、今では虐待による心身面でのケアや障害がある子どもの支援、DV被害を受けた母子の支援などにも広がってきていますね。

みらいさん　なるほど。支援も多様化してきているのですね。そういった支援に応えるためには、人的・物的な基盤を充実させていく必要がありますね。

じゅん先生　その通りだよ。このような状況に対応するために、社会的養護に関する制度の見直しや法令の改正など今後の社会的養護のあり方について議論を重ねてきているのです。

みらいさん　そうなんですね。現在、主にどのようなことが進められてきているのでしょうか？

じゅん先生　たとえば家庭を支援し、できるだけ社会的養護を利用しないで済むようにしたり、親子が離れて暮らさなければならない場合は、施設より里親など、できるだけ家庭に近い形で子どもを支援したり、施設を小規模化したり、被虐待児の専門的ケアについてや親子関係の再構築支援などが取り上げられ、それらのあり方について議論が重ねられてきていますね。

みらいさん　すべて大切なことですね。今後の社会的養護の歩むべき方向について、ますます知りたくなりました。

じゅん先生　それを理解するためにはまず、社会的養護の理念や機能、現状について知っておく必要があります。この章ではこれらの学びを通して、社会的養護の将来について考えを深める機会としていきましょう。

1 社会的養護の動向と新しい社会的養育ビジョン

① 2016（平成28）年成立の児童福祉法の改正について

　2016（平成28）年5月に「児童福祉法等の一部を改正する法律」が成立し、一部を除いて2017（平成29）年4月より施行された。この法改正のポイントは、①「児童福祉法」の理念の明確化、②児童虐待の発生予防、③児童虐待発生時の迅速・的確な対応、④被虐待児の自立支援の4つとなっている。

　特に大きなポイントは、1947（昭和22年）年の法制定時から変更のなかった理念規定が見直されたことである。今回の改正では、児童の権利に関する条約の理念が盛り込まれ、子どもの権利を強調したものになっている。具体的には、第1条から第3条に児童が適切な養育を受け、成長、発達、自立などを保障される権利を有していることや、児童を中心に位置づけて、国民、保護者、国、地方公共団体はそれを支える形でその福祉が保障されることを明らかにしている。

　また、社会的養護を必要とする児童の多くが児童養護施設などへ措置されている現状から、里親やファミリーホーム（小規模住居型養育事業）など、より家庭に近い養育環境への推進を図るために国、地方公共団体（都道府県、市町村）にその責務について明記している。

　児童虐待の発生予防に関しては、市町村に対して妊娠期から子育て期まで切れ目ない支援を行う子育て世代包括支援センター[*1]の設置の努力義務（母子保健法）や支援が必要な妊婦を把握した医療機関や学校などは、そのことを市町村に情報提供に努めることが規定されている。

　また、虐待への早期対応について、市町村にその支援を行うための拠点の整備、市町村が設置する要保護児童対策地域協議会の調整機関に児童福祉司、保健師、保育士などの専門職の配置を義務づけ、さらに研修を課すことも義務づけられ、児童虐待の発生予防、早期対応に対する市町村の役割が一層高められた。

*1 法律上の名称は母子健康包括支援センターという。p.72参照。

② 新しい社会的養育ビジョン

　2016（平成28）年の児童福祉法改正では、子どもが権利の主体であること、実親による養育が困難な場合、里親や特別養子縁組などで家庭に近い養育環境で養育されるよう、家庭養育優先の理念などが規定された。この理念を具

体化するために厚生労働大臣が参集し、有識者による検討会により2017（平成29）年、「新しい社会的養育ビジョン」が取りまとめられた。この報告書は2011（平成23）年に出された「社会的養護の課題と将来像」を全面的に見直したもので、大きくは5つのポイントが示されている。

①市区町村を中心とした子ども家庭支援体制の構築
②児童相談所の機能強化と一時保護改革
③代替養育における「家庭と同様の養育環境」原則に関して乳幼児から段階を追っての徹底、家庭養育が困難な子どもへの施設養育の小規模化・地域分散化・高機能化
④永続的解決（パーマネンシー保障）の徹底
⑤代替養育や集中的在宅ケアを受けた子どもの自立支援の徹底

①については、地域や家族の変容にともない、社会による養育支援体制の構築の必要性が高まってきていることから、すべての子どもと家庭を支援するために、身近な市区町村において、ソーシャルワークができるような体制の構築と支援メニューの充実を図ることとし、たとえば産前産後母子ホームなどの親子入所支援の創設や児童家庭支援センターの配置の増加と質の向上などを行っていくとされている。

②では、各都道府県にある中核市・特別区が児童相談所を設置できるような、計画的支援や通告窓口の一元化、個別化された丁寧なケアが行えるよう一時保護所の抜本的な改革が示されている。

③では、家庭養育原則を実現するため、就学前の子どもは、原則として施設への新規措置入所を停止するとし、概ね7年以内に里親委託率75％以上、学童期以降は概ね10年以内を目途に里親委託率50％以上を実現するなど、年限を明確にした取り組み目標が示された。また、ケアニーズが非常に高く、施設などで十分なケアが不可欠な場合は、小規模・地域分散化された養育環境を整え、施設などにおける滞在期間について、原則として乳幼児は数か月以内、学童期以降は1年以内と示されている。

④では、代替養育に関して、家庭復帰やそれが不適当な場合は、養子縁組を選択するなどの永続的解決（パーマネンシー保障）をめざしたソーシャルワークを児童相談所で行い、民間機関と連携しながら強固な養親・養子支援体制を構築し、養親希望者を増加させ、概ね5年以内に現状の約2倍の年間1,000人以上の特別養子縁組成立をめざし、継続して増加を図っていくとしている。

⑤では、社会的養護経験者（ケア・リーバー）の実態把握を行い、自立支援ガイドラインを作成し、概ね5年以内に里親などの代替養育機関、アフターケア機関の自立支援機能の強化を行う。また、措置を行った自治体の責任を明確化し、たとえば、自治体による自立支援計画の策定をするなどの包括的な制度的枠組みを構築し、代替養育の場における自律・自立のための養育、進路保障、地域生活における継続的な支援を推進するとしている。

　以上のように、「新しい社会的養育ビジョン」では、児童福祉法の理念に基づき、在宅での支援から代替養育、養子縁組と、社会的養育分野の課題と改革の具体的な方向性が網羅され、それらが着実に推進されるようその行程が示されている。しかしながら、数値目標などが性急であるとし、都道府県社会的養育推進計画では、地域の実情にあわせて具体的目標と達成期限を設定することになった。

③ 社会的養育（社会的養護）における代替養育の体系

　社会的養育では家庭で暮らす子どもと代替養育を受けている子ども、つまりすべての子どもが対象となっており、胎児期から自立までが対象である。そして、これらは子どもの権利、子どものニーズを優先に、家庭のニーズも考慮して行われるとしている。

　社会的養育における代替養育は、大きくは家庭養育（家庭養護）と施設養育（家庭的養護）の2つに分けられる。まず、家庭での養育が困難もしくは適当でない場合は「家庭における養育環境と同様の養育環境」として家庭養育、次にそれが適当ではない場合、つまり高度に専門的な治療的ケアが一時的に必要な場合は「できる限り良好な家庭的環境」として施設養育がある。なお、この2つには明確な優先順位があり、原則家庭養育を優先することになっている。

　家庭養育とは、保護の必要な児童を養育者の家庭に迎え入れて養育を行うものであり里親や養育者[*2]の住居で5～6人の子どもを預かるファミリーホームを指している。施設養育とは、小集団を生活単位とした養育環境を備えた小規模施設での養育のことで、地域小規模児童養護施設や分園型グループケアを指す。

　「新しい社会的養育ビジョン」では、こうした小規模施設は最大でも6人以下の子どもとケアワーカーが一生活単位を構成し、子どもは、独立性と自律性を備えたこの生活単位において日常生活を送ることとしている。また、ケアニーズが高い子どもが入所する場合は、4人以下とさらに小規模で運営

[*2] 本書では、子どもを支援する職員や里親等を総称して示す場合、「養育者」「保育者」と示すことがある。

していくことを求めている。なお、この原則は児童養護施設だけではなく、一時保護を担う施設、児童心理治療施設、児童自立支援施設についても同様である。

2016（平成28）年の児童福祉法改正により、家庭養育優先の原則が示され代替養育においては家庭養育が推進されるなかで、施設は入所機能のみならず、アセスメント機能、相談・通所機能、在宅支援機能および里親支援機能を付加するなど、多機能化が求められている。形態的変化とともに個別的ケアのあり方について、これまで以上により高度な専門性が必要となるなか、今後それを担う人材をどのように育て、養育の質の確保を図っていくのかが課題となっている。

2 社会的養護とは

① 社会的養護の概要

▼社会的養護の理念と定義

わが国の社会的養護は、「子どもの最善の利益」と「社会全体で子どもを育む」という2つの考えを基本理念として掲げている。これは、子どもを中心に位置づけ、すべての子どもを社会全体で育むという形で、子どもの福祉を保障していくものである。

これらの理念に基づき、社会的養護を「保護者のない児童や、保護者に監護させることが適当でない児童を、公的責任で社会的に養育し、保護するとともに、養育に大きな困難を抱える家庭への支援を行う」[1]と定義している。社会的養護はこれらの基本理念のもと、以下の6つを基本原理として支援を行っている。

①家庭養育と個別化

すべての子どもは、適切な養育環境のもと、安心して自分をゆだねることができる養育者によって、一人ひとりの個別的な状況が十分に考慮されながら養育されるべきである。社会的養護が必要な子どもに安心、安全に暮らせる「あたりまえの生活」を保障していくことが何よりも重要である。

②発達の保障と自立支援

これからの人生を作り出す基礎となるよう、子ども期の健全な心身の発達の保障をめざす。そのためには、人生の基礎となる乳幼児期における愛着関係や基本的な信頼関係の形成が重要である。子どもは、こうしたことを基盤

にして、自分や他者の存在を受け入れていくことができるようになるのである。子どもの自立や自己実現をめざして、子どもの主体的な活動を大切にするとともに、さまざまな生活体験などを通して、自立した社会生活に必要な基礎的な力を形成していくことが必要である。

③回復をめざした支援

　社会的養護を必要とする子どもには、その子どもに応じた成長や発達を支える支援だけでなく、虐待や分離体験などによる悪影響からの癒しや回復をめざした専門的ケアや心理的ケアなどの治療的なケアも必要となる。こうした子どもたちが、安心感をもてる場所で、大切にされる体験を積み重ね、信頼関係や自己肯定感（自尊心）を取り戻せるようにしていくことが必要である。

④家族との連携・協働

　「適切な養育環境」を保てず、困難な状況におかれている親子がいるなかで、社会的養護はそれに的確に対応するため、親とともに、親を支えながら、あるいは親に代わって、子どもの発達や養育を保障していく包括的な取り組みである。

⑤継続的支援と連携アプローチ

　社会的養護は、その始まりからアフターケアまでの継続した支援と、できる限り特定の養育者による一貫性のある養育が望まれる。また、社会的養護の担い手は、同時に複数で連携して支援に取り組んだり、支援を引き継いだり、あるいは元の支援主体が後々までかかわりをもつなど、それぞれの機能を有効に補い合い、重層的な連携を強化することによって、支援の一貫性・継続性・連続性というトータルなプロセスを確保していくことが求められる。

⑥ライフサイクルを見通した支援

　社会的養護のもとで育った子どもたちが、社会に出てからの暮らしを見通した支援を行うとともに、入所や委託を終えた後も長くかかわりを持ち続け、帰属意識を持つことができる存在になっていくことが重要である。また、虐待や貧困の世代間連鎖を断ち切っていけるような支援が求められる。

▼子ども家庭福祉としての社会的養護

　ここでは、今日に至るまでのわが国の子ども家庭福祉の理念について、その歴史的変遷をたどりながら考えていく。

　1947（昭和22）年に制定された児童福祉法では、児童に対する基本的人権とそれに対する社会的責任が記された。本法の第1条から第3条に規定されている総則には、日本国憲法第25条「基本的人権」としての生存権を根底に、児童福祉の理念が規定されている。

表1−1 児童福祉法の総則の新旧対象条文

新	旧
第1条　全て児童は、児童の権利に関する条約の精神にのっとり、適切に養育されること、その生活を保障されること、愛され、保護されること、その心身の健やかな成長及び発達並びにその自立が図られることその他の福祉を等しく保障される権利を有する。	第1条　すべて国民は、児童が心身ともに健やかに生まれ、且つ、育成されるよう努めなければならない。 ②　すべて児童は、ひとしくその生活を保障され、愛護されなければならない。
第2条　全て国民は児童が良好な環境において生まれ、かつ、社会のあらゆる分野において、児童の年齢及び発達の程度に応じて、その意見が尊重され、その最善の利益が優先して考慮され、心身ともに健やかに育成されるよう努めなければならない。 ②　児童の保護者は、児童を心身ともに健やかに育成することについて第一義的責任を負う。 ③　国及び地方公共団体は、児童の保護者とともに、児童を心身ともに健やかに育成する責任を負う。	第2条　国及び地方公共団体は、児童の保護者とともに、児童を心身ともに健やかに育成する責任を負う。
第3条　前二条に規定するところは、児童の福祉を保障するための原理であり、この原理は、すべて児童に関する法令の施行にあたつて、常に尊重されなければならない。	第3条　前二条に規定するところは、児童の福祉を保障するための原理であり、この原理は、すべて児童に関する法令の施行にあたつて、常に尊重されなければならない。
第3条の2　国及び地方公共団体は、児童が家庭において心身ともに健やかに養育されるよう、児童の保護者を支援しなければならない。ただし、児童及びその保護者の心身の状況、これらの者の置かれている環境その他の状況を勘案し、児童を家庭において養育することが困難であり又は適当でない場合にあつては児童が家庭における養育環境と同様の養育環境において継続的に養育されるよう、児童を家庭及び当該養育環境において養育することが適当でない場合にあつては児童ができる限り良好な家庭的環境において養育されるよう、必要な措置を講じなければならない。	(新設)

※下線は筆者加筆

第1条と第2条では、児童福祉の基本的理念と国、地方公共団体の児童の福祉に対する責任について、第3条では、前2条に規定されている原理を尊重し、児童に関するすべての法令の施行に際し、尊重されなければならないことが明記されている。

　そして、児童福祉法制定から69年目の2016（平成28）年「児童福祉法等の一部を改正する法律」が成立し、これまで見直されてこなかった理念規定が改正されることになった。これにより、児童福祉法制定時にあった「育成される」「愛護される」のような受動な権利保障から、児童の権利に関する条約の精神に則り、児童が権利を行使する主体であるということが位置づけられた。今後、子どもの福祉に関するあらゆる局面において、この理念に則った対応が求められることになる。

　社会的養護の分野においても、この理念に基づき、子どもの意見を尊重し、子どもの最善の利益を優先しながら多角的な視点から支援が展開される必要がある。

▼社会的養護のとらえ方

　社会的養護とは一体どのような意味をもつのだろうか。社会的養護の「社会」とは、私たち人間が集団、共同で営む生活の総称であり、その対義語は「個人」である。「養護」は養育と保護の造語と考えられる。つまり、共同生活を営む集団が、子どもを危険や脅威から守りながら、養い育てることが社会的養護であるといえる。では、このような社会的養護が必要となる子どもとは、いったいどのような状況なのであろうか。それは、端的には「養護に欠ける状況」であり、具体的には子どもに保護者がいないか、保護者がいても虐待、放任などの理由によって必要な監護を受けることができないなど、子どもの福祉が阻害されている状況である。では、わが国の社会的養護に関する現状について、みていきたい。

② 社会的養護の現状

　全国の児童相談所が対応した児童虐待の相談対応件数は毎年増加傾向にあり、2017（平成29）年度は13万3,778件を記録した。これは、児童虐待防止法の施行前の1999（平成11）年度の1万1,631件と比べると約12倍に増加していることになる（図1-1）。

　過去10年ほどで、乳児院や児童養護施設の入所児童は減少傾向であるが、里親等委託児童は増加傾向にあり、児童虐待防止対策の今後一層の努力と、社会的養護についての質・量の充実を図ることが急務となっている（図1-2）。

第1章　社会的養護の理念と機能、法制度と枠組み

図1-1　全国の児童相談所における児童虐待に関する相談件数

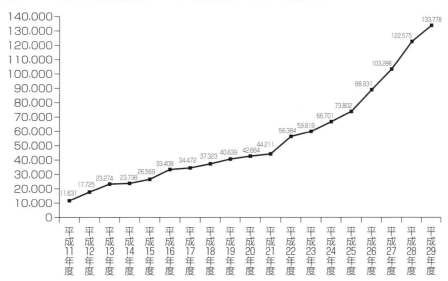

注：平成22年度の件数は、東日本大震災の影響により、福島県を除いて集計した数値である。
出典：厚生労働省「厚生労働統計一覧」

図1-2　要保護児童数の増加

過去10年で、里親等委託児童数は約2倍、児童養護施設の入所児童数は約2割減、乳児院が約1割減となっている。

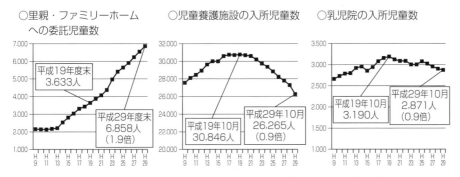

注：児童養護施設・乳児院については各年度10月1日現在（社会福祉施設等調査、平成21年度以降は家庭福祉課調べ）里親・ファミリーホームについては、各年度3月末現在（福祉行政報告例）
出典：厚生労働省「社会的養育の推進に向けて」（平成31年1月）」2019年　p.3

3　社会的養護に関する法制度

①　児童福祉法制定の経緯

　1945（昭和20）年、日本はポツダム宣言を受諾し、敗戦を迎えた。戦争終結直後の日本は混乱と窮乏を極め、それは児童に対しても暗く厳しい現実を突きつけることになった。生活水準の低下による保健衛生状態の悪化、急激な社会環境の変化による児童の不良化や都市にあふれる浮浪児対策など、早急に解決しなければならない問題が山積していた。このような状況をかんがみ、政府は児童保護法案要綱を作成し中央社会事業委員会に諮問した。しかし、政府案では法案の対象児童を「保護を要する児童」のみとしていたことから、対象をすべての児童にすべきとし児童保護法ではなく、児童福祉法というべきものにすべきであると答申した。これを受け、法案を練り直し、1947（昭和22）年8月に新憲法下のもと、第1回特別国会にこれを提出し、12月に公布、翌年1月に一部施行、4月から全面施行となった。

　この法律の制定により、これまでの要保護児童の保護対策という考えから、「すべての児童」を対象として積極的に健全育成や福祉の増進をめざす体制が確立した。

②　児童福祉法の社会的養護に関する主な改正

　児童福祉法制定50年に当たる1997（平成9）年6月に「児童福祉法等の一部を改正する法律」が成立し、1998（平成10）年4月に施行された。この改正では要保護児童施策について、これまでの「保護救済」から「自立支援」という観点が導入された。これにともない一部の児童福祉施設の名称や機能が改められた。

　2016（平成28）年の改正では、これまで見直しされてこなかった児童福祉の理念規定が変わり、「児童が権利の主体であること」「意見を尊重されること」「最善の利益を優先されること」などが明記された。これにより、実親の養育が困難であれば、里親や特別養子縁組、ファミリーホームなどの「家庭と同様の養育環境」において継続的に養育されるよう必要な措置を講じること。そして、それが適当でないケースでは、地域小規模児童養護施設（グループホーム）や小規模グループケア（分園型）など「できる限り良好な『家庭的環境』」で養育されるよう、必要な措置を講じることが示された。その他、

社会的養護に関係する主な改正のポイントは以下のとおりである。

①児童養護施設

　施設の目的として従来の養護に加えて児童への自立支援が加わり、1997（平成9）年の改正により養護施設と虚弱児施設が統合され、児童養護施設に名称が改められた。また、2004（平成16）年の改正で入所児童に関する要件の見直しが行われ、特に必要のある場合には、乳児院に幼児を、児童養護施設に乳児を入所させることができることになった。また、退所した者についての相談そのほかの援助を行うことが明確化された。

②児童自立支援施設

　教護院から児童自立支援施設へ名称変更となり、児童の自立支援を目的とする施設となった。また、対象児童を「家庭環境その他の環境上の理由により生活指導等を要する児童」とし、入所に加え、通所も取り入れられた。さらに学校教育に準ずる教育から、分校・分室などの設置により、学校教育法に定められた就学が実施されることになった。また、2004（平成16）年の改正により、退所した者についての相談そのほかの援助を行うことが明確化された。

③児童心理治療施設

　「おおむね12歳」としていた年齢制限が撤廃され、満20歳まで入所期間が延長された。また、2004（平成16）年の改正により、退所した者についての相談そのほかの援助を行うことも明確化された。さらに、2017（平成29）年の改正で従来の「情緒障害児短期治療施設」から「児童心理治療施設」に改め、対象を環境上の理由により社会生活への適応が困難となった児童とし、その目的を社会生活に適応するために必要な心理に関する治療および生活指導を主として行うものと明確化した。

④母子生活支援施設

　従来の「母子寮」から母子家庭の自立の支援や雇用の促進を図るため、入所者の自立の促進のための生活の支援をその目的に加え、1997（平成9）年の改正により母子生活支援施設に改称された。また、2004（平成16）年の改正により、退所した者についての相談そのほかの援助を行うことが明確化された。

⑤児童自立生活援助事業（自立援助ホーム）

　これまでの自立相談援助事業から児童自立生活援助事業に改称となり、第2種社会福祉事業に位置づけられた。また、2004（平成16）年の改正で措置を解除された者について、相談その他の援助を行うことが明記された。2016（平成28）年の改正では、対象年齢を原則20歳未満としていたものから、4年制大学などに就学中の場合は、22歳の年度末まで入所を可能とした。

③ 児童福祉施設の設備及び運営に関する基準

　児童福祉施設の設備および運営にあたっては、入所児童が心身ともに健やかで社会的な発達に必要な生活水準が確保されていなければならない。そのため、これまで厚生労働省令によって「児童福祉施設最低基準」が定められていた。しかし、2011（平成23）年の「地域の自主性及び自立性を高めるための改革の推進を図るための関係法律の整備に関する法律」公布にともない、児童福祉法が一部改正され、これまで省令で定められていた児童福祉施設の設備・運営に関する基準について都道府県が地域の実情に合わせて条例で定めることになった。また、これらの改正を受けて、2012（平成24）年度より「児童福祉施設最低基準」は「児童福祉施設の設備及び運営に関する基準」（以下「設備運営基準」）として名称が変更された。なお、条例で定める基準については「設備運営基準」で定める「従うべき基準」「参酌すべき基準」の区分に基づき制定されなければならないことになっている。たとえば、人員配置基準、居室面積基準、人権に直結する基準については、必ず適合しなければならない基準である「従うべき基準」、衛生管理、入所者・職員の健康診断、乳児院、児童養護施設などにおける関係機関との連携などについては、地方自治体が十分参酌した結果であれば、地域の実情に応じて定めることが許される「参酌すべき基準」となっている。

ワーク1 「子どもの最善の利益」とは何かを考えてみよう。

　現在、児童養護施設は、従来の大舎制から施設の小規模化や地域分散化の推進が図られ、子どもの状態に合わせた多様なケアが行えるような養育環境の整備が進められている。そこで、このような施設の小規模化・地域分散化について図1-4をみながら「子どもの最善の利益」の立場から、そのメリットを考えてみよう。さらに、小規模化を進めるうえでの施設の課題（職員や運営、組織など）について考え、解決策を考えてみよう。

第 1 章　社会的養護の理念と機能、法制度と枠組み

図1-4　大舎制と小規模グループケアの例

大舎制の例

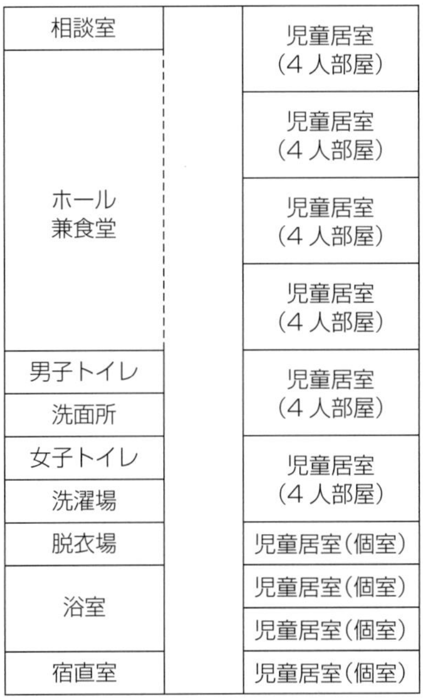

相談室	児童居室（4人部屋）
ホール兼食堂	児童居室（4人部屋）
	児童居室（4人部屋）
	児童居室（4人部屋）
男子トイレ	児童居室（4人部屋）
洗面所	
女子トイレ	児童居室（4人部屋）
洗濯場	
脱衣場	児童居室（個室）
浴室	児童居室（個室）
	児童居室（個室）
宿直室	児童居室（個室）

・児童数20名以上
・原則相部屋、高年齢児は個室の場合もある。
・厨房で一括調理して、大食堂へ集合して食べる。

小規模グループケアの例

児童居室（2人部屋）	児童居室（個室）	児童居室（個室）
児童居室（個室）	リビング兼食堂	
児童居室（個室）		
洗濯機		
洗面所	キッチン	
風呂	トイレ	職員宿直室

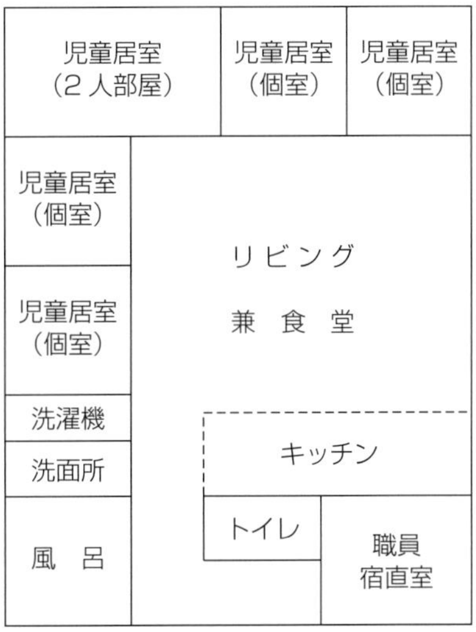

・児童数6〜8名
・原則個室、低年齢児は2人部屋など
・炊事は個々のユニットのキッチンで職員が行い、児童も参加できる。

出典：厚生労働省子ども家庭局家庭福祉課「社会的養育の推進に向けて（平成29年12月版）」2017年　p.38

小規模化のメリット	
施設の職員・運営・組織上の課題	解決策

ワーク2 ペアレントトレーニングを体験してみよう。

　「しつけ」という言葉を聞いてどのようなことを連想するだろうか？　もしかしたら、叱責や罰を与えるという否定的イメージをもつ人も多いかもしれない。ここでは、「しつけ」をもっと肯定的で前向きにとらえ、楽しく子育てするためには、どのようなことが必要なのかを考えてみよう。

問題行動（やめてほしい行動）	望ましい行動

【引用文献】
1）児童養護施設等の社会的養護の課題に関する検討委員会・社会保障審議会児童部会社会的養護専門委員会とりまとめ「社会的養護の課題と将来像」2011年　p. 3

【参考文献】
児童養護施設等の社会的養護の課題に関する検討委員会・社会保障審議会児童部会社会的養護専門委員会とりまとめ「社会的養護の課題と将来像」2011年
厚生労働省「社会的養育の推進に向けて」2017年
新たな社会的養育の在り方に関する検討会「新しい社会的養育ビジョン」2017年
第20回社会保障審議会児童部会社会的養育専門委員会資料「『新しい社会的養育ビジョン』について（概要）」2017年
厚生労働統計協会編『国民の福祉と介護の動向2012/2013』2012年
相澤仁・柏女霊峰・渋谷昌史編『子どもの養育・支援の原理　社会的養護総論』明石書房　2012年
山縣文治・林浩康編『よくわかる社会的養護』ミネルヴァ書房　2012年
Briget A.Barnes・Steven M.York M.H.D著、堀健一・氏江紀恵監修、久山康彦リチャード・三木身保子訳『コモンセンスペアレンティング（幼児編）（第2版）』BOYS TOWN press　2013年

第2章　社会的養護を必要とする子どもの理解と権利

子どもの権利をどこまで理解していますか？

じゅん先生　社会的養護は国や社会の責任で子どもの成長を保障する取り組みだけど、その際に保育者が特に意識しておかなければならないものがあるけど何かわかるかな？

みらいさん　何だろう？　命でしょうか。それはあたり前のことだしなぁ……。

じゅん先生　もちろん命は大前提だね。その命を大切に育てていくために保育者を含めた大人が守っていかなければならないものだよ。

みらいさん　ん～……、権利かな？　子どもの権利って聞いたことがあります。

じゅん先生　そう、子どもの権利だね。特に社会的養護を必要とする子どもたちは、さまざまな事情で権利が守られない状況にあることが多いから、社会的養護に携わる保育者は、子どもの権利が守られるように特に意識して取り組んでいかなければならないんだよ。じゃあ、子どもの権利ってどんな内容かわかるかな？

みらいさん　何となく大切なのはわかるのですが、内容までしっかり学習したことはないです。なんだか難しそうだったので……。

じゅん先生　権利という言葉は、堅苦しくてとっつきにくい感じがあるけども、実は子どもたちの生活のなかにいろんな形で生かされているんだよ。

みらいさん　そうなんですね。子どもたちの生活のなかにどんな形で生かされているのかを知ることで、子どもの権利がより身近に理解できるのかな。

じゅん先生　その通りです。では、これから「児童の権利に関する条約」についてまず学習しましょう。そして社会的養護の実践のなかで子どもの権利がどのように生かされているのかについて一緒に考えていきましょう。きっと保育をめざす者としての意識がさらに高まると思いますよ。

みらいさん　わかりました。がんばります！

1　子どもの権利と児童の権利に関する条約

① 子どもの権利とは何か

　2018（平成30）年、東京都で5歳の女の子が両親からの虐待により衰弱死した事件があった。言うことを聞かないからと、しつけと称して両親から激しく殴られ、十分な食事も与えられず、また外に出て遊ぶことも禁じられていた。見つかったときは意識不明で、体中に殴られたあざがあり、体重もこの年齢の平均から8kgも下回っていた。事件後、部屋でノートが発見され、「もっとあしたはできるようにするからもうおねがいゆるして」と女の子の文章が書かれていたのである[1]。

　あなたはこれを読んで、子どもらしく育つということをどう考えるだろうか。どのような理由があろうとも、十分な栄養や睡眠が与えられ、外に出て友だちと遊ぶことや、学校で勉強をすること、さまざまな気持ちを言葉にして伝えることは子どもの成長にとって必要である。養育者の都合でこれらのことが不必要に制限されてしまうことは不適切であると感じるであろう。子どもらしく育つうえで大人の保護や配慮は子どもにとって必要な権利であり、それらは現在どのように保障されているのだろうか。

② 児童の権利に関する条約とは

▼児童の権利に関する条約発効への経緯

　日本を始め世界では、貧困や差別・戦争など社会や大人の事情や都合で、子どもたちが子どもらしく成長することのできる環境や養育が与えられない状況が未だ多く存在している。日本では、親を始め養育者の都合で、不適切な養育環境やかかわりの一つである「虐待」といわれる状況が急増している。このように、社会や大人の事情や都合で子どもの成長が阻まれることがないよう子どもの基本的な人権を国際的に保障するために定めた条約が「児童の権利に関する条約」（以下、子どもの権利条約）である。

　歴史をふりかえると、子どもたちは長い間、大人の従属物として、また小さな労働者として、労働や搾取、戦争、貧困など、その時代や社会の影響を受け犠牲になり続けてきた。しかし、社会の発展とともに、子ども観[2]や子どもの権利に対する考え方も変化し、20世紀に入り「世界児童憲章」（1922年）、「児童の権利に関するジュネーブ宣言」（1959年）、「国際児童年」（1979

[1] 2018（平成30）年6月7日、朝日新聞朝刊

[2] 子ども観
その時代や社会の子どもについての考え方。

年)など、子どもは大人から保護や支援を受ける権利をもつ存在として認識されるようになった。それらの考え方に法的拘束力をもたせた「条約」として成立させようと、ポーランドを始め世界各国や団体の動きがあり、1989年には全世界の子どもたちに適用される権利を体系化した「児童の権利に関する条約」が国連総会で採択された。

日本は1994(平成6)年に158番目の締結国として子どもの権利条約を批准[*3]し、それ以降は、社会的養護はもちろんのこと、国内の児童に関する法律や制度施策にこの条約の考え方を取り入れていくことになった。

▼児童の権利に関する条約の内容

子どもの権利条約は、前文と54条の本文からなっている。そこに示された権利を性格別にみると、保護的・援助的性格をもつ受動的権利と、主体的・積極的権利をもつ能動的権利に分けられる。受動的権利については、子どもは大人の保護や支援が必要な存在として、多くの権利がこの条約のなかに保障されている。それとあわせて、子どもは保護される存在だけではなく、自分の意見を述べることや、それを自由に表現することなど、子ども自ら主体的に権利を行使していける存在としての能動的権利も保障されているのが、子どもの権利条約の大きな意義と特徴である。

子どもの権利条約の締結国(批准)は、その国の法律や制度施策に、条約で示された子どもの権利を反映させていかなければならない。ユニセフ[*4]は、その際の基本的な考え方として、生きる権利・育つ権利・守られる権利・参加する権利の4つを条約の柱とし、常に子どもにとって一番いいことを優先していくことだとしている。これを条約のなかでは「子どもの最善の利益」と表現している。

子どもの権利条約は、保護される存在と、保護をする存在であった子どもと大人の間にある壁をなくし、子どもを権利の主体者として、子どもの最善の利益という視点に立ち、大人や社会のあり方をみつめなおしていこうとする意図をもつ条約である。

▼児童の権利に関する条約と児童福祉法

子どもの権利条約の締結国は、条約を発効して2年以内に、その後は5年ごとに国連子どもの権利委員会に国内の子どもの権利に関する取り組みを報告し、子どもの権利委員会からの勧告を国内の取り組みに反映させていくということが求められている。日本も現在までに3回、国連子どもの権利委員会に報告し、勧告を受けてきた。その勧告に従い、子ども家庭福祉の分野では、虐待についての法律の制定や、社会的養護が必要な子どもを小規模な施設形態で養育していくこと、里親等の家庭養護で養育していくという方針や

*3 批准
条約を最終的に国として同意すること。条約に示されている内容を国にも取り入れて守っていくという意味。

*4 ユニセフ
(UNICEF)
The United Nations Children's Foundの略。国際連合児童基金。世界中の子どもたちの命と健康を守るために活動する国連機関。子どもの権利条約の内容の実施に関する助言や検討などの専門的な役割を担っている。

取り組みへと反映してきた。

　2016（平成28）年に改正された児童福祉法には、「子どもの権利条約」や、「子どもの最善の利益」という理念が盛り込まれ、子どもを権利主体として強く位置づけた。

　児童福祉法第1条は「全て児童は、児童の権利に関する条約の精神にのっとり、適切に養育されること、その生活を保障されること、愛され、保護されること、その心身の健やかな成長及び発達並びにその自立が図られることその他の福祉を等しく保障される権利を有する」と規定し、第2条では「全て国民は、児童が良好な環境において生まれ、かつ、社会のあらゆる分野において、児童の年齢及び発達の程度に応じて、その意見が尊重され、その最善の利益が優先して考慮され、心身ともに健やかに育成されるように努めなければならない」と規定している。

　また、社会的養護が必要な子どもの養育については、養子縁組や里親等の家庭養護の優先や、家庭的な養護形態での養育等、家庭における養育環境と同様の養育環境での養育を推進していくことが明記されている（第1章参照）。

2　社会的養護と子どもの権利

① 社会的養護の必要性のある子ども

　子どもは基本的に親を中心とした家族（家庭）によって養育されるものである。しかし、さまざまな事情で家族による養育が不可能または困難になり、社会的な対応を取らなければならない必要性が生じる場合がある。子どもの権利条約では、家庭環境にとどまることが適切でないと考えられる場合は、子どもの最善の利益を考慮したうえで、子どもは保護と支援を受ける権利の観点から、国は子どものために代替的な監護を確保しなければならないと明記している。日本の社会的養護は、施設措置や里親委託がその代替的な監護として、子どもの権利を守っている。

　現在の日本ではどのような子どもに社会的養護の必要性があるのかを、厚生労働省の「児童養護施設入所児童等調査*5」から、養護問題発生理由を各施設別に上位3つと、入所児童の被虐待経験の有無の割合を表にした（表2－1）。養護理由のうち割合が多いのは、「父または母の虐待・酷使」や「父または母の放任・怠惰」で、不適切な養育環境のなかで育ってきた子どもた

*5　児童養護施設入所児童等調査
厚生労働省が、家庭的養護や家庭養護の保護されている児童の実態を調査し、福祉の増進のための基礎資料を得る目的で実施している。5年ごとに調査が行われ、直近では2013（平成25）年に行われた。

第2章　社会的養護を必要とする子どもの理解と権利

表2－1　養護問題発生理由の各施設・里親の上位3項目の構成割合と被虐待経験の有無

施設種別＼順位	①		②		③		虐待経験あり
乳児院	父または母の精神疾患	22.2%	父または母の放任・怠惰	11.1%	養育拒否	6.9%	35.5%
児童養護施設	父または母の虐待・酷使	18.1%	父または母の放任・怠惰	14.7%	父または母の精神疾患	12.3%	59.5%
情緒障害児短期治療施設＊	父または母の虐待・酷使	30.4%	父または母の精神疾患	15.2%	父または母の放任・怠惰	13.0%	71.2%
児童自立支援施設	父または母の放任・怠惰	20.7%	父または母の虐待・酷使	16.8%	父または母の精神疾患	8.6%	58.5%
里親	養育拒否	16.5%	父または母の死亡	11.4%	父または母の行方不明	10.8%	31.1%
ファミリーホーム	父または母の虐待・酷使	15.8%	父または母の放任・怠惰	11.7%	父または母の精神疾患	11.3%	55.4%

＊現・児童心理治療施設
出典：厚生労働省「児童養護施設入所児童等調査（平成25年）」より筆者作成

ちである。また、入所児童のうち、50％以上の子どもたちが虐待を受けた経験があり、虐待の種類としては、身体的虐待やネグレクトの割合が多くなっている。

② 虐待と子どもの権利

　全国の児童相談所が2017（平成29）年度に対応した児童虐待の件数[*6]は13万件を超し過去最高を更新した。虐待は、子どもの心理・精神・身体的な育ちにマイナスな影響を及ぼすなど、子どもの権利を侵害する重大な問題である。

　子どもの権利条約では、子どもはあらゆる形態の虐待（身体的・精神的・性的・ネグレクトなど）から守られることが明記されている。それを受け国内では2000（平成12）年に「児童虐待の防止等に関する法律」（児童虐待防止法）が制定され、虐待の予防や虐待を受けた場合の必要な対応などが定められている。児童虐待防止法では、身体的虐待・性的虐待・心理的虐待・ネグレクトを総称して「児童虐待」と定義している。またWHO（世界保健機関）[*7]では2014（平成26）年に、子どもの健康や生きる権利、発達に害をなしたり、子どもの人格形成に関わるすべての親や養育者、周囲の大人からの不適切な養育やかかわりを「マルトリートメント＝maltreatment」（日本語訳で「不適切な養育・かかわり」）とし、子ども虐待をより広くとらえた定義をした。

　虐待の発見や通告を受けた時、児童相談所などの機関が調査を行い、必要

＊6　児童虐待の件数
厚生労働省が全国210か所の児童相談所に寄せられた通報や相談のなかで、虐待の疑いが強いと判断し親への指導や施設入所などの対応を行った件数。調査を開始した2002（平成14）年度から毎年連続で増加している。今回の調査では、子どもの前で配偶者らに暴力をふるうDV（ドメスティックバイオレンス）や、著しい暴言や拒絶的な対応をするなどの心理的虐待が半数を占めているのが大きな特徴であった。

＊7　WHO（世界保健機関）
すべての人々が可能な最高の健康水準に到達することを目的として設立された国連の専門機関である。現在の加盟国は194か国で、日本は加盟国として、WHOの会議等に参加し、国内の保健医療分野の対策に必要な国際的な情報を入手したり、世界の保健活動に貢献したりしている。

な対応をしていく。その際、子どもには「その父母から分離されない」権利がある。子どもを育てる責任はまず親にあり、国はその手助けをするということに留意しなければならない。虐待が疑われるから親と子を引き離すという単一的な対応ではなく、親子の意思を尊重しながら、虐待を予防できる支援を親とともに行っていくことが大切となる。しかし、子どもの最善の利益を考慮したうえで、その家庭で暮らしていくことが最善でないと判断される場合、代替手段として施設への入所や里親への委託を選択することとなる。

3 社会的養護を必要とする子どもの暮らしの実際

　ここでは、家庭的養護や家庭養護などの子どもの暮らしを保障する形態、子どもの権利を守るための取り組みや、日々の実践について確認する。

① 家庭的養護

　家庭的養護は小規模化された施設のことを指し、施設養護と同じ意味をもつが、従来の大舎制などの施設は家庭的養護の枠組みからは外れる方向になった。

▼家庭的養護の形態

　施設における養護の形態は、2016（平成28）年の児童福祉法改正まではその規模や形態により、大舎制・中舎制・小舎制の3つに大きく分けられていた。児童福祉法改正後、施設は原則的に、本体施設内での小規模グループケア（6人程度）や、施設の敷地外の地域で行われる地域小規模児童養護施設、分園型小規模グループケアなどの形態となった。

▼暮らしの実際

　家庭的養護の暮らしの実際について、社会的養護のなかで最も多くの子どもたちが暮らしている児童養護施設を中心に形態別にみていく。

〈小規模グループケア〉

　6人程度の子どもと家庭に近い環境で、施設内や施設外の地域で暮らしている。大舎制や中舎制に比べると、集団生活による複雑な人間関係のトラブルやストレスは少なくなる。保育者との個別的な関係が主体となり、細やかなケアを受けることができるのが特徴である。保育者と密な関係になるため、ときに気まずくなったりしながらもその都度関係修復が行われ、他の形態に比べ、人への信頼感や安心感をより濃い密度で育んでいくことが強みである。

一方で、関係の修復が行き詰まってしまうと、子どもや保育者が強いストレスを抱えてしまう面もある。

〈地域小規模児童養護施設〉

　本体施設の支援を受けながら、地域の民間住宅を活用し、地域社会のなかで家庭的な養育を行う形態である。定員は6名で、常に5人を下回らないよう定められている。配置される職員は2名で、そのほかに非常勤職員を置くことができる。この形態のメリットやデメリットは、小規模グループケアと大きく変わりないが、本体施設内での小規模グループケアに比べ、地域社会と密接した関係のなかで家庭的な養育が行われることから、地域社会の一員としてより自立に向けたさまざまな体験を積むことができる。また、本体施設から離れたところで運営されるため日常的な連携が大切となる。

　それぞれの施設における養育方針や施設の形態により暮らし方に違いはあるものの、家庭では十分に育めなかった基本的な信頼感や安心感・安全感や、自律や自立に向けての力を育んでいくことが大切になる。また、家族の形を知らない子どもが自立した時のために、家族の形を伝えることも重要な役割である。保育者はそのことを常に意識しながら、それぞれの暮らしの形態の特徴を生かせるよう創意工夫していくことが必要になる。

② 家庭養護

▼家庭養護の形態

　家庭養護は、社会的養護のなかの代替的養育の一つであり、養育者の家庭において子どもの養護を行う里親やファミリーホーム（小規模住居型児童養育事業）がある。

　里親の形態は、養育里親（専門里親）、親族里親、養子縁組里親の4つに分けられており、それぞれの対象となる子どもの人数や状態、里親になるための要件などが定められている（表2-2）。

　ファミリーホーム（小規模住居型児童養育事業）[8]は、要保護児童の養育に関して相当の経験を有する者の住居において6人程度の要保護児童[9]の養育を行う家庭養護の一形態である。家庭的養護の分園型小規模グループケアと同じような形態であるが、ファミリーホームの基本型は夫婦であるという違いがある。また、「里親及びファミリーホーム養育指針[10]」のなかには、ファミリーホームは里親家庭が大きくなったものであり、施設が小さくなったものではないことも明記されている。

[8] ファミリーホーム
家庭養護を促進するために、2009（平成21）年に創設された第2種社会福祉事業。

[9] 要保護児童
保護者のない児童又は保護者に監護させることが不適当であると認められる児童（児童福祉法第6条の3）。

[10] 里親及びファミリーホーム養育指針
2012（平成24）年の厚生労働省雇用均等・児童家庭局通知として示された。里親やファミリーホームの養育者が、社会的養護のさまざまな担い手との連携のもとで、適切な支援を実現できることを目的として作成された指針。

表2−2　里親の形態

種類	養育里親	専門里親	親族里親	養子縁組里親
対象児童	要保護児童	次に挙げる要保護児童のうち、都道府県知事がその養育に関し特に支援が必要と認めたもの ①児童虐待等の行為により心身に有害な影響を受けた児童 ②非行等の問題を有する児童 ③身体障害、知的障害又は精神障害がある児童	次の要件に該当する要保護児童 ①当該親族里親に扶養義務のある児童 ②児童の両親その他当該児童を現に監護する者が死亡、行方不明、拘禁、入院等の状態となったことにより、これらの者により、養育が期待できないこと	要保護児童

出典：厚生労働省子ども家庭局家庭福祉課「社会的養育の推進に向けて」2017年

▼養子縁組と里親（家庭養護）

　養子縁組と里親は、保護を必要としている子どもに家庭での養育を提供していく制度である。ただし、里親は、子どもを養育できない親の代わりに一定期間、里親宅で子どもを養育（代替的養護）する社会的養護のなかの一つの制度で、養子縁組は、子どもとの間に民法に基づいて法的な親子関係を成立させる制度という点に違いがある。里親は、子どもが委託されている期間は、里親手当や養育費が支給されるが、養子縁組の場合は、養親が子の親権をもつことになるため金銭的な支援はない。

　また、養子縁組には、普通養子縁組と特別養子縁組の2種類がある。普通養子縁組は、もともとは家の跡継ぎを残す（存続）ために作られた制度で、養子が実親（生みの親）との親子関係を継続したまま、養親との親子関係を作ることができる。特別養子縁組は、子どもの福祉のために作られた制度で、実親による養育が著しく困難で不適切な原則6歳未満の子ども[11]が対象となる。家庭裁判所の承認の審判を経て、実親との法的な親子関係を解消し、実の子と同じ親子関係を結ぶことができる。普通養子縁組と特別養子縁組は、それぞれ制度の目的や縁組の成立のための条件等の違いがあるが（表2−3）、いずれも血縁関係のない夫婦と子どもとの間に法的な親子関係を築くことができる制度である。近年では生まれてくる子どもが安定した家庭環境で育つことができるよう、子どもの最善の利益の観点から、特別養子縁組制度に目が向けられるようになっている。

[11] 2019年現在、特別養子縁組における養子となる年齢を、15歳未満へ引き上げることが検討されている。

表2－3 普通養子縁組と特別養子縁組の成立条件の違い

	普通養子縁組	特別養子縁組
条件	婚姻している夫婦のほか、単身者・独身者でも可能	婚姻している夫婦でその一方が25歳以上
養子の年齢	なし（未成年者の場合は家庭裁判所の許可が必要）	原則6歳未満
実親の同意	子どもが15歳以上であれば不要	特別な場合を除き原則必要
戸籍への記載	養子・養女と記載される	戸籍には実子として記載（家庭裁判所での審判決定についても記載されるため、子どもが知りたい場合、実親をたどることは可能）
縁組の解消	養子が15歳以上であれば協議のうえ可能	縁組の解消は原則認められない

▼暮らしの実際

　2017（平成29）年の厚生労働省の報告によると、社会的養護のもとで暮らしている子どもたちは約4万5,000人で、そのうち家庭養護のもとで暮らしている子どもは6,546人である。里親やファミリーホームへの委託率は年々増加しているが、全体からみれば少なく、国は子どもの権利条約の勧告を受け、里親委託の推進に向けてさまざまな取り組みを行っている。

〈里親〉

　里親に委託された子どもは、一般の家庭と変わりのない暮らしのなかで、養育者とのかかわりを通して育ちが図られていく。家庭的養護との違いは、家庭というより小さな環境で、特定の養育者による継続的で一貫したかかわりを提供できることや、日課や規則に基づいて生活する施設とは違い、家族間のかかわりのなかで状況に応じて柔軟に生活を営むことができることである。暮らしのなかで養育者やその家族と豊かな情緒的関係を育みながら子どもの居場所感や安心感、安全感を強め、家庭のあり方や生活体験を学ぶことができる可能性を有している。しかし、社会的な養育でありながらも家庭という私的で独立した環境で養育が行われるため、時として養育者が子どものことを抱え込み、閉鎖的で孤立した養育になるリスクも有している。2015（平成27）年に全国里親委託等推進委員会が実施した里親家庭の実態調査によると、実子のいる里親家庭が約4割を占め、実子を含めた里親家庭支援の必要性や、委託時の里親の平均年齢が里父47.2歳、里母45.3歳で、里親の高齢化とともに、幼い子どもを受託した際の里親の心身の疲労が懸念される結果が示されている。また、子どもを受託して大変だった時期に心身上の問題を抱

えた里親は約3〜4人に1人の割合で存在していた。里親の心身の症状は子どもの養育にも大きく影響するため、里親の支援体制が課題となっている。

〈養子縁組里親〉

保護者のない子どもや、家庭での養育が困難で実親が親権を放棄する意思が明確な子どもを、養子縁組を前提として育てる里親である。2016（平成28）年の児童福祉法改正のなかで、家庭養護の原則が打ち出されたことにより、養子縁組里親が法定化され、研修の義務や名簿登録、欠格要件[*12]が規定された。

子どもが原則6歳未満の場合は、特別養子縁組制度により、家庭裁判所の審判を経て、実子として関係を結ぶことができる。その手続きは、通常、養親となる者が居住する家庭裁判所に申し立てを行い、その後、子どもとの6か月以上の同居（試験養育期間）をしてその養育状況をみたうえで審判されることになっている。

養育里親は、18歳まで（必要な場合は20歳まで）子どもを里親宅に受け入れ、子どもが自立したり、または家庭復帰するまで養育することが目的であるが、養子縁組里親は、将来的に養子縁組で法的な親子関係を結ぶための試験養育期間の法的な根拠をもたせる目的がある。

〈ファミリーホーム〉

ファミリーホームは、養育経験豊富な養育里親等が、養育者の住居において、5〜6人の子どもの養育にあたるものである。メリットは、里親と同様に養育者との継続的で一貫した養育を提供できることに加え、小集団であるが養育者の目が行き届きやすく細やかなケアを行うことができるところにある。また、きょうだい同様の経験を通した育ち合いが可能になることや、地域の中の大家族としてさまざまな人たちとふれあう機会があることも子どもの社会性を育てるうえで有益である。小集団という形態であるため、思春期年齢の子どもたちが里親よりもホームに入る抵抗感が少ない部分があることや、養育里親経験者や児童養護施設等の勤務経験者が養育者となるため、養育が難しい子どもたちの専門的養育を期待できる。しかし、小集団であるがゆえに、新たに受託した子どもの状態によっては、ホームで暮らしている子どもたちへその影響が伝わり不安定な状況になりやすい面もある。また、被虐待児童や知的障害等の養育が難しい子どもたちの委託が重なることや、施設や里親でうまく適応できなかった子どもの委託先として選択されることもあるため、養育者の負担がかなり大きくなる面もある。

[*12] 欠格要件
その業務を行うにあたり不適格な人を断るための条件。

4 施設や里親等のもとで生活する子どもの権利擁護

① 子どもの権利擁護に対する取り組み

　子どもの権利を保障する生活とは、衣食住が行き届いたつつがない日々の暮らしのなかで、安心感や安全感が育まれ、主体的に生きていこうと思えることを指す。家庭的養護や家庭養護で生活する子どもたちの権利擁護は、日々の生活すべてを通して取り組まれるものだということを保育者は意識することが大切である。また、それぞれの形態で特に配慮していかなければならない権利擁護の取り組みがある。

　家庭的養護においては「児童養護施設運営指針[*13]」のなかに、特に配慮すべき取り組みとして、①子どもの尊重と最善の利益の考慮、②子どもの意向への配慮、③入所時の説明等、④権利についての説明、⑤子どもが意見や苦情を述べやすい環境の5つに分けて示している。

　また、家庭養護においては「里親及びファミリーホーム養育指針」のなかに①子どもの尊重と最善の利益の考慮、②子どもを尊重する姿勢、③守秘義務、④子どもが意見や苦情を述べやすい環境、⑤体罰の禁止、⑥被措置児童等虐待対応の6つが示されている。

*13　児童養護施設運営指針
社会的養護を担う児童福祉施設の質の確保と向上を図るため、各児童福祉施設の運営指針が2012（平成24）年、厚生労働省雇用均等・児童家庭局通知として示された。児童養護施設運営指針もその一つである。この運営指針を詳しく解説したものとして「児童養護施設運営ハンドブック」が2014（平成26）年に厚生労働省より発刊された。

② 家庭的養護・家庭養護に共通する権利擁護の取り組み

　ここでは、家庭的養護や家庭養護に共通していえる権利擁護の取り組みについて説明する。

▼子どもの尊重と最善の利益の考慮

　子どもの権利条約に示されているように、子どもは大人と同じく、自らの考えをもち主体的に生きていく存在である。子どもを尊重することは、こうした子ども観に立ち、ふるまいだけで子どものことを決めつけるのではなく、その子どもがどのようなことを考え、どのような気持ちなのか（心の体験世界）まで含めた理解とかかわりが求められる。一見、普通に日々を送っている子どもも、心のなかでは家族から離れ暮らさざるえない不安や、家族から見捨てられたのではないかという悲しみを抱えていることが多い。そうした子どもの心を生活の様子から察知し、家族から離れて暮らしていることの理由や家族のことなどについて、子どもの気持ちに寄り添いながら丁寧に説明し、前向きに生活できるような支援や、日常の生活で必要な備品（文房具や

被服など）も子どもの意向を考慮して買い揃えたり、一緒に購入する機会を設けたりするなど、子どもを主体的な存在として尊重する支援が行われている。

　また、子どもが社会の一員として安心して生きていくうえで、家庭的養護や家庭養護の場で暮らしていることが、その妨げとならないように学校や地域の理解を得たり、その際にプライバシーを守れるよう配慮したりすることも、子どもの尊重や最善の利益に基づいた取り組みである。

▼子どもへの権利についての説明

　住み慣れた家庭から離れ、家庭的養護や家庭養護の場での生活がはじまることは、子どもや保護者にとって不安は大きいものである。このことに留意し、事前に見学を行ったり、職員が出向きわからないことや不安なことなどを聞く機会を設けたりすることで、できるだけ不安なことを緩和し前向きに新しい生活を迎えられるような取り組みが行われている。その際、児童相談所から手渡される子どもの権利ノート[*14]や施設独自で作成した生活のしおりなどを活用し、これから始まる生活のなかで、自分のことがどのように守られるのか、守れなかったときにどうすればよいのかについて説明を受ける。この取り組みは、生活が始まる前だけでなく、生活のなかでも、自分が守られているという感覚を意識できるよう適宜職員から教えてもらう機会が設けられたりしている。

▼子どもが意見や苦情を述べやすい環境

　子どもがもつ意見や考えを、保護者を始め周囲の大人が耳を傾け、互いにやりとりをしていくことは、社会生活のなかで折り合いをつけながら生きていく力をつける大切な経験である。特に社会的養護を利用する子どもは、それまでの生活環境の影響を受け、自分の意見を表明することや、人とやりとりをしたり、折り合いをつけたりしていくことに苦手さを抱えていることが多い。子どもに対して、こうした職員との日常のかかわりを基本としながら、子どもが意見や考えを表明できる雰囲気や環境づくりへの配慮が行われている。家庭的養護やファミリーホームなどでは、子どもたちと定期的な話し合いの場を設け、子どもの考えや意見を聞きながら、できることやできないことなど丁寧に説明し、自分たちの生活がよりよくなるような解決策を一緒にみつけていく取り組みなどを行っている。

　このように、家庭的養護や家庭養護のもとで生活する子どもは、日常生活を通して権利が守られるようさまざまな配慮がなされている。
　特に、家庭的養護や家庭養護に携わる職員は、自身の養育に対する価値観

*14　子どもの権利ノート
児童擁護施設など社会的養護のもとで生活する子どもに権利を伝え、その権利が侵害された時に解決方法を説明する小冊子。各自治体で作成されている。

や方法に影響される部分があり、そのことが子どもの権利侵害につながる可能性があるということを強く自覚することが必要である。そのために、子どもの権利擁護に関する研修への参加や、自分の支援のあり方について第三者に助言を求めたり、研修を通して支援をみつめ直したりするなど、支援の向上への意識や取り組みが求められる。

5 子どもの権利を守るしくみ

① 子どもの権利が侵害された時

▼子どもの権利擁護と権利の侵害

　社会的養護には、子どもの権利が侵害されないための予防や、実際に権利が侵害されたときに改善を図り子どもを守る取り組みがある。残念ながら、子どもの権利が侵害される出来事が起きることがあるが、その場合は所定の手続きに基づいて適切な対応と改善を図るしくみが整えられている。保育者が特に留意しなければならないことは、子どもは大人によって保護されている部分が多いため、権利についての意識が子ども自身に確立していないことが多く、権利が侵害されているということを自ら感じ訴えることができにくい。実際に権利が侵害される出来事は、保護者や児童相談所などの関係機関の職員、または施設職員によって発見されることが多い。そのため保育者は、日頃から子どもに子どもの権利ノートなどを用いて権利の説明を行うとともに、保護者等の声に真摯に耳を傾けていくことが必要である。また、どんな些細なことでも保育者に相談できる関係を子どもと築いていく姿勢が大切になる。

▼苦情解決制度

　福祉施設には、利用者の利益と権利の保護の観点から、利用者の苦情に対応し、支援の適正な利用や支援の質を向上させるための苦情解決に関する規定がある。「児童福祉施設の設備及び運営に関する基準」においてもこの苦情解決について規定されており、利用者である子どもとその保護者が対象とされている。現在、社会的養護の多くの施設では権利擁護の取り組みとして「苦情解決制度」が整備されている。この制度は施設のなかに①苦情解決責任者（施設長や理事長）、②苦情受付担当者（副園長や主任級の職員）③第三者委員（施設外の有識者）を設け、施設の生活や支援における子どもや保護者からの苦情を受け付け迅速および適切に解決していくしくみである。

施設の苦情解決制度で解決することができなかった場合は、各都道府県の社会福祉協議会に運営適正化委員会が設置されており、そこで苦情の解決が図られることになる。こうした苦情解決のしくみがあることを、子どもや保護者に向けて、施設のわかりやすいところにポスターを掲示したり、施設だより等を用いて周知していくことが必要になる。こうした取り組みは、子どもや保護者にとって権利主体としての意識や施設サービスの満足感を高めることにつながり、施設にとっては子どもや保護者のニーズの把握や、施設が提供しているサービスについて考えていく貴重な機会となる。こうした制度が設けられているが、保護者の思いや意見を聞くには、保育者が日頃から保護者の子育ての苦労を受けとめ、保護者とともに子育てをしていくという姿勢をもち保護者との信頼関係を作ることが大切である。

② 被措置児童等虐待

　社会的養護は子どもの権利を守る最後の砦である。しかし、子どもが信頼を寄せるべき立場の施設職員や里親が、入所や委託中の子どもに対して虐待などを行うということが後を絶たず、社会的養護における子どもの権利侵害が大きな問題としてマスコミなどに取り上げられるようになった。

　そこで、2008（平成20）年、児童福祉法の改正により被措置児童等虐待[*15]の防止に関する事項が法律に明記された。そこには被措置児童等虐待の定義に加え、虐待を受けたと思われる子どもを発見した場合の通告義務や、通告を受けた場合に、都道府県等が対応すべき措置等が示されている。

　被措置児童等虐待が起こる背景には、虐待等の影響で心に課題を抱えた子どもが多く、ケアに手がとられ保育者に余裕がないといった原因があり、保育士のフォロー体制を含めた施設の運営体制の問題等が考えられる。2009（平成21）年に厚生労働省より通知された「被措置児童等虐待対応ガイドライン」には、被措置児童等虐待の予防や再発防止の取り組みとして①風通しのよい組織運営、②開かれた組織運営、③職員の研修、資質の向上、④子どもの意見を汲み上げるしくみなどの4点をあげている。

　被措置児童等虐待の通告があった場合、都道府県等は状況の把握や事実確認をすみやかに行い、虐待が確認されれば、子どもの安全の確保をまず優先し、その後、その要因の分析や再発防止のための対応を施設や里親に対して行うことになっている。

　このように、社会的養護にはさまざまな権利擁護の取り組みが整えられている。保育者は子どもの権利についての意識を念頭に置きながら専門的知識

*15　被措置児童等虐待
乳児院、児童養護施設、障害児入所施設等の施設養護の職員や、里親、ファミリーホームの里親およびその同居人が、入所している子どもに対して、身体的虐待、性的虐待、ネグレクト、心理的虐待を行うこと。

や技術の向上に努め、視野を広くもち子どもの理解や対応を行う姿勢を欠かしてはならない。

ワーク1　施設や里親のもとで暮らす子どもにわかりやすく権利を伝えよう。

　子どもの権利条約を読み、施設や里親のもとで暮らす子どもたちに必要だと考える条文を取り上げ、小学生が理解できるようにわかりやすい文章にしてみよう。

ワーク2　事例を通して子どもの権利侵害を考える。

　施設や里親のもとで起こった権利侵害の事例を通して、子どもの権利侵害がどのような状況で起こるのかについて考えてみよう。その際に、子どものどのような権利が侵害されているのか、保育者のかかわりで不十分だったところや、このように対応すればよかったと思うところを話し合ってみよう。

【参考文献】
大田堯『子どもの権利条約を読み解く―かかわり合いの知恵を―』岩波書店　1997年
みずほ情報総研「ファミリーホームの養育実態に関する調査研究報告書」2017年
川名はつ子監修『はじめまして、子どもの権利条約』東海大学出版部　2018年
滝川一廣『子どものための精神医学』医学書院　2017年
西田篤「多職種協働のチームアプローチで支え合う―ある『情緒障害児短期治療施設』での実践から―」2013年
厚生労働省「児童養護施設入所児童等調査」（平成25年2月1日現在）2015年
厚生労働省「社会的養育の推進に向けて」2017年
全国里親委託等推進委員会「平成27年度調査報告書」2015年
厚生労働省「児童養護施設運営指針」2012年
厚生労働省「里親及びファミリーホーム養育指針」2012年
厚生労働省「被措置児童等虐待対応ガイドライン」2009年
厚生労働省「児童養護施設運営ハンドブック」2014年
公益財団法人日本ユニセフ協会ホームページ
http://unicef.or.jp

第3章　社会的養護にかかわる保育士の役割

保育所で働く保育士にあこがれて保育を学んでいるのですが……

みらいさん　幼い頃から保育所の保育士さんにあこがれて保育士養成校へ進学し、保育を勉強しているのですが、社会的養護にかかわる施設についても学ぶのですか？

じゅん先生　社会的養護にかかわる施設では、児童養護施設が孤児院と呼ばれていた明治時代から、保母（現在の保育士）が活躍してきました。現在の社会的養護の機能や役割と明治期・戦後の施設は異なることもありますが、保育士は、今でも必要とされています。それは、施設が「生活の場」であり、保育士の専門性が日々の生活を支援することも含むからです。

みらいさん　社会的養護と聞くと、子ども家庭福祉の授業では、虐待を受けた子どもが入所していることや障害のある子どもが増えていると学びました。対象年齢も0歳から18歳までと幅広いのですが、乳幼児期を中心に学ぶ保育士に務まるのでしょうか。

じゅん先生　保育士になるみらいさんは、社会的養護に直結する福祉系の科目だけでなく、子どもの環境や心理学、保護者への相談・支援を学びますね。それらは、社会的養護でも同じように用いられる、知識や技能です。保育士になるためには、児童福祉法を学びますし、児童福祉法の対象となる児童とは18歳に満たない者です。ですので、社会的養護にかかわる施設も、保育士の重要な活躍の場所です。

みらいさん　なるほど、保育士として学んでいる知識や技能は、社会的養護の実践でも必要とされていて、生かしていけるんですね。

じゅん先生　ここでは、施設における支援の実際、保育士の倫理および責務を通して、重要な役割や専門性を学んでいきましょう。

1　社会的養護にかかわる保育士の役割

① 保育士が従事している社会的養護関係施設

　社会的養護とは、家庭での養育が困難な場合に、国や地方公共団体が代替的に養育・保護すること、その家庭を支援するということである（第1章参照）。その目的は、児童の権利に関する条約、児童福祉法の理念に則り、子どもの最善の利益の実現のために社会全体で子どもを育む点である。
　社会的養護に関する施設は、児童福祉法第7条に規定されており、入所施設と通所施設、利用施設に分類され、養護種別ごとに類型化することができる。
　入所型の施設には、保護者に代わって代替的に養育する施設である乳児院・児童養護施設・児童心理治療施設・児童自立支援施設などの、代替的養育および治療的支援を行う施設に加え、家庭では困難な医療的ケアや福祉的療育を行う障害児入所施設（医療型・福祉型）がある。そのほか、母子ともに入所することができ、両方の支援を行う母子生活支援施設や、保健上必要があり経済的な理由により入院助産を受けることが難しい妊産婦が入院し助産を受けることができる助産施設がある。
　通所型の施設には、保護者のもとから日々通い、家庭での子育てとあわせて、保育によって養育を補完する保育所・認定こども園や、子どもにとって必要な療育等を支援する機能をもつ、児童発達支援センター（医療型・福祉型）がある。
　利用型の施設は、児童の健全な遊び、健康を増進することを目的とした児童厚生施設（児童館・児童遊園）や保護者の子育てを支援することを目的とした児童家庭支援センターがある。
　いずれの施設でも、保育士資格を有することで従事することが可能となり、保育士の多岐にわたる職務内容や多様な専門性を必要としている。
　2016（平成28）年の厚生労働省「社会福祉施設等調査」によると、保育所および幼保連携型認定こども園、保育所型認定こども園で働く保育士は、35万6,952人で、その他の児童福祉施設で働く保育士は、1万6,630人である（表3-1）。保育所等での支援は、保育士が中心であり、そのほかの児童福祉施設では、職種が多岐にわたり保育士の割合は高いものの、多職種との連携により保育士の役割が発揮されていく。

表3－1　施設の種類別にみた職種別常勤換算従事者数（抜粋）

	児童福祉施設等 （保育所等を除く）	保育所等
総　数	98,031	546,628
施設長等	6,203	24,345
生活指導・支援員等	13,792	…
職業・作業指導員	274	…
セラピスト	3,602	…
保健師・助産師・看護師	10,374	8,593
保育士	16,630	356,952
児童生活支援員	631	…
児童厚生員	10,442	…
母子支援員	700	…
栄養士	1,909	15,645
調理員	5,407	45,799

資料：厚生労働省「社会福祉施設等調査」2016年

② 施設における支援の実際

　社会的養護に関する施設（以下、施設）において子どもへの日常生活の支援にあたるのは、保育士のほか、児童指導員（任用資格[*1]）や社会福祉士、心理療法担当職員、看護師、作業療法士、言語聴覚士、理学療法士、栄養士などの多様な専門性をもつ職員である。

　入所施設では、職員の勤務形態が、早朝からの早出、日中勤務の日勤、入所する子どもの就寝等の生活を支援する遅出、夜間の安全・安心を支える宿直もしくは夜勤などの交代制をとっていることが多い。児童養護施設には、断続勤務という変則勤務をとることもある（表3－2）。このため家庭とは異なり、主たる養育者である職員の入れ替わりがある。なかには子どもにとって話をしたり、一緒に過ごしたい職員がいない時間帯が考えられる。子どもの様子や言動を観察し、チームで子どもの支援に当たり、引き継ぎ・連携を行い空白の時間帯を作らないために重要となる。

　保育所等の幼児教育施設とは異なり、多くの施設では、担当制を採用し、年度ごとに施設の棟（グループケアなどの生活単位）や生活フロアの子ども数名に対して担当職員が配置されている。その理由は、子どもとの継続的な信頼関係構築や子どもへの支援を第一義的役割としていることで、子どもの

*1　任用資格
要件を満たした者が行政機関や児童養護施設などで特定の職務に就くと効力が認められる資格。

表3-2　児童養護施設の小学生の一日と職員の勤務形態（例）

時間	子どもの生活	職員の動き	職員の勤務形態		
6:30	起床、朝の支度、朝食	起床の声かけ、朝の身支度の支援、朝食の準備	早出	断続	
7:30	登校準備、登校	登校の送迎			
	地域の学校へ	関係機関との連絡・調整　掃除洗濯・園内の環境整備等		休憩	
15:00	下校、帰園、おやつ、	下校受入れ、おやつ準備			
17:00	学習時間、自由時間	学習指導、生活支援、通院引率			遅出
19:00	夕食、自由時間	夕食準備		断続	
20:00	入浴、余暇活動	入浴介助			
21:00	就寝	入眠の声掛け、明日の準備、記録の作成			宿直

筆者作成

　日々の様子や些細な変化、発育・発達、関係機関との連携、保護者への支援などを主として担当することができ、深く理解し、包括的な支援をすることにつながる。

　入所施設における養育は、子どもが施設で職員とともに生活しながら、心身および社会性の健全な発達、基本的生活習慣の確立・学習支援・自立など必要な支援を見立て、計画的に行っていくものである。

　通所施設における保育においても、子ども一人ひとりのアセスメントを多様な職種間で行い、支援計画の作成、保護者との連携、関係機関との連携を密に取り合うことが重要である。

　いずれの施設においても、職員は単純な技術や知識だけではなく、常に一人ひとりの子どもの最善を考え、時には臨機応変でバランスのとれた生活感覚、自立に向けた社会一般的な視点が求められる。支援のすべてを一人で行うものではないため、職員間の報告・連絡・相談・確認などの連携が重要となってくる。そして、職員の人間性や倫理観、専門性は、日々の養育における言動や支援における行為を通して、子どもに直接伝わるものであり、職員である保育士も常に自らの実践の研鑽に努めなければならない。

第3章 社会的養護にかかわる保育士の役割

③ レジデンシャルケア

▼レジデンシャルケアとは

　レジデンシャルケア[*2]とは、施設入所支援者への支援のうち、主として日常生活を通して行われるもので、日々の生活支援や関係機関との連携・協働といった支援など、施設入所前から退所後の地域生活までの包括的な支援を指す。

　レジデンシャルケアを行うにあたり、厚生労働省の「社会的養護の課題と将来像の実現に向けて」の社会的養護の原理で示されている「あたりまえの生活」を保障するために施設・児童相談所・行政などの関係機関が連携することが重要である。

　家庭で帰省や里帰りをするように、施設でもライフサイクルを見通した支援として、退所後も継続したかかわりを持ち続けていくのである。

▼レジデンシャルケアの実際

　職員は、表3-2のように日課のなかでの支援を通して、子どもの発達や入所理由、現在の状態に応じて、専門的知識と技術、情緒的なかかわりをもちながら支援している。

　施設で暮らす子どもの多くは、入所前の家庭機能の脆弱化により、生活リズムが乱れていることがあり、日課によって基本的な生活リズムを再確認し、未来が予測できる生活を送ることで、心の安定にもつながる。また子どもの生活を日々観察し、ともに過ごしているからこそ、地域との連携・協働や家族支援につなげることができる。

　単に施設での日々を送るだけでなく、生涯発達を見据え、計画的に実践と反省を繰り返しながら、子どもの最善の利益を考えることが、レジデンシャルケアの実際のなかで大切なことといえるだろう。

*2 レジデンシャル（residential）には「居住型施設の」という意味がある。

2 保育士の倫理および責務

① 施設保育士等の倫理に関する指針

▼養育者としての使命

　保育士には、豊かな人間性と高い専門性が求められる。知識や技術などの専門性だけでなく、子どもの特性や入所背景を広く受容する感性、保護者の心情や家庭環境に配慮した感受性などが必要とされる。

保育士は日々子どもとかかわりながら、倫理と専門性に基づき、子どもたちが安全に安心して生活できるよう、「児童の権利に関する条約」の精神にのっとり、「子どもの最善の利益」とは何か常に個人でも組織でも意識しながらかかわる。そのためには、絶えず自己研鑽に努めなければならない。

　児童養護施設運営ハンドブック[*3]において養育を担う人の原則として、①養育の過程をとおして子どもとの関係性を構築していく、②前の養育者から丁寧に引継ぎを受け、次に丁寧に引き継いでいく、③子どもとつながり続けていく、という点があげられている。施設に入所する子どもは入所理由、入所中の生活、年齢、発達、個性、興味関心、入所期間、退所後の生活拠点など、一人ひとり異なる。そのため支援が個別化され、一般化することができない。絶えず子どもと向き合い、育ち直しのための愛着関係の形成も不可欠となる。養育者からの一貫した肯定的なかかわりを通して、子どもの安心・安全という実感につながる。このように、子どもの最善の利益、求めているニーズを満たすことが、養育者の使命といえるだろう。

> [*3] 厚生労働省は、社会的養護関係施設種別（児童養護施設、乳児院、児童心理治療施設、児童自立支援施設、母子生活支援施設）の「運営ハンドブック」を作成している。各施設の運営指針に基づいた具体的な解説がされており、施設職員の指標となるよう示されている。

▼倫理綱領

　専門職としての責任と自覚をもち、使命を果たすための根本的な行動規範が、倫理綱領である。

　保育士の倫理綱領には、「全国保育士会倫理綱領」がある。これは専門職としてどのような視点で保育を行うかという保育士の基本姿勢を示し、「子どもの最善の利益の尊重」「子どもの発達保障」「保護者との協力」「プライバシーの保護」「チームワークと自己評価」「利用者の代弁」「地域の子育て支援」「専門職としての責務」について規定している。

　また、社会的養護にかかわる者が多様な価値観を超え、共通の認識をもつことができるための指針として、各施設協議会が策定している倫理綱領がある。これらには、施設に特化した項目として「家族の関係調整」や、「児童相談所や学校、医療機関などの関係機関との連携」などがある。

　たとえば、全国児童養護施設協議会は「全国児童養護施設協議会倫理綱領」を策定している（表3-3）。

　施設で働く職員は常に自らの実践をこれらの項目に照らし、確認する必要がある。

② 保育士の責務

▼権利擁護

　保育士の重要な責務として、権利擁護がある。特に施設では、被虐待など

表3－3　全国児童養護施設協議会倫理綱領

原　則
　児童養護施設に携わるすべての役員・職員（以下、『私たち』という。）は、日本国憲法、世界人権宣言、国連・子どもの権利に関する条約、児童憲章、児童福祉法、児童虐待の防止等に関する法律、児童福祉施設最低基準にかかげられた理念と定めを遵守します。
　すべての子どもを、人種、性別、年齢、身体的精神的状況、宗教的文化的背景、保護者の社会的地位、経済状況等の違いにかかわらず、かけがえのない存在として尊重します。

使　命
　私たちは、入所してきた子どもたちが、安全に安心した生活を営むことができるよう、子どもの生命と人権を守り、育む責務があります。
　私たちは、子どもの意思を尊重しつつ、子どもの成長と発達を育み、自己実現と自立のために継続的な援助を保障する養育をおこない、子どもの最善の利益の実現をめざします。

倫理綱領
1．私たちは、子どもの利益を最優先した養育をおこないます
　　一人ひとりの子どもの最善の利益を優先に考え、24時間365日の生活をとおして、子どもの自己実現と自立のために、専門性をもった養育を展開します。
2．私たちは、子どもの理解と受容、信頼関係を大切にします
　　自らの思いこみや偏見をなくし、子どもをあるがままに受けとめ、一人ひとりの子どもとその個性を理解し、意見を尊重しながら、子どもとの信頼関係を大切にします。
3．私たちは、子どもの自己決定と主体性の尊重につとめます
　　子どもが自己の見解を表明し、子ども自身が選択し、意思決定できる機会を保障し、支援します。また、子どもに必要な情報は適切に提供し、説明責任をはたします。
4．私たちは、子どもと家族との関係を大切にした支援をおこないます
　　関係機関・団体と協働し、家族との関係調整のための支援をおこない、子どもと、子どもにとってかけがえのない家族を、継続してささえます。
5．私たちは、子どものプライバシーの尊重と秘密を保持します
　　子どもの安全安心な生活を守るために、一人ひとりのプライバシーを尊重し、秘密の保持につとめます。
6．私たちは、子どもへの差別・虐待を許さず、権利侵害の防止につとめます
　　いかなる理由の差別・虐待・人権侵害も決して許さず、子どもたちの基本的人権と権利を擁護します。
7．私たちは、最良の養育実践をおこなうために専門性の向上をはかります
　　自らの人間性を高め、最良の養育実践をおこなうために、常に自己研鑽につとめ、養育と専門性の向上をはかります。
8．私たちは、関係機関や地域と連携し、子どもを育みます
　　児童相談所や学校、医療機関などの関係機関や、近隣住民・ボランティアなどと連携し、子どもを育みます。
9．私たちは、地域福祉への積極的な参加と協働につとめます

>　　　施設のもつ専門知識と技術を活かし、地域社会に協力することで、子育て支援につとめます。
> 10. 私たちは、常に施設環境および運営の改善向上につとめます
>　　　子どもの健康および発達のための施設環境をととのえ、施設運営に責任をもち、児童養護施設が高い公共性と専門性を有していることを常に自覚し、社会に対して、施設の説明責任にもとづく情報公開と、健全で公正、かつ活力ある施設運営につとめます。
>
>　　　　　　　　　　　　　　　　　　　　　　　2010年5月17日　制定

資料：社会福祉法人　全国社会福祉協議会　全国児童養護施設協議会

の権利侵害を受けた子どもの入所が年々増加している。それゆえ、保育士などの周囲にいる大人によって改めて権利を擁護される。したがって自己の意見を表明する力が未熟な子どものニーズを代弁し、「子どもの最善の利益」にかなう支援を行うことが必要となる。

　施設で養育する職員は、人権に十分配慮するとともに、一人ひとりの人格を尊重した権利擁護が重要となってくる。子どもへの権利擁護の必要性について、堀正嗣、栄留里美によると「子どもは成熟と発達の過程にあるため、自分で自分の権利を認識し、主張したり、行使したりする力が相対的に弱い。また、社会的に保護され、義務教育を受けたり、親権に服したり、福祉等を保障される立場にある。さらに子どもは児童福祉施設の利用に際しても自ら利用契約の主体になれないなど、法的な権利の制限を受けている。このような特質のために、子どもはおとなに比べて弱い立場にあり、人権侵害を受けやすい状態にある」[1]と述べている。

　また日々施設におけるかかわりのなかで、職員は被措置児童等虐待[*4]の防止を理解し、自らの行為が子どもの権利を侵害していないかといった自己点検、職員間相互の点検も必要となる。

　社会的養護に関する施設では、3年に1回以上の第三者評価の受審と公表が義務づけられており、毎年の施設における自己評価も求められる。他にも、「意見箱」「苦情解決制度」「都道府県社会福祉協議会の運営適正化委員会」などにより、多角的に権利擁護の取り組みがなされている。

▼プライバシー保護

　子どもの年齢や発達に合わせて、プライバシーを守ることも施設で働く保育士の重要な責務といえる。児童福祉法には「保育士は、正当な理由がなく、その業務に関して知り得た人の秘密を漏らしてはならない。保育士でなくなった後においても同様とする」と明記し守秘義務が課せられている。意図的なものだけでなく、無意識のうちに情報が漏えいしてしまうこともある。

*4　被措置児童等虐待
p.40参照。

近年社会的養護に関する施設では、小規模化により、パーソナルな空間（自己領域）が確保され、個室や少人数の生活空間となっているため、保育士は年齢や発達に応じて、プライバシーを意識した姿勢で支援を行う必要がある。

複数の職員がかかわる施設では、情報共有の在り方や子どものプライバシーに配慮しながら、実践を踏まえ、プライバシー保護についての取り組みを検討していく必要がある。特に施設では、子どもや家族に関するさまざまな個人情報が厳重に管理されている。万が一、不用意な管理により外部に漏えいすれば、重大な人権侵害に陥る。保育士は個人情報の取り扱いについても細心の注意を払う必要がある。

3 保育士の専門性

① 相談支援と多職種との連携

▼ソーシャルワーク

施設で働く保育士の業務は、生活支援、学習支援、自立支援、心のケア、家族支援、関係機関との連携・協働など多岐にわたる。それらのかかわりは、アセスメントに基づく意図的で計画的な支援である。

そのためには保育士もソーシャルワーク[*5]の技術を身に着けておく必要がある。ケアワーク[*6]とソーシャルワークは、施設では総合的に組み合わせて実践されている。保育所保育指針でも保護者支援があるように、施設におけるソーシャルワークは主として、入所している子どもやその家族に対する相談支援となる。ほかにも、子どもを取り巻く社会資源（フォーマル・インフォーマル）との調整など多角的な視点において支援していく。子どもの生活上の課題、学校などでの課題、自立支援、家庭の課題に着目して支援を行うためには、関係機関との連携・協働は不可欠となってくる。

たとえば、施設に措置入所した子どもの場合、入所時点でのアセスメント（事前評価）を中心に、児童相談所と連携しながら個別自立支援計画の作成や支援体制を構築していく。その際、家族との交流（面会・外出・外泊・家庭復帰）など、施設外部の社会資源も活用しつつ、子どもの生活の再構策に向けたさまざまな働きかけが行われている。

入所している子どもの家庭に対する支援については、家庭支援専門相談員[*7]（ファミリーソーシャルワーカー）が児童養護施設などに配置し、その業務を中心に担っている。また乳児院や児童養護施設には、里親支援専門

*5 ソーシャルワーク
ケースワーク、グループワーク、コミュニティワークを方法とした社会福祉の援助技術である。

*6 ケアワーク
狭義では保育士が行う保育そのものであり、包括的な子どもの発達を促す働きや援助の方法を総称するすべてのかかわりを指す。

*7 家庭支援専門相談員
p.73参照。

＊8　里親支援専門相談員
p.75参照。

相談員＊8が配置され、家庭養護との連携も進んでいる。

▼連携による支援

　子どもや家族への支援の中心は、日々を支える施設で働く職員であるが、施設の職員だけで、それらすべてを担うことはできない。現在、施設に入所する子どもとその家族の抱える問題は、虐待、経済困難、精神疾患、ひとり親家庭などの問題が重層的に絡まり、深刻化している。そのため、施設で働く保育士は、児童相談所などの各種関係機関、家庭、学校、地域社会など、子どもをとりまく社会資源との調整を図り、常に多職種間連携を意識して、子どもの発達を支援し、保護者の子育てを支え、協働的な実践を構築していくことが必要である。子どもと生活をともにしながらも施設養育の目的は、子どもの自立支援であり、家庭再統合でもある。家庭に帰ることだけでなく、虐待や貧困の世代間連鎖を断ち切っていけるような支援が必要である。施設の支援は、措置委託を終えた後もかかわりをもち続けることが求められるが、直接的に目が行き届きにくくなる。その時にも親子の関係は続いていくため、施設に入所している間の生活のなかで家庭との距離を図り、将来の関係づくりの礎となるように支援していかなければならない。

②　子どもの生涯発達を見通した支援

　社会的養護の原理は、「発達の保障と自立支援」であり、自立支援は施設のすべての機能を集約する目的に位置づけられている。施設における自立支援は、子どもの施設入所時から、長期的な計画に基づいて行われる。施設と児童相談所、地域（学校等）、保護者の意向をもとに作成する自立支援計画は、子どもの問題、家族の問題、地域での問題をよりよい方向へと結び付けていくための共通理解として作成されていく。支援のゴールは、一人ひとり異なるが、職員には生活を通してその子ども一人にあわせたオーダーメイドの自立支援が行われている。児童福祉法の対象年齢は18歳までとなっているが、満18歳の場合は高校在学中となるため、高校卒業の時期に限定せず、家庭環境や保護者が子どもを養育することができる環境が整った時などに施設からの退所を検討することも可能となっている。

　児童養護施設では、退所を控えた子どもの進学先や就職先の選定と確保を高校などと連携し、住居探しや、生活費等の経済感覚、そして退所後の生活の管理方法といったさまざまな課題を子どもとともに考える。

　さらに、自己決定や将来の夢の実現、自尊心の回復、自分の生い立ちの編纂(さん)（ライフストーリーワーク）や家族との関係を整理し受け入れていくこと、

第3章　社会的養護にかかわる保育士の役割

職員など重要な他者との関係基盤を形成することも子どもにとって必要となる。これらの支援は子どもの生涯発達を見据え、施設を退所してから、心理的・社会的な安定を築くことができるまでの長期的な視点で行われる。たとえば、施設から退所した子どもが大人になった時に、虐待の連鎖や子育ての孤立といった問題を未然に予防するために継続した支援も必要となってくる（第4章参照）。

このように、施設で働く保育士に求められる役割は多岐にわたるため、研修受講や支援の実際についての研鑽を深め、専門性を高めなければならない。

また、子どもへの支援について定期的に支援のふりかえりや検証を行うことは、他の子どもへの支援に生かすうえで大切なことといえる。支援のふりかえりや検証による支援方法の蓄積によって、支援の再現性を高めていくことが重要である。

ワーク1　保育士の役割を整理してみよう。

保育所保育士と社会的養護に関する施設（入所・通所）の保育士の役割（支援内容・保護者支援など）には、どのような共通点や異なる点があるか考えてみよう。

	保育所保育士	入所施設の保育士	通所施設の保育士
共通点			
異なる点			

ワーク2 子どもの権利擁護のために必要な社会的養護に関する施設の保育士の配慮を考えてみよう。

下記の文章を読み、権利擁護やプライバシーへの配慮が必要なところに下線を引き、実習生としてどのような対応が好ましいか考えてみよう。

児童養護施設に実習に行ったみらいさん。担当するのは、小規模グループケアの小学生から高校生の男の子です。朝の支援では、実習担当の保育士から「子どもたちを起こしてきて」と言われたため、個室に入り、布団をめくり、声をかけます。

子どもたちが登校した後には、環境整備のため、個室の掃除機をかけたり、洗濯を畳んだりしました。洗濯物は、畳んだものは、衣装ケースにしまうことを知っていたため、子どもたちのためを思って自ら進んで、片づけることにしました。また、掃除中に机の上に日記が開かれていたため、気になり読んでみました。するとなかには、施設での人間関係のことが書いてあり、どうしていいか戸惑いました。しかし、勝手に読んでいたので、本人にも担当の保育士にも相談することができませんでした。

下校後、高校生の子どもから、「あのね、だれにも言わないでね…」と言われ入所理由や家族のことを聞きました。そのことに興味を持ったため、子どもの心境を知りたいと考えたみらいさんは、自分から進んでさらに聞き出しました。子どもから秘密にしてねといった内容は、約束であったため、担当の保育士さんには伝えず、心のなかにしまっておきました。

高校生が、スマートフォンを持っており、SNSを見ていた時、「みらいさんのSNSのアカウントも教えて」と言われ、電話番号やメールアドレスはだめだと学校で習っていましたが、SNSなら大丈夫だろうと教えることにし、フォローし合いました。

実習の記録では、子どもの名前はイニシャルで書くことを学校で習っていたため、イニシャルで記していたため、個人が特定されないだろうと不用意に管理し、コピーをとったりしました。

実習終了後、施設の子どもたちのことが気になり、自身のSNSに書き込んで発信したり、家族や友達に子どもたちの状況を話したりして、みんなに知ってもらおうと積極的に広めました。

【引用文献】
1）堀正嗣・栄留里美『子どもソーシャルワークとアドボカシー実践』2009年　p.55

第4章　施設における支援の実際

🖉 施設の子どもに対して、どのように支援が行われているのだろうか？

じゅん先生　みらいさん、子どもはどうして施設に入所することになるのか知っていますか？

みらいさん　虐待を受けたりするからですよね。

じゅん先生　そうですね。虐待も施設に入所することになる理由の一つですね。もちろん虐待だけでなく、親の病気など、ほかにも施設に入所する理由はありますが、そのような理由が生じると、児童相談所や家庭児童相談室などの子どもを取り巻く関係機関が対応します。そして、最終的には児童相談所の措置という対応によって、子どもの施設入所が決まるのですよ。

みらいさん　そうなのですか。詳しくは知らなかったです。また、虐待を受けた子どもが施設に入所することは、よく耳にしますが、施設に入所した後、子どもがどのような支援を受けているのかということは、あまり知られていないですよね。

じゅん先生　確かに新聞やニュースなどでは、子どもが施設に入所してからのことについて、報道されることはありませんね。施設に入所する子どもに対しては、アドミッションケア、インケア、リービングケア、アフターケアという流れで支援していきます。ただ単に子どもを保護して、施設で生活させるということではなく、計画的にそれぞれの子どもに応じた支援を行わなければならないのです。本来ならば、子どもが家庭で経験することを施設で代わりに保障していきます。また、虐待などで傷ついた心のケアもしていますよ。さらに、施設から社会に巣立っていく準備や施設を退所した後の支援も行っているのです。

みらいさん　なるほど。施設では子どもたちに対して、多様な支援を行っているのですね。

じゅん先生　この章では、施設で行われている支援について詳しく学んでいきますよ。

みらいさん　わかりました。しっかり学んで、理解できるように頑張ります。

1 アドミッションケア(入所前後の支援：児童相談の流れ)

① 子どもが施設入所に至るまで

▼養護問題発生理由

　子どもが施設入所に至るまでの経緯は、さまざまな理由がある。それぞれの家庭で起こった養護問題により、子どもは保護・措置されることになる。厚生労働省の「児童養護施設入所児童等調査結果」における養護問題発生理由の構成割合は、一般的に虐待とされる「放任・怠だ」「虐待・酷使」「棄児」「養育拒否」の項目を合計すると、乳児院では27.1％、児童養護施設では37.9％となっている。また、「父母の精神疾患等」は、乳児院では22.2％、児童養護施設では12.3％となっている（表4－1）。これらの理由により、子どもは社会的養護の施設などに措置されている。

表4－1　養護問題発生理由別児童数

	児童数							構成割合（％）						
	里親委託児	養護施設児	情緒障害児	自立施設児	乳児院	ファミリーホーム児	援助ホーム児	里親委託児	養護施設児	情緒障害児	自立施設児	乳児院	ファミリーホーム児	援助ホーム児
総　数	4,534	29,979	1,235	1,670	3,147	829	376	100.0	100.0	100.0	100.0	100.0	100.0	100.0
父の死亡	113	142	6	14	2	8	2	2.5	0.5	0.5	0.8	0.1	1.0	0.5
母の死亡	403	521	13	17	24	22	8	8.9	1.7	1.1	1.0	0.8	2.7	2.1
父の行方不明	99	141	1	6	4	6	1	2.2	0.5	0.1	0.4	0.1	0.7	0.3
母の行方不明	388	1,138	10	17	79	36	9	8.6	3.8	0.8	1.0	2.5	4.3	2.4
父母の離婚	97	872	33	133	56	50	18	2.1	2.9	2.7	8.0	1.8	6.0	4.8
両親の未婚	＊	＊	＊	＊	195	＊	＊	＊	＊	＊	＊	6.2	＊	＊
父母の不和	18	233	18	30	41	8	2	0.4	0.8	1.5	1.8	1.3	1.0	0.5
父の拘禁	47	419	4	9	18	8	3	1	1.4	0.3	0.5	0.6	1.0	0.8
母の拘禁	130	1,037	14	26	121	31	2	2.9	3.5	1.1	1.6	3.8	3.7	0.5
父の入院	27	180	－	2	7	7	1	0.6	0.6	－	0.1	0.2	0.8	0.3
母の入院	131	1,124	9	9	96	32	3	2.9	3.7	0.7	0.5	3.1	3.9	0.8
家族の疾病の付添	＊	＊	＊	＊	11	＊	＊	＊	＊	＊	＊	0.3	＊	＊
次子出産	＊	＊	＊	＊	19	＊	＊	＊	＊	＊	＊	0.6	＊	＊
父の就労	44	963	11	22	11	10	1	1	3.2	0.9	1.3	0.3	1.2	0.3
母の就労	109	767	12	65	123	16	－	2.4	2.6	1	3.9	3.9	1.9	－
父の精神疾患等	16	178	9	17	13	－	2	0.4	0.6	0.7	1.0	0.4	－	0.5
母の精神疾患等	356	3,519	179	127	686	94	33	7.9	11.7	14.5	7.6	21.8	11.3	8.8
父の放任・怠だ	46	537	27	77	9	13	8	1	1.8	2.2	4.6	0.3	1.6	2.1
母の放任・怠だ	431	3,878	133	268	340	84	17	9.5	12.9	10.8	16.0	10.8	10.1	4.5
父の虐待・酷使	124	2,183	161	152	82	58	45	2.7	7.3	13	9.1	2.6	7.0	12.0
母の虐待・酷使	249	3,228	214	129	186	73	35	5.5	10.8	17.3	7.7	5.9	8.8	9.3
棄　児	94	124	5	6	18	19	1	2.1	0.4	0.4	0.4	0.6	2.3	0.3
養育拒否	750	1,427	78	65	217	71	28	16.5	4.8	6.3	3.9	6.9	8.6	7.4
破産等の経済的理由	249	1,762	12	13	146	28	10	5.5	5.9	1	0.8	4.6	3.4	2.7
児童の問題による監護困難	69	1,130,	＊	＊	19	33	74	1.5	3.8	＊	＊	0.6	4.0	19.7
その他	392	3,619	156	172	547	60	57	8.6	12.1	12.6	10.3	17.4	7.2	15.2
特になし	＊	＊	91	202	＊	＊	＊	＊	＊	7.4	12.1	＊	＊	＊
不　詳	152	857	39	92	77	77	16	3.4	2.9	3.2	5.5	2.4	7.5	4.3

注）＊は、調査項目としていない。
出典：厚生労働省「児童養護施設入所児童等調査結果」(平成25年2月1日現在) 2015年

▼児童相談の流れ

　児童相談については、保護者の死亡や行方不明、離婚、または虐待、子どもの障害や非行問題などさまざまなことについての相談が、保護者や子ども本人、地域住民、関係機関などから寄せられる（表4－2）。

表4－2　児童相談所が受け付ける相談の種類および主な内容

分類	種類	内容
養護相談	1．児童虐待相談	児童虐待の防止等に関する法律の第2条に規定する次の行為に関する相談 (1)身体的虐待 　生命・健康に危険のある身体的な暴行 (2)性的虐待 　性交、性的暴行、性的行為の強要 (3)心理的虐待 　暴言や差別など心理的外傷を与える行為、児童が同居する家庭における配偶者、家族に対する暴力 (4)保護の怠慢、拒否（ネグレクト） 　保護の怠慢や拒否により健康状態や安全を損なう行為及び棄児
	2．その他の相談	父又は母等保護者の家出、失踪、死亡、離婚、入院、稼働及び服役等による養育困難児、迷子、親権を喪失・停止した親の子、後見人を持たぬ児童等環境的問題を有する子ども、養子縁組に関する相談。
保健相談	3．保健相談	未熟児、虚弱児、ツベルクリン反応陽転児、内部機能障害、小児喘息、その他の疾患（精神疾患を含む）等を有する子どもに関する相談
障害相談	4．肢体不自由相談	肢体不自由児、運動発達の遅れに関する相談。
	5．視聴覚障害相談	盲（弱視を含む）、ろう（難聴を含む）等視聴覚障害児に関する相談。
	6．言語発達障害等相談	構音障害、吃音、失語等音声や言語の機能障害をもつ子ども、言語発達遅滞を有する子ども等に関する相談。ことばの遅れの原因が知的障害、自閉症、しつけ上の問題等他の相談種別に分類される場合は該当の種別として取り扱う。
	7．重症心身障害相談	重症心身障害児（者）に関する相談。
	8．知的障害相談	知的障害児に関する相談。
	9．発達障害相談	自閉症、アスペルガー症候群、その他広汎性発達障害、学習障害、注意欠陥多動性障害等の子どもに関する相談。
非行相談	10．ぐ犯等相談	虚言癖、浪費癖、家出、浮浪、乱暴、性的逸脱等のぐ犯行為若しくは飲酒、喫煙等の問題行動のある子ども、警察署からぐ犯少年として通告のあった子ども、又は触法行為があったと思料されても警察署から法第25条による通告のない子どもに関する相談。
	11．触法行為等相談	触法行為があったとして警察署から法第25条による通告のあった子ども、犯罪少年に関して家庭裁判所から送致のあった子どもに関する相談。受け付けた時には通告がなくとも調査の結果、通告が予定されている子どもに関する相談についてもこれに該当する。
育成相談	12．性格行動相談	子どもの人格の発達上問題となる反抗、友達と遊べない、落ち着きがない、内気、緘黙、不活発、家庭内暴力、生活習慣の著しい逸脱等性格もしくは行動上の問題を有する子どもに関する相談。
	13．不登校相談	学校及び幼稚園並びに保育所に在籍中で、登校（園）していない状態にある子どもに関する相談。非行や精神疾患、養護問題が主である場合等には該当の種別として取り扱う。
	14．適性相談	進学適性、職業適性、学業不振等に関する相談。
	15．育児・しつけ相談	家庭内における幼児の育児・しつけ、子どもの性教育、遊び等に関する相談。
	16．その他の相談	1～15のいずれにも該当しない相談。

出典：厚生労働省「児童相談所運営指針」

*1 民生委員
特別区を含む各市町村の区域ごとに配置されており、都道府県知事の推薦で厚生労働大臣に委嘱される。担当区域の住民の生活状況を把握し、必要に応じて相談や援助を行う。また、社会福祉施設や福祉事務所などとも連携し、業務や活動を支援・協力することが職務となっている。児童委員を兼ねている。

*2 児童委員
担当区域の児童および妊産婦の生活状況等を把握し、保護や福祉サービス利用にともなう情報提供・援助などを行う。また、児童福祉司や福祉事務所の社会福祉主事に協力することなどが職務として定められている。

　主な相談機関として、市町村と都道府県および政令指定都市、児童相談所設置市などに設置されている児童相談所がある。これらの機関は、民生委員*1・児童委員*2や学校、保育所、幼稚園、保健所、警察、医療機関などの関係機関と連携をとることが求められている（図4-1）。また、児童相談所は市町村への助言・支援や、高度な専門的知識・技術を要する困難事例などへの対応を行っている。児童相談所における相談支援活動の体系・展開は図4-2のようになっており、施設などへの子どもの措置は、この児童相談所においてさまざまな調査・診断をもとに決定される。

　児童相談所の判定会議で施設入所が決定されると、児童相談所は施設に入所依頼をする。このような手順で、子どもを受け入れる施設が決まっていくのである。

図4-1　市町村・児童相談所における相談援助活動系統図

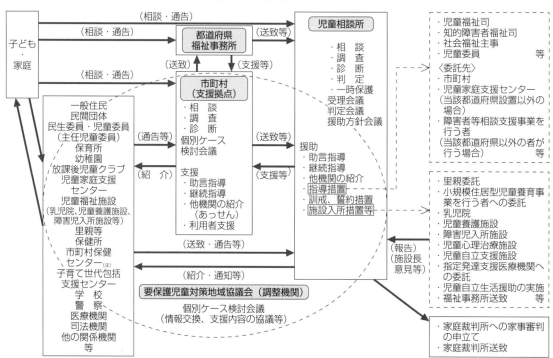

注：市町村保健センターについては、市町村の子ども家庭相談の窓口として、一般住民等からの通告等を受け、支援業務を実施する場合も想定される。
出典：厚生労働省「児童相談所運営指針」

第4章 施設における支援の実際

図4－2　児童相談所における相談支援活動の体系・展開

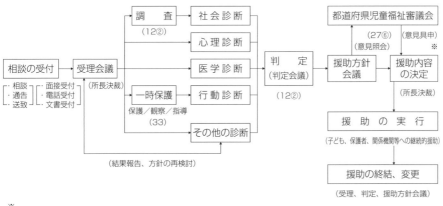

出典：厚生労働省「児童相談所運営指針」

② 施設入所前後の支援

▼事前に子どもの不安を和らげる

　施設入所を控えた子どもは、今まで住み慣れた環境とは一転して、知らない人や場所での生活を始めなければならず、大きな不安を抱えることが多い。それを和らげるため、施設入所前に一時保護所などへ施設職員が面会に行き、パンフレットなどを用いて、施設の概要や生活について伝える。また、児童相談所の児童福祉司などが「子どもの権利ノート[*3]」を活用し、保障される権利や困ったときの相談先などを分かりやすく説明することも不安を和らげるために有効である。

*3　子どもの権利ノート
第2章p.38参照。

▼施設内の環境を整える

　子どもが施設入所する前に、居室を定め、担当者を選任したうえで、生活必需品である洗面用具、布団の準備など少しでも安心が得られるような配慮をしておくことが必要である。また、衣類などの好みがあるものは、入所後

に職員とともに購入することが望ましい。さらに、施設内の子どもたちに対して新しく入所してくる子どものことを周知し、迎え入れる環境を整えておくことは、施設生活に早く馴染めるきっかけとなるため、職員が配慮すべき重要な点である。

③ 自立支援計画

　2005（平成17）年に児童福祉施設最低基準（現・児童福祉施設の設備及び運営に関する基準）が改正され、児童養護施設を始めとする各施設に自立支援計画の策定が義務づけられた。これにより、入所から退所までの支援の一貫性が求められるようになった。

　自立支援計画は、子どもの施設入所直後に策定するか、また数か月間は児童相談所の支援指針を自立支援計画として活用し、実際に支援した後にその効果などを評価、検討し、策定していく方法がとられる。その後は、定期的に評価を行い、アセスメントや計画の妥当性を検証し、新たな計画を策定していくなかで、子どもへの支援の見通しを立てる必要がある。また研修を修了することによって配置可能な基幹的職員が、計画の進捗状況の把握、見直しなどの進行管理の中心的な業務を担うことになっている。さらに、この支援計画は施設職員のためではなく、あくまで子どもに対する支援の向上のためにあることを認識し、子どもや保護者の意見、また児童相談所を始めとする関係機関の見解も踏まえ、施設全体の共通理解のもとで策定されなければならない。

2　インケア（In Care）

① インケアとは

　全国児童養護施設協議会は、インケアについて、「子どもが、保護者やおとなの都合で児童福祉施設に入所することは、保護者を離れ法的には都道府県知事・政令市市長の『公の責任下』にはいることを意味して」[1]おり、それを「公的養育システム」と呼んでいる。

　つまりインケアとは、公的な権限を有する都道府県知事や政令市市長から委任された児童相談所長の措置により子どもが社会的養護の施設で支援を受けることを指す、ととらえることができる。そのため、ここでは施設で衣食

住の基本的生活習慣を確立することや、学習・治療的支援を受けることなど、施設における日常生活支援をインケアと呼ぶこととする。

② 基本的生活習慣の確立

▼衣食住について

　社会的養護の施設に入所してくる子どもの家庭は、機能不全に陥っていることが多い。そのため、子どもはさまざまな生活上の課題を抱えている。

　「食」に関しては、食事自体を十分に摂取できていなかったり、手作りの家庭料理ではなく、インスタント食品やジャンクフードなど栄養が偏っている食事を摂っていたりする子どもが多い。そのため、生活習慣病など発育に支障をきたしていることもある。

　「衣」に関しては、サイズの合わない服や、汚れていたり、穴が空いている服を着て過ごしていたりもする。また、幼児のなかには、汚れたおむつを替えてもらえないといった衛生上の問題を抱えている場合もある。

　「住」に関しては、ごみが散乱する不衛生な部屋での生活や、住むべき家がなく、車上生活を経験していることもある。

　このような生活をしてきた子どもには、毎日3度の食事が提供され、洗濯された清潔な衣服を着て過ごし、清潔な部屋にある温かな布団で入眠し、入浴もできる「衣食住」の生活環境を保障していく必要がある。

▼生活リズム、余暇

　生活のリズムが確立されていない子どもも多く、朝の起床から夜の就寝までの生活習慣が身についておらず、昼夜逆転した不規則な生活を過ごしてきた子どももいる。そのため、施設では起床や就寝、食事、入浴、登校・登園など、社会の流れに沿った時間に活動し、規則正しい生活リズムを獲得していくのである。それにともない、日課を設定している施設も多い（表4－3）。

　また、余暇を自由に過ごすことも重要である。たとえば、入所前の家庭では、きょうだいの面倒や家事の手伝いなど、自分の時間をもつことができなかったが、施設で余暇を得ることによって、自分自身の将来のことについて考えるなど改めて自己を見つめられる機会となる。また、施設内の子どもや学校の友人とのかかわりによって、対人関係を学ぶことにもなる。

▼学習（学びの機会保障）

　施設入所前には学校に行かせてもらえず、勉学に取り組める状況になかった子どももいる。そのため、勉強の基礎が身に付かず、学力低下につながることが多い。このような子どもには、学校に通う機会を保障することから始

表4-3 施設の日課の例

時　間	幼　児	学童（小中高生）
7：00	起床・洗面	起床・洗面
7：20	朝食	朝食
8：00	歯磨き・幼稚園児登園	登校準備・登校
10：00	おやつ・自由保育	
12：00	昼食	
13：00	午睡	
15：00	幼稚園児降園・おやつ	順次下校・おやつ
16：00	自由遊び	小学生学習・自由時間
18：00	夕食	夕食
19：00	入浴	入浴
20：30	就寝	小学生就寝準備
21：00		小学生就寝
22：00		中高生学習・就寝準備
23：00		中高生就寝

筆者作成

*4 心のケア
地震や土砂などの災害、交通事故・事件・犯罪の目撃・体験、虐待の経験、身近な人の死などにより、心的外傷（トラウマ）となってしまい、心身の不調につながることがある。その心的外傷を癒すことをいう。

*5 心理療法担当職員
子ども等に対し、心理療法や生活場面での面接を実施し、また施設職員への助言・指導などの業務を担う。乳児院、児童養護施設、児童自立支援施設、児童心理治療施設、母子生活支援施設などに配置されている。

*6 児童心理司
子どもや保護者等に対し、診断面接、心理検査、観察等によって心理診断を行ったり、心理療法、カウンセリング、助言指導等の指導を行ったりする。児童相談所に配置されている。

*7 遊戯療法（プレイセラピー）
子どもは言語による表現が不十分な場合が多いため、遊びのなかで子どもの抱える葛藤などを表現させていく。また、遊びを通して、治療者との関係を構築し、問題を解決していくものである。

*8 箱庭療法
砂の入った箱のなかでミニチュアの玩具を用い、また砂自体を使用して、自由に表現したり、遊んだりすることを通して行う心理療法である。

まり、個々の状況に応じて、学習塾や家庭教師などによる学習支援を行う必要がある。また、学習支援のみではなく、個別的かかわりを組み合わせた学習ボランティアを活用することもある。このようにして、子どもに学ぶ機会を保障していくのである。

③ 治療的支援

▼心理療法による治療的支援

虐待などにより傷ついた子どもに対しては、「心のケア*4」などの治療的支援が必要となる。その治療的支援の一つに心理療法があげられ、施設に配置されている心理療法担当職員*5や児童相談所の児童心理司*6などが中心となり、行われている。

施設で行われる心理療法は、「遊戯療法（プレイセラピー）*7」が多く取り入れられている。また、子どもの関心や年齢などによっては、カウンセリングや箱庭療法*8なども実施されている。

▼直接支援職員によるかかわり

子どもの心をケアするのは、心理療法の担当者だけではない。日常生活における直接支援職員（保育士、児童指導員等）のかかわりと心理療法の両方が適切に子どもを支援していくことで効果が生じるといえる。心理療法が順調に取り組めていたとしても、日常生活場面での支援が適切でなければ、子どものケアは進まないのである。

直接支援職員が子どもに寄り添い、子どもを大切にする、そのような愛情のある温かなかかわりが、子どもの自尊心を養い、生まれてきてよかったと実感させる心のケアにつながっていく。

3 リービングケア（Leaving Care）

① リービングケアとは

リービングケアとは、施設を退所し、家庭に戻って生活する子どもや、高校等を卒業して施設から社会へ巣立っていく子どもに対する退所後の生活に向けての支援を指す。特に、就職や進学にともない、社会に巣立っていく子どもに対する支援として行われている。

また、山縣文治が「リービングケアは、インケアとアフターケアの境界に位置づけられ、双方からの取組が必要であることを意識させた重要な概念」[2)]であると述べているように、リービングケアは家庭的養護のプロセスとして、インケアからアフターケアにつなげるための欠かせない支援といえる。

② リービングケアの内容

社会に巣立っていく子どもに必要なことは、退所後の進路や住居、社会生活を送るうえで必要な知識、たとえば料理の作り方、金銭管理の方法、社会保険のしくみなど、多くのことがあげられる。これらを子どもが身に付けられるような支援も必要となる。

具体的な支援としては、退所を控えた子どもが施設にある自立訓練室や個室を活用し、一人で暮らす擬似体験があげられる。日程を設定し、必要な費用をもとに、献立を考え、買い物や調理を行う。さらに、起床や洗濯、掃除などもすべて自分で行うことを心がける。このような体験は、一般的な生活体験が乏しい子どもにとって、自立していくうえでの大きな学びとなる。

③ 「人とつながる」ための支援

施設を退所する子どもは、社会で生き抜くために多くの知識を身に付けなければならない。しかし、単に知識を身に付けるだけではなく、「人とつながる」ことが重要となる。人は多くの他者との相互扶助により社会生活を営

んでいる。自分を最優先に守ってくれるべき親から虐待を受け、心に深い傷を負った子どもは、人を信じることに対する怖さや不安を感じることが多い。そのような子どもが、人への不信感を拭えるような支援が必要なのである。

「人とつながる」ことは、他者との信頼関係を構築することであり、それは互いに助け合うことを意味する。そのために、施設保育士をはじめとする職員が子どもに寄り添うことで、「信頼できる身近な大人」となることが求められる。

④ ライフストーリーワーク

社会的養護のもとで暮らす子どものなかには、自分の生い立ちや家族のことがわからず、自分がなぜ施設で暮らしているのか、保護者がどこにいるのか、などの疑問を抱き、将来希望を見出せないことがある。そのため、生い立ちや家族との関係などを整理することによって、前向きな成長を支援しなければならない。それをライフストーリーワークといい、自立していく子どもにとって出自を知ることは、保障されるべき権利であり重要な支援となる。

4 アフターケア（After Care）

① アフターケアとは

アフターケアは、施設を退所した子どもに対する支援を指す。2004（平成16）年の児童福祉法改正にともない出された厚生労働省の通知[*9]により、児童養護施設などの児童福祉施設の目的として「当該施設を退所した者に対する相談その他の援助を行うこと」の規定が盛り込まれた。乳児院、母子生活支援施設、児童養護施設、児童心理治療施設、児童自立支援施設がこの規定に該当する。

*9
「『児童福祉法の一部を改正する法律』の施行について」

② アフターケアの体制

子どもが施設を退所した場合には、児童相談所、家庭児童相談室や教育機関など地域の関係機関との連携が必要になってくる。連携をもとに子どもの生活状況などの情報を共有し、必要に応じた支援が行えるからである。

また、施設は子どもの就職や進学による自立の場合にも、状況把握できる

体制を整えておかなければならない。就職の場合は、職場の経営者や上司、進学の場合は、進学先の教職員や住居の管理人などと連絡をとれるようにしておき、子どもに何かあれば、すぐに対応できる体制を整えておく。さらには、子どもとの定期的な連絡、住居や職場訪問を実施し、接点が途絶えないようにすることも重要である。

③ 子どもが相談できる職員

　アフターケアに関しては、体制を整えるだけでは十分とはいえない。退所した子どもにとって、相談できる職員の存在は重要である。困ったときには施設へ連絡すべきだと理解してはいても、相談できる職員がいるか否かが、実際に施設を頼るかどうかを決める要因となる。施設の建物はあるが、相談できる職員がいないことで、退所した子どもの足が施設から遠のくことになってしまう。

　したがって、職員は子どもから「相談したい」と思われる職員になる努力が必要である。また、施設は職員が長く働き続けられるための環境づくりに努めなければならない。

ワーク1 被虐待経験から学ぶ。

次の表4－4、表4－5に目を通し、各施設の子どもたちが受けた虐待経験の有無とその種類の割合について理解しよう。そして、各施設の特徴について考えてみよう。

表4－4 被虐待経験の有無

(n＝集計対象児童数)

	被虐待経験の有無				
	乳児院 n=3,147	児童養護施設 n=29,979	情緒障害児短期治療施設* n=1,235	児童自立支援施設 n=1,670	母子生活支援施設 n=6,006
1.有り	35.5%	59.5%	71.2%	58.5%	50.1%
2.無し	61.7%	35.4%	25.7%	35.3%	46.0%
不明	2.7%	4.9%	3.1%	6.2%	3.9%
合計	100.0%	100.0%	100.0%	100.0%	100.0%

＊現・児童心理治療施設
出典：厚生労働省「児童養護施設入所児童調査結果（平成25年2月1日）」（2015年）をもとに作成

表4－5 被虐待経験「有り」の場合における虐待の種類

(n＝集計対象児童数)

	【被虐待経験有りの場合】虐待の種類（複数選択）				
	乳児院 n=1,117	児童養護施設 n=17,850	情緒障害児短期治療施設* n=879	児童自立支援施設 n=977	母子生活支援施設 n=3,009
1.身体的虐待	25.7%	42.0%	64.7%	60.5%	34.5%
2.性的虐待	0.1%	4.1%	8.0%	4.6%	3.4%
3.ネグレクト	73.9%	63.7%	43.9%	53.8%	20.5%
4.心理的虐待	8.4%	21.0%	31.3%	29.4%	78.0%

＊現・児童心理治療施設
出典：表4－4に同じ。

ワーク2 リービングケアについて考えよう。

下記の設定をふまえて、「リービングケア」のなかでも、自立に向けた支援を行っていく際に、どのような支援が必要かを考えてみよう。

> 　M子は、児童養護施設で生活する高校1年生である。M子には頼れる家族や親戚がいないため、高校卒業後は、社会に出て就職して自立することを考えている。また、M子は、親からの虐待によって施設に入所してきており、人と距離を置いて生きている。そのため、親しい友人や頼れる大人はいない状況である。

【引用文献】
1）全国児童養護施設協議会「子ども家庭福祉・社会的養護に関する制度のあり方検討特別委員会報告書」2008年　p.9
2）山縣文治「自立支援とリービングケア」東京都社会福祉協議会児童部会リービングケア委員会編『Leaving Care児童養護施設職員のための自立支援ハンドブック（改訂4版）』東京都社会福祉協議会　2008年　pp.1～2

【参考文献】
小池由佳・山縣文治編『社会的養護（第3版）』ミネルヴァ書房　2013年
春見静子・谷口純世編『社会的養護』光生館　2011年
春見静子・谷口純世編『社会的養護内容』光生館　2012年
吉田眞理編『児童の福祉を支える〈演習〉社会的養護内容』萌文書林　2012年
才村真理・大阪ライフストーリー研究会編『今から学ぼう！　ライフストーリーワーク—施設や里親宅で暮らす子どもたちと行う実践マニュアル—』福村出版　2016年
原田旬哉・杉山宗尚編『図解で学ぶ保育　社会的養護Ⅰ』萌文書林　2018年

第5章　社会的養護にかかわる相談支援

📖 **相談支援とはなんだろう？**

じゅん先生　みらいさんは「相談支援」という言葉を知っていますか？

みらいさん　はい。他の授業で出てきたので何となくですが覚えています。

じゅん先生　では、相談支援の説明はできますか？

みらいさん　え〜っと、文字通り困っている人や悩んでいる人の相談に乗って、課題や悩みを解決することだと思います。

じゅん先生　そうですね。それも相談支援の一部であるととらえることができます。

みらいさん　一部ということは、相談支援はまだまだ奥が深そうですね。

じゅん先生　その通りです。相談支援とは、相談に乗ることで課題を解決に導くだけではなく、各専門職がその専門性に基づき、ソーシャルワークを活用し、課題を抱えた人を支援する取り組みといえます。

みらいさん　なんだか難しそうですね……。

じゅん先生　もう少しわかりやすくいえば、社会福祉に携わる専門職が、知識や技術、方法などを駆使して、課題や問題を解決に導いていくことです。たとえば保育者が課題や問題を抱えた保護者の相談に乗るにしても、信頼関係がなければ相談には乗れませんよね。そこで保育者は保護者と話をする時にバイスティックの7つの原則を意識することで信頼関係が築け、相談できる関係が生まれるというわけです。

みらいさん　なるほど、専門職が専門性を発揮することで問題や課題を解決しやすくするわけですね。

じゅん先生　特に社会的養護にかかわる子どもたちや保護者はさまざまな事情を抱えているので、支援する側はいろいろなことに対応できる知識や技術等を問われます。次の支援につなげることも求められることもあり、地域にある社会資源も把握する必要があります。ここで一緒に社会的養護にかかわる相談支援について学んでいきましょう。

1 家庭・家族への支援

① 家庭・家族支援の必要性

　子どもにとって家庭や家族は大切な存在である。それは社会的養護のもとで暮らす子どもにとっても同様である。社会的養護で生活する子どもにとって、家庭に戻れる理由は表5－1、5－2のように「家庭環境改善」である。すなわち、社会的養護において重要なことは、家族の再統合であり、再び家族とともに生活するため、家庭・家族の支援は必須である。また社会的養護のみならず、支援を必要とするのは、地域における一般の子育て家庭や家族においても同じである。

　高度経済成長期以前によく見られた三世代世帯では、父母だけではなく祖父母やきょうだいなども子育てを助けていたが、核家族の場合では難しい状況となる。また地域との関係性も希薄になってきた現代では地域で孤立する家庭も存在する。現代の子育て家庭にとっては、子育てに不安や負担を抱えても身近に相談したり、頼ったりする人もおらず、子育ての不安や負担を家庭のみで抱えてしまっているのが実情である。そのような家庭や家族においても相談に乗り、支援していくことが求められているのである。特に地域にとって身近に存在する幼稚園や保育所、認定こども園は、子育て家庭にとって一番身近な子育ての専門機関であり、そこで働く保育者は身近な子どもに関する専門職になるのではないだろうか。保育所保育指針においても「保育所は、入所する子どもを保育するとともに、家庭や地域の様々な社会資源との連携を図りながら、入所する子どもの保護者に対する支援及び地域の子育

表5－1　2016（平成28）年度中における児童養護施設の退所の状況

家庭環境改善	児童の状況改善	就職	普通養子縁組	進学（大学等）	特別養子縁組	無断外出	死亡	その他	計
2,374	54	1,290	380	15	8	46	5	246	4,418

出典：厚生労働省「社会的養護の現状について（参考資料）平成31年1月」より筆者作成

表5－2　2015（平成27）年度中における乳児院の退所の状況

家庭環境改善	児童の状況改善	普通養子縁組	特別養子縁組	死亡	その他	計
852	6	24	58	5	46	987

出典：表5－1と同じ

て家庭に対する支援等を行う役割を担うものである」と地域の子育て家庭に対する支援について明記されている。このように現代の子育て家庭・家族にとって、保育者がいかに重要な役割を担い、その必要性についても求められていることがわかる。

② 保護者へ向けた支援

厚生労働省が2017（平成29）年に公表した「新しい社会的養育ビジョン」では、「地域の変化、家族の変化により、社会による家庭への養育支援の構築が求められており、子どもの権利、ニーズを優先し、家庭のニーズも考慮してすべての子ども家庭を支援するために、身近な市区町村におけるソーシャルワーク体制の構築と支援メニューの充実を図らなければならない」と示されている。保育所や幼稚園、認定こども園だけではなく、社会的養護にかかわる施設や機関においても地域の子育て家庭、すなわち子育てを行う保護者に対して支援を行う必要があるということである。子育てに困難や負担を感じる家庭に対し、相談等の支援を行うことで解決することもあるが、それだけでは不十分な場合も多く存在する。保護者の養育資質を高めるために、保育者は保護者支援プログラムなどの養育知識や技術を知っておく必要がある。また個人や施設のみで支援、対応を行うには限界がある。そのために保育者は活用できる制度やネットワーク、地域にある社会資源等を把握し、適切な支援につなげることも求められる。すなわち保育者にとってソーシャルワークの知識や技術は、家庭・家族を支援していくために必要不可欠なものとして求められているということである。

▼要支援児童に対する支援

要支援児童[*1]とは、児童福祉法で「保護者の養育を支援することが特に必要と認められる児童」と定義されている。すなわち、保護者が子育てに対して自信がなかったり、過度な負担を感じていたり、子育てに対する知識不足から不適切な養育環境に置かれているような子どものことをいう。

要支援児童のポイントとしては「不適切な養育環境に置かれている」という点である。現代の養育環境の状況から、この「不適切な養育環境」の特徴を見ると「虐待」というキーワードがあげられ、近年では大きな社会問題となっている。しかし、その相談件数の約95％は見守りという形で地域での在宅支援となっている。

不適切な養育環境に至る要因としては、保護者の育児能力などだけでなく、たとえば現代の家族形態や地域の希薄化、経済状況、貧困などさまざまなも

*1
要保護児童については、p.33参照。

のがある。虐待＝保護者が悪いととらえがちではあるが、決してそうではなく、さまざまな要因が絡むことで「不適切な養育環境」に至っていることを保育者は理解しておかなければならない。支援を行うためには保護者との信頼関係を築くことが支援の第一歩と言っても過言ではない。したがって保育者は保護者に置かれている環境や状況を把握し、バイスティックの7原則*2を意識した支援をしなければならない。もちろん保護者のみならず、子どもとも信頼関係を築き、その家族・家庭を支援する必要がある。

また、保護者の養育を安定したものとするために、保護者間のネットワークの活用や、社会資源等を把握し、支援につなげていくことが重要である。たとえば要保護児童対策地域協議会や児童家庭支援センター、家庭児童相談室*3、子育て世代包括支援センター*4などは要支援児童の保護者にとっても重要な施設である。

▼特定妊婦に対する支援

特定妊婦とは、児童福祉法で「出産後の養育について出産前において支援を行うことが特に必要と認められる妊婦」と定義されている。予期せぬ妊娠や望まない妊娠のほか、貧困や精神疾患などから子育て困難に陥ったりすると予測され、妊娠中からリスクが高いと特定できる妊婦のことである。また特定妊婦は母子手帳の交付を受けていなかったり、妊婦健診が未受診であったりする場合も多い。

特定妊婦は、子どもの出産前から支援できるというメリットがある。出産前に適切な支援を行うことで、不適切な養育や児童虐待に陥ることを予防できる可能性を高められる。また児童虐待による死亡の現状をみると、出産当日が最も多く、この死亡数を減らすためにも特定妊婦の支援は重要であることが窺える。要支援児童と同様に、家族や家庭の状況を理解し、寄り添いながら信頼関係を築くことが求められる。そして出産後における特定妊婦の養育技術を高めながら、適切な支援につなげることが大切である。

特に周産期にかかわることから、母子保健・医療分野や児童相談所、母子生活支援施設、要保護児童対策地域協議会などの社会資源や、地域子ども・子育て支援事業における乳児家庭全戸訪問事業*5や養育支援訪問事業*6などの制度を保育者は把握し、連携して支援していかなければならない。

▼ひとり親に対する支援

ひとり親家庭とは、その名の通り母子家庭や父子家庭のように、子どもと母親もしくは子どもと父親で構成される家庭である。ひとり親家庭の数は年々増加傾向にあり、その数は2016（平成28）年度全国ひとり親世帯等調査によると約142万世帯（母子家庭：約123万世帯、父子家庭：約19万世帯）と

---

*2 バイスティックの7原則
「個別化」「意図的な感情表出」「統制された情緒関与」「受容」「非審判的態度」「自己決定」「秘密保持」の7つの原則を指す。

*3 家庭児童相談室
家庭における適正な子どもの養育や子どもの発達、その他さまざまな相談等に応じる機関であり、福祉事務所内に設置されている。また虐待の相談にも応じ、必要な場合は児童相談所などの関係機関と連携し支援を行う。

*4 子育て世代包括支援センター
妊娠期から子育て期まで、地域の特性に応じながら、切れ目のない支援を行うための機関であり、またワンストップで出産や子育て支援の情報提供、相談支援を行い、必要なサービスを円滑に利用できるよう支援を行う。

*5 乳児家庭全戸訪問事業
生後4か月までに、保健師等が乳児のいるすべての家庭を訪問し、子育てに関するさまざまな相談や子育て支援に関する情報提供を行う。また訪問の結果、支援が必要な家庭に対しては、養育支援訪問事業など適切な支援へと繋げ、子育て家庭の孤立化を防ぐ。こんにちは赤ちゃん事業とも呼ばれており、アウトリーチ型の支援である。

*6 養育支援訪問事業
育児ストレスや産後鬱など子育てにおいて困難や課題を抱え、特に養育支援が必要となる家庭に対して、保健師や保育士等が訪問し、子育てに関する相談や助言、指導を行うことで養育上の問題の解決、軽減を図り、適切な養育を確保するための事業である。乳児家庭全戸訪問事業同様にアウトリーチ型の支援である。

推計されている。またひとり親家庭となる理由として最も多いのが離婚であり、2016（平成28）年には約21万7,000組（人口動態調査）が離婚している。この数は約2分半に1組が離婚しているということになり、子どもがいる家庭で離婚する場合はひとり親家庭となる可能性が高い。

ひとり親家庭が抱える課題として、代表的なものは経済的な問題である。特に母子世帯においては、国民生活基礎調査によると2015（平成27）年度における児童のいる世帯の平均所得金額は707.8万円、母子世帯は270.3万円である。児童のいる世帯と比べると母子世帯の平均所得金額の半分以下となっている。また2015年のひとり親世帯における相対的貧困率をみても50.8％と高くなっている。生活意識においても母子世帯の約83％が「苦しい」と回答している。これらの状況からひとり親家庭の経済状況は厳しく、特に母子世帯は深刻であることがわかる。

そのため保育者はひとり親家庭を支援するにあたって、経済的支援の観点は必須であり、母子家庭等自立支援給付金や母子父子寡婦福祉資金など、ひとり親家庭が利用できる制度や事業を把握しておかなければならない。また経済的自立を促すために、就業支援の知識も求められる。ひとり親家庭の相談窓口として、各自治体の福祉事務所に配置されている母子・父子自立支援員についての理解も必要である。そして、ひとり親家庭になるということは、育児や家事を一人で担うという状況になる。保育者はその状況を理解し、保育者が子育て支援の機能を担う必要がある。

▼**家族再統合に対する支援**

社会的養護にかかわる子どもには、家族との再統合が図られ、退所後は家族と生活をしている。しかし、なかには家庭復帰が望めないケースも存在する。

家族・家庭を支援する専門職として、児童養護施設や乳児院などには家庭支援専門相談員[*7]が配置されている。もちろん、そのすべての支援を家庭支援専門相談員に任せるのではなく、日頃、子どもたちの生活支援を行う保育者と連携することで家族再統合につながっていく。

家族・家庭支援を行うには、保護者が一緒に子育てを行っていると感じてもらうことが大切である。そのためには定期的な面談を行ったり、子どもの様子を手紙や電話で伝えたりし、意図的に保護者と接点を持つ必要もある。また、たとえばコモンセンスペアレンティング[*8]やノーバディーズパーフェクト[*9]、サインズ・オブ・セイフティ・アプローチ[*10]などの保護者支援プログラムを活用し、適切な養育方法を伝えることも有効である。

家庭再統合にとって児童相談所の存在も欠かせない。児童相談所とも連携

[*7] 家庭支援専門相談員
2004（平成16）年より児童養護施設、乳児院、児童心理治療施設、児童自立支援施設に配置できることになった専門職である。その機能は、入所児の早期家庭復帰や里親委託等ができるよう児童相談所等の関係機関と連携しながら保護者等に対しソーシャルワークを活用し支援を行う。一般に、ファミリーソーシャルワーカーとも呼ばれる。

[*8] コモンセンスペアレンティング
アメリカにある児童福祉施設BOYS TOWNが開発した子どもの養育技術であり、親支援プログラムである。体罰などの強制的なしつけを用いず、褒めるなどの肯定的なしつけを用いることで良好な親子関係を築くことができるよう導いていくプログラムとなっている。

[*9] ノーバディーズパーフェクト
1980年代はじめに、カナダ保健省と大西洋4州の保健部局によって開発された親教育のためのプログラムである。対象は就学前の親であり、親自身が自分の持っている長所に気づき、子どもを育てるための前向きな方法を探れるように親を手助けする親だけのグループワークである。

[*10] サインズ・オブ・セイフティ・アプローチ
オーストラリアの児童保護の現場から生まれ活用されている子ども虐待対応の手法である。親と子どもが、主体的に安全な生活を築き、実現できるよう具体的な手法について、親の強みを生かしながらアプローチしていくプログラムである。

し、面会や外出、外泊を実施し、家族再統合につなげていくのである。すなわち施設・家族・児童相談所が協働すること家族再統合に向かっていくのである。しかし、子どもが保護者と接点をもつ際に不適切なかかわりを受ける可能性もあるため、保育者は会話や心理状態、傷の有無など子ども・保護者の様子に注意しなければならない。

2 里親への支援

① 里親支援の必要性

　2016（平成28）年の改正児童福祉法では、子どもが家庭において養育することが困難な場合には原則「家庭における養育環境と同様の養育環境」で養育することが明記された。これは養子縁組や里親のような家庭での養育を意味している。また前節でも示した「新たな社会的養育ビジョン」でも家庭養護の一層の推進が示されている。また近年の里親等委託率の動向をみても年々上昇しており、2017（平成29）年度末には19.7%となっている（表5－3）。今まで日本の社会的養護は施設における家庭的養護中心であったが、家庭養護に移行しているのがわかる。

　このような状況のなか、今まで児童養護施設や乳児院に措置されてきた子どもたちの多くが、里親に委託されることになるが、不適切な養育をされてきた子どもが多いことから、課題や問題を抱えていることもあり、里親への負担も大きくなる。そのため相談や里親同士の相互交流、レスパイト・ケア[*11]などの里親への支援が必要であり、里親が孤立しないようにする支援体制を整えておくことが求められている。

*11 レスパイト・ケア
里親の一時的な休息のための支援のことである。里親が一時的な休息を必要としている場合には、乳児院、児童養護施設、他の里親等を活用し子どもの養育を一時的に行う。レスパイト・ケアを実施する際は、子どもに対して事前に十分な説明を行い、不安にならないように配慮する必要がある。また、里親側にも円滑に利用してもらえるように十分な説明が必要である。

表5－3　里親等委託率の推移

年　度	児童養護施設		乳児院		里親等	
	入所児童数(人)	割合(%)	入所児童数(人)	割合(%)	委託児童数(人)	割合(%)
2013(平成25)年度末	27,465	76.2	2,948	8.2	5,629	15.6
2014(平成26)年度末	27,041	75.5	2,876	8.0	5,903	16.5
2015(平成27)年度末	26,587	74.5	2,882	8.0	6,234	17.5
2016(平成28)年度末	26,449	73.9	2,801	7.8	6,546	18.3
2017(平成29)年度末	25,282	72.6	2,706	7.8	6,858	19.7

出典：表5－1と同じ

② 里親に向けた支援

里親を支援する専門職として、里親支援専門相談員[*12]がある。児童養護施設と乳児院には里親支援専門相談員を配置することができる。里親支援専門相談員が配置されている施設は里親支援機関と認定され、里親制度の広報活動や里親家庭への相談支援、研修など里親委託の推進および里親支援の充実を図ることを目的に業務を行っている。もちろん里親支援専門相談員は里親制度や里親会、里親にかかわる社会資源などを熟知し、ソーシャルワークの視点をもって里親支援を行わなければならない。

家庭支援専門相談員と同様に、里親への支援は里親支援専門相談員だけではなく、児童養護施設等から里親家庭へと委託される子どもも数多く存在するため、子どもの様子を知る施設職員も連携して里親と委託された子どもを支援する必要がある。何よりも里親は児童養護施設や乳児院と同じく、社会的養護の担い手であり、施設との連携は重要である。里親と施設がお互いに連携・支援し協働することで社会的養護の子どもたちを支えていくという視点が大切である。

里親を支援する事業として「里親支援事業」があり、2019（平成31）年度より「里親養育包括支援（フォスタリング）事業」として再編され実施している。その内容は「里親制度等普及促進・里親リクルート事業」「里親委託推進等事業」「里親研修・トレーニング事業」「里親委託等推進事業」「里親訪問等支援事業」「共働き家庭里親委託促進事業」など、里親等への委託推進と里親家庭への相談・支援を総合的に実施することを目的とした取り組みである。

*12 里親支援専門相談員
2012（平成24）年より児童養護施設、乳児院へ配置できることになった専門職である。その機能は、ソーシャルワークを通じて、里親制度の正しい理解、里親委託の推進、里親支援の充実を図るため、里親に関するさまざまな支援を行う。

3 自立支援

① 自立支援の必要性

1997（平成9）年の改正児童福祉法で要保護児童対策について、これまでの「保護」から「自立」へと方向性が変わり、社会的養護の原則として「自立支援」が目的となった。児童養護施設運営指針においても社会的養護の原理として「発達と自立支援」が明記されており、その重要性が窺える。

社会的養護にかかわる子どもたちが自立するということは、ただ単に社会に出て、一人で生きていく力を身に着けるというわけではない。必要に応じ

て、人や制度を頼ったり、つながったりしながら問題や課題を解決できるよう総合的な生活力を養うことにある。自立は「経済面での自立」「生活面での自立」「精神面での自立」の3つの側面があり、保育者はこの3つの側面を総合的に支援し子どもたちの自立へと導いていく必要がある。

また、社会的養護にかかわる子どもたちにとっては、退所後に保護者の支援を受けることができるかが大きなポイントではあるが、保護者のもとに家庭復帰したとしても、必ずしも適切な支援を期待できるわけではない。なかには家庭復帰後に経済的搾取を受けるような子どもも存在する。そのような状況を防ぐためにも、自立支援は子どもとその家庭も含め支援していくことや退所後のアフターケアについても丁寧に行うことが求められている。

② 自立に向けた支援

子どもたちが施設や里親などのもとで生活をすることが決まった時点から自立に向けた支援は行われていることを保育者は意識しなければならない。子どもたちにとって、安心・安全である生活場所の用意や自立支援計画の作成、大人との信頼関係や愛着関係の構築、基本的生活習慣の確立、自尊心や社会性、経済観念の育成、心の傷の回復などさまざまなことが自立に向けた支援となっており、日常生活支援や治療的支援もこの自立支援につながっている。そして、家庭復帰後や退所後に困難や課題を抱える子どもを想定し、家庭復帰後や退所後の子どもを支えるアフターケアも重要な自立支援といえる。何よりも子どもにとって、施設や里親がもう一つの実家と感じてもらうことが大切である。

また保育者は自立支援におけるさまざまな制度や事業、社会資源に関する理解が必須である。たとえば給付型の奨学金制度や就職支度費、大学進学等自立生活支度費、児童養護施設退所者等に対する自立支援資金貸付事業、退所後に相談できる機関、自立援助ホームなどである。また児童養護施設等の措置は原則18歳まで（措置延長の場合は20歳まで）であるが、その後も引き続き必要な支援を受けることができる（原則22歳になる歳の年度末まで）事業として、社会的養護自立支援事業（図5-1）が作られた。

保育者はこのような知識を活用し、子どもの自立支援にあたるようにしたい。

第5章 社会的養護にかかわる相談支援

図5-1 社会的養護自立支援事業の概要

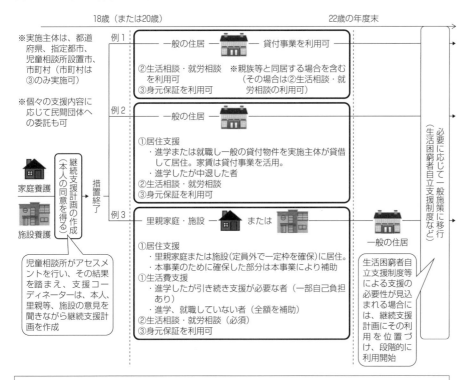

①居住費の支援・生活費の支援
・対象者のうち、特に支援の必要性が高い等の理由から、対象者が居住する場として、措置されていた里親宅や児童養護施設等に引き続き居住する場合の居住費および生活費を支給する。
②生活相談・就労相談
・措置解除を控えた子どもに対する支援として、地域生活を始めるうえで必要となる知識、社会常識を修得するための支援や、自立生活への不安や悩み等の相談に応じるとともに、生活上、就学上または求職上の問題等について相談に応じ、必要に応じて関係機関との連携、活用等の支援を行う。
・適切な職場環境の確保および社会的自立のために必要な支援として、職場開拓や事業主からの相談対応、就職後のフォローアップ等を行う。
・対象者が気軽に集まる場を提供し意見交換や情報交換、情報発信等自助グループ活動の育成支援を行う。
③身元保証
・里親等に委託中または委託解除後の者、児童養護施設などに入所中または退所した子ども等が就職、アパート等を賃借、また大学等へ進学する際に、措置、保護または一時保護中の者またはこれらの解除から本事業の申請まで2年以内の者を対象として、施設長等が身元保証人となる場合の損害保険契約を全国社会福祉協議会が契約者として締結する。その保険料に対して補助を行う。

出典：厚生労働省「社会的養護における自立支援に関する資料」2017年を一部改変

> **ワーク1** 社会資源について考えてみよう。

　さまざまな課題を抱えた保護者や里親、社会的養護にかかわる子どもたちを支援するにあたり、社会資源を知っておくことは必須である。どのような社会資源があるのかを調べ、周りの人と意見交換してみよう。

> **ワーク2** 里親支援について学びを深めよう。

　里親支援専門相談員の役割と業務内容について調べてみよう。また里親養育包括支援（フォスタリング）事業についても調べ、里親支援専門相談員との関連性について考えてみよう。そして、里親支援について気づいたことを周りの人と意見交換しよう。

【参考文献】
厚生労働省「社会的養育の推進に向けて（平成31年1月）」2019年
https://www.mhlw.go.jp/content/000474624.pdf
厚生労働省「社会的養護における自立支援に関する資料」2017年
https://www.mhlw.go.jp/file/05-Shingikai-11901000-Koyoukintoujidoukateikyoku-Soumuka/0000153136.pdf
厚生労働省「ひとり親家庭の支援について」2018年
https://www.mhlw.go.jp/file/06-Seisakujouhou-11900000-Koyoukintoujidoukateikyoku/0000205463.pdf
大阪府社会福祉協議会児童施設部会援助指針策定委員会『児童福祉施設援助指針』社会福祉法人大阪府社会福祉協議会　2012年

第6章　記録および評価

「記録」は苦手で、「評価」についてもあまりよくわかりません…

みらいさん　先生、「記録」「評価」と聞くと、なんだか難しく感じてしまいます。私は、文章を書くことが昔から苦手で、実習日誌の作成にも毎回時間がかかったのを覚えています。それに評価については、保育者の仕事とどのような関係があるのか、あまりよくわかりません。

じゅん先生　みらいさんのように、「記録」に苦手意識をもち、「評価」の意図がわかりにくいという学生は多いかもしれませんね。

みらいさん　先日の児童養護施設での実習でも、「実習日誌がなかったら、もっと楽しいのに」「実習日誌をはじめとした記録がなくても、十分に学べているのに」と感じました。

じゅん先生　実習中、疲れているなかで日誌を作成するのは大変でしたよね。それがなければ、負担は少なかったかもしれません。ただ、実習でどのように子どもとかかわり、何を学んだのか、現場の先生方からどのようなアドバイスをいただいたかなど、保育者として就職して1〜2年後、さらには、10年、20年と経ってすべて正確に覚えている自信はありますか？

みらいさん　う〜ん、それを言われますと……。確かに、実習後の報告書作成時でさえも、実習日誌を見ながらでないと、細かい部分を書くことは難しかったですね。

じゅん先生　そうですよね。人間というのは、すべてのことをいつまでも正しく記憶しておくことはできないのです。

みらいさん　そういった意味でも保育者をめざすうえで記録への意識を高め、文章能力を養っておくことが求められるのですね。

じゅん先生　保育者は子どもや家族のために、何が最適かを考えながら、日々、現場での実践を進めていきますよね。でも、それがいつもすべて適切というわけではありませんし、子どもの置かれている状況などによって支援方針を見直していく必要があります。その時に、自分がどのような実践をしてきたか、職場全体として支援方針はどのようなものであったかなどをふりかえり、次につなげていくこと、すなわち「評価」をすることが大切です。

みらいさん　なるほど。実際に保育現場へ出た時のことも考えて、今から記録や評価の必要性を理解し、具体的に学んでおくことが大切ですね。先生とお話をしていると、「記録もきちんと書けて、自分自身や職場全体の実践を冷静にふりかえることができる保育者」になりたいと思い始めました。

じゅん先生　みらいさんは、とても前向きですね。すばらしいです。それでは、社会的養護実践における「記録・評価」について一緒に学んでいきましょう！

1 社会的養護実践における記録

① 記録の意義と目的

　児童養護施設や乳児院など社会的養護の現場において、保育者は子どもや家族の心に寄り添い、効果的な支援を行うことが求められる。その際、経験や勘だけに頼るのではなく、どのような意図をもって支援を行い、効果が得られたのか、課題は何かといった保育者自身の考えや活動内容、子どもや家族の置かれた状況などを適切に把握しておくことが必要である。自立支援計画[*1]などの計画の策定・実施、さらには自己評価、第三者評価などの評価を行ううえでも記録は不可欠であり、重要な要素といえる。

　記録は、保育者が行った支援内容の証拠となるだけではなく、保育者自身の実践をふりかえる材料となり、より効果的な実践に向けた考え方や観察力の確認につなげることができる。また、同じ職場（組織）内の職員間や外部の関係機関・専門職との情報共有、支援過程のデータの蓄積などにおいて重要なものとなる。それらがスーパービジョン[*2]、ケースカンファレンス[*3]などの資料にも活用され、子どもや家族への支援の一貫性・継続性を保障し、その質の向上へとつながる。

② 記録の方法・種類

　児童養護施設を始めとした社会的養護の現場には、さまざまな職種・立場の専門職（職員）が勤務している。その業務に関連する記録の方法・種類は多様であり、目的や内容に応じて適切に使い分ける必要がある。

　たとえば、保育者の業務にかかわる記録の方法についてみると、「保育者が作成（記述）した文書」や「子どもや家族が作成した文書」などがあげられる。その手段として、近年は手書きだけでなく、パソコン（ワード・エクセルなどのソフト）を用いて作成する場合も多くなっている。さらには、「画像（ＤＶＤ・ビデオ・写真など）」や「音声（ボイスレコーダーなど）」といった方法も必要に応じて活用されている。

　また、記録の種類も、業務の目的・内容によってさまざまであり、「運営管理の記録」「実践記録」「自己研鑽のための記録」などがある。それぞれの例については、表6-1のようなものがある。

[*1] 自立支援計画
子ども一人ひとりの状況に応じた支援の到達点・方向性などを示し、健全な成長・発達を保障することを目的に、児童相談所の支援方針に基づき、子ども・保護者の意向をふまえて作成される計画。「児童福祉施設の設備及び運営に関する基準」において、児童養護施設などの児童福祉施設に策定が義務づけられている。

[*2] スーパービジョン
職場内において先輩から後輩に対して継続的な育成のために用いられるソーシャルワークの技法のことを指す。実践の経験・知識を持つスーパーバイザー（先輩）と、スーパーバイジー（後輩）との間に結ばれる「スーパービジョン関係」を通して実施され、専門職としての資質の向上、さらには、利用者（子どもなど）へのサービスの質の向上をめざすものである。

[*3] ケースカンファレンス
利用者（子どもなど）への支援過程において、適切な目標や計画に基づいた支援を実践するために、保育士、医師、看護師など、さまざまな職種・立場の専門職が集まり、支援の方向性・内容などについて検討する会議のことである。また、外部の専門職は含めず、同一組織内の関係職員（専門職）が集まり、支援途中の経過報告などを行う会議を指す場合もある。

表6－1　保育者の業務にかかわる記録の種類

種類	例
運営管理の記録	利用（入所）している子どもの名簿、参加（出席）記録、職員間の連絡・引き継ぎの記録、会議録　など
実践記録	養護日誌などの1日の業務にかかわる記録、子どもの個別の成長発達に関する記録（育成記録）、ファミリーケースワークの記録、行事・プログラム等の計画・実施に関する記録　など
自己研鑽のための記録	実習日誌（学生時の実習や職員研修において、体験した業務をふりかえるもの）、ケーススタディのための記録（ケースの概要をまとめたフェイスシート、エピソードを整理した経過記録）　など

出所：佐藤伸隆・中西遍彦編集『演習・保育と相談援助』みらい　2011年　pp.94～101、櫻井奈津子編著『子どもと社会の未来を拓く　養護内容―保育士のための演習ワークブック―』青踏社　2010年　pp.124～125を参考に筆者作成

③ 記録のスタイル

▼社会的養護実践にかかわる記録のスタイル

社会的養護実践にかかわる記録のスタイルとしては、叙述体、説明体、要約体、マッピング技法（図表を用いた記録）などをあげることができる。以下に示すそれぞれの特徴をふまえ、記録の目的・内容などに応じて、適切に用いる必要がある。

▼叙述体

記録者の解釈や説明を加えずに、事実（実際にあったこと）だけを記述する方法で、日誌のような形で日付順に記録する場合や項目を立てて変化を追って記述する場合もある。「逐語記録」（面接場面などでの会話を記述したもの）もここに含まれる。

＜例1＞

　　昨日の夕食後、Aは「大切にしているクマのぬいぐるみがない」といってM保育士に泣きながら話してきた。30分程かけて一緒に探したところ、A自身のロッカーの奥から出てきた。しかしAは、「私は知らない、誰かが入れた」と主張し、そのまま自分の部屋へ戻っていった。

　　本日の朝食後、M保育士がBの歯みがき介助をしていたところ、Aが近づいてきて、「昨日、Bちゃんに顔をひっかかれた」と話した。頬のあたりに傷はあるが、Bは「私は知らない」と言って泣きだした。昼食後、今度はAが2階のトイレにCを閉じ込めているのをS保育士が発見した。M保育士が、S保育士とともにAに話を聞くと、「Cくんが私の悪口を言うの」と大声で泣きはじめた。しかし、Cは「僕は知らない、どうしてAお姉ちゃんはそんなことを言うの」と顔を真っ赤にして話

> し、自分の部屋へ走りながら戻っていった。
>   最近、施設内において、Aにはこのような言動が頻繁にみられ、「Aちゃんはうそつきで嫌いだ」「信じられない」などと話している子どももいる。

▼説明体

　事実（実際にあったこと）とそれに対する支援者（保育者）の解釈・説明を加えて記述する方法である。この場合、読み手に先入観や間違えた見方を与えないこと、さらには、事実と支援者（保育者）の考え（分析）は分けて記述することなどを注意する必要がある。

＜例2＞

> 　昨日の夕食後、Aが自分のぬいぐるみがないことをM保育士に泣きながら話してきた。その後、A自身のロッカーの奥から出てきたが、Aは身に覚えがないと主張した。本日の朝食後には、Bに顔をひっかかれたと話し、それを聞いたBは否定して泣きだした。昼食後、2階のトイレにCを閉じ込めているのをS保育士が見つけ、M保育士とともにAから話を聞くと、Cが自分の悪口を言うからであると話した。
>   <u>最近、Aにはこのような言動が頻繁にみられ、他の子どもたちとトラブルになっている。Aに対して嫌悪感・不信感をもちはじめている子どももおり、今後、施設としてどのようにAとかかわっていくか、言動の背景についても考えながら、支援方針について検討していきたい。</u>

▼要約体

　事実（実際にあったこと）のなかから重要な点を抜き書きし、まとめて簡潔に整理する方法である。長期にわたる取り組みの流れを記述し、大まかにまとめて残すといった方法もある。ポイントをまとめて記述するため、読みやすさ・書きやすさという点から情報共有に適している。

＜例3＞

> 　最近、Aはほかの子どもに自分の持ち物を隠された、ケガをさせられたと主張したり、施設内のトイレに年下の子どもを閉じ込めたりといった言動が頻繁にみられる。Aに対して嫌悪感・不信感をもちはじめている子どももおり、今後の支援方針について検討していく必要がある。

▼マッピング技法（図表を用いた記録）

　代表的なものとして、ジェノグラム、エコマップがあげられる。
　ジェノグラムは、三世代程度の家族の関係を図で表したもので、「家族関係図」「世代関係図」などといわれる。何らかの問題を抱えている家族の関

係を図式化することで、家族全体の状況を視覚的に確認しやすくなるなどの利点がある。

エコマップは、社会資源と本人の関係を図で表したもので、「社会関係地図」「支援形成図」などといわれる。当該家族を取り巻く環境や状況、関係性などについて、全体像を確認することができる。

これらを活用することで、支援を要する子どもや家族の現状理解、社会資源の探索、支援方針の検討などに有効となる。

<表記方法の例>

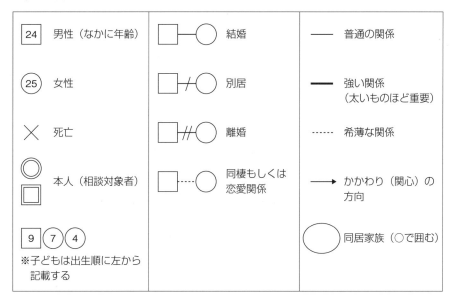

<ジェノグラムの記入例>　　　　<エコマップの記入例>

④ 記録作成上の留意点

▼読み手を意識し、正確性・客観性をもったものであること

　社会的養護の現場における記録は、「記録者（書き手）だけが理解できればいい」というわけではない。複数の職員が協力して実践に携わっている以上、自分以外のほかの職員（読み手）が理解でき、その内容が実践のなかで適切に活用される必要がある。したがって、個人の感想文ではなく、正確性・客観性に基づく書き方が求められる。

　文章を書くうえでの具体的な留意点としては、「誤字・脱字に注意する」「語尾を統一する」「適度に句読点を用いる」などと同時に、「基本的に書き言葉を用いること」があげられる。たとえば、「なので」「やっぱり」などの話し言葉や「めっちゃ」「（Mくんはかっこよくて）やばい」などといった若者言葉（学生が日常会話で用いる傾向にある言葉）は、文章中には用いないよう注意しなければならない。また、「いつ（When）」「どこで（Where）」「誰が（Who）」「何を（What）」「なぜ（Why）」「誰に（Whom）」「どのように（How）」「期間（How long）」「量（How much）」という「6W3H」を取り入れて、記述内容が読み手へ正確に伝わることを意識しなければならない。

▼人権への配慮、守秘義務を意識すること

　記録に用いる用語については、子どもや家族の人権への配慮が求められる。保育者を始めとした職員一人ひとりが、人権侵害となる不適切な用語は使用しないよう注意し、記録の使用目的によっては、子どもや家族の名前を仮名やイニシャルを用いて記述することなども重要となる。外部の関係機関とのケースカンファレンスなどにおいても、守秘義務をふまえ、必要以上に内容を漏らさないことが求められる。

　また、職場内で施錠してファイルを保管する、パソコンで作成の場合はパスワードを用いてファイルを開く形にするなど、記録の管理に関しても常に細心の注意を払う必要がある。

2　社会的養護実践における評価

① ソーシャルワークの展開過程における評価

▼ソーシャルワークの展開過程における評価の位置づけ

　児童養護施設、乳児院などにおいて社会的養護実践を担う保育者には、保

育所の保育者以上にソーシャルワークの活用が求められる。子どもの日常生活支援のみならず、児童相談所など外部の関係機関との連絡・調整、家族への支援など、ソーシャルワークをふまえた対応が必要となる。

　このソーシャルワークの展開過程についてはさまざまなとらえ方があるが、そのひとつとして図6-1のように展開されるとする考え方がある。ソーシャルワークは、個々のケースに応じてあらかじめ設定された支援目標・計画に沿って展開されるが、これらは常に計画通りに進むわけではない。保育者が利用者（子どもや家族など）のニーズ、心身の状況、環境などを事前に把握し、それらの変化に応じて目標・計画を修正・補足することによって、継続的・重層的に進展しながら展開していくこととなる。そのためにも、計画の作成・実施前後（支援の途中に行う場合もある）に評価という段階があり、それが重要な意味をもってくる。

図6-1　ソーシャルワークの展開過程

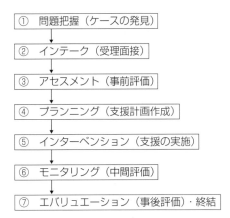

出典：橋本好市・直島正樹編著『保育実践に求められるソーシャルワーク―子どもと保護者のための相談援助・保育相談支援―』ミネルヴァ書房　2012年　p.45

▼**ソーシャルワークの展開過程における評価の種類・意義**

　ソーシャルワークの展開過程における評価には、「アセスメント（事前評価）」（援助・支援計画作成に向けたもの）、「モニタリング（中間評価）」（実践の途中に実施されるもの）、「エバリュエーション（事後評価）」（実践後に行われるもの）がある。また、評価の主体（誰が評価をするか）でいえば、「自己評価」（支援者自身によるもの）、「他者評価[*4]」（第三者評価など他者により行われるもの）に分けられる。

　社会的養護実践を担う保育者は、自身の実践を評価し、個々のニーズや環境の状況に合わせて支援の質の向上を図ることが求められる。評価の実施に

[*4] 他者評価
他者評価については、「内部評価」（組織内の他者による評価）、「外部評価」（外部の関係機関による評価）、「当事者評価」（支援を受けた利用者による評価）に分ける方法もある（吉田眞理『相談援助』青踏社　2011年　p.89）。

より、保育者自身の実践内容をふりかえったり、他者の視点を学んだりする機会となる。それにより、当該支援における目標の達成度や今後の支援の方向性などが確認できるだけではなく、保育者自身の専門職としての成長が促される。

なお、評価は、個人レベル、チームレベルのみならず、制度として整えられたうえで、職場（組織）全体で積極的に取り組むことが重要である。それにより、保育者自身の成長のみならず、職場（組織）全体の運営・サービスの質の向上、さらには、利用者（子どもや家族など）の権利擁護・権利保障の実現などへとつながることとなる。

② 社会福祉全体および社会的養護関係施設における評価制度

▼社会福祉全体における評価制度のしくみ

先述のとおり、評価にはさまざまな形式があるが、ここでは、社会福祉全体として、どのようなサービス評価のしくみづくり・整備が進められているのかを示すとともに、近年の社会的養護分野における評価制度の動向について述べる。

社会福祉全体における評価制度について、具体的に規定された法律・制度をみると、そのひとつに2000（平成12）年に制定・施行された社会福祉法がある。同法第78条において「福祉サービスの質の向上のための措置等」として位置づけられ、事業者自らがサービスの質を評価・点検する「自己評価」の必要性とともに、「公正かつ適切な評価」、すなわち「第三者評価」の普及・促進に向けた国の責務について次のように規定されている。

> （福祉サービスの質の向上のための措置等）
> 第78条　社会福祉事業の経営者は、自らその提供する福祉サービスの質の評価を行うことその他の措置を講ずることにより、常に福祉サービスを受ける者の立場に立って良質かつ適切な福祉サービスを提供するよう努めなければならない。
> 2　国は、社会福祉事業の経営者が行う福祉サービスの質の向上のための措置を援助するために、福祉サービスの質の公正かつ適切な評価の実施に資するための措置を講ずるよう努めなければならない。

また、2004（平成16）年には、厚生労働省から「福祉サービス第三者評価事業に関する指針について」が発出され、現在の社会福祉全体における評価制度のしくみの根拠となっている。

社会的養護分野をみると、児童養護施設、乳児院、児童心理治療施設、児

童自立支援施設、母子生活支援施設といった社会的養護関係施設[*5]における自己評価・第三者評価も、これらに基づいた事業となっている。ただし、これは受審が義務化された評価制度であるため、2012（平成24）年の厚生労働省雇用均等・児童家庭局長（現・子ども家庭局長）、社会・援護局長の連名通知によって特別のしくみがつくられ、定期的に評価基準の見直しを行いながら現在に至っている（後述）。

▼評価制度の対象

社会福祉全体の評価制度における「福祉サービスの質」とは、「福祉サービスが利用者に与えた価値、すなわち自分らしい日常生活の回復など利用者のニーズ（必要）の充足、さらに本人の満足感・幸福感など、利用者の生活の質（QOL）の向上に寄与したかどうかをあらわしたもの」[1]ととらえることができる。したがって、各職場（組織）における評価対象は、「福祉サービスがあわせもつ多面的側面にわたると同時に、サービス内容を根底から支える組織体制やマネジメントも含まれることになる」[2]といえる。

社会的養護関係施設の自己評価・第三者評価において、全国推進組織である全国社会福祉協議会[*6]が示す評価項目も、このような点をふまえているといえる。たとえば、児童養護施設における評価シートをみると、養育・支援の基本方針と組織、施設の運営管理、適切な養育・支援の実施（共通評価基準）、子どもの権利擁護、最善の利益に向けた養育・支援、養育・支援の質の確保（内容評価基準）など、幅広い内容となっている。

▼社会的養護関係施設における自己評価・第三者評価の義務化

先述のように、社会福祉全体でサービスの質の充実に向けて自己評価・第三者評価のしくみがつくられ、整備が進められている。社会的養護分野でも従来、児童養護施設、乳児院などにおいて、このような評価が実施・受審されてきたが、それはあくまでも任意であった。しかし、社会的養護関係施設の多くは、利用制度のしくみが措置制度[*7]であり、子どもや家族は、どこの施設に入所するかを選択することはできない。また、施設長には親権代行の権限があるほか、近年は親からの虐待経験などのある子どもの入所が増加しており、より専門性の高い支援が求められ、その質の向上が急務であるとされた。このような背景があり、2012（平成24）年度から、社会的養護関係施設は、自己評価の実施（毎年度）および第三者評価の受審（3年に1回以上）が義務化された。

なお前述のとおり、これらの施設のなかで、自己評価の実施、第三者評価の受審が義務化となったのは、①児童養護施設、②乳児院、③児童心理治療施設（2012（平成24）年当時は、情緒障害児短期治療施設）、④児童自立支

*5 社会的養護関係施設
「保護者のいない子ども、虐待を受けている子ども（被虐待児）など、家庭環境上、養護を必要とする子ども（子どもと母親）に対し、公的な責任として社会的養護を行っている施設」を指す。本文中に示した5つの施設のほか、社会的養護の制度上、里親、ファミリーホーム、自立援助ホームが含まれるとされる（社会的養護第三者評価等推進研究会編『社会的養護関係施設における「自己評価」「第三者評価」の手引き』社会福祉法人全国社会福祉協議会 2013年 pp.14-15）。

*6 社会的養護関係施設の第三者評価推進体制
全国社会福祉協議会が推進組織となって、評価基準の作成、評価機関の認証、評価調査者の認証などを行っている（「福祉サービスの質の向上委員会」設置）。原則として、全国共通の第三者評価基準（種別ごとの施設運営指針を反映させたもの）によって行うことになっているが、都道府県推進組織が当該地域の実情などにより、独自の評価基準を作成することもできる。

*7 本文中で示した通り、大半の施設が措置制度であるが、母子生活支援施設については利用契約制度（行政との契約方式）となっている。

援施設、⑤母子生活支援施設である。以後、これら社会的養護関係施設の第三者評価基準については、各施設における支援の質の向上を図る観点から、2015（平成27）年、2018（平成30）年と概ね3年ごとに見直しが行われている。

③ 社会的養護関係施設における評価制度の特徴

▼社会的養護関係施設における自己評価

　自己評価とは、事業者内部の職員（施設職員など）が、あらかじめ定められた基準に従って評価を行うことである。これは、誰が評価をするかによって、結果が異なる場合がある。たとえば、施設長などの管理職、現場の主任、役職のない職員では、立場や経験の違いなどにより、評価結果が異なることが考えられる。ただし、結果に差があることで、職員間での話し合いの資料となり、当該事業者の設備面、支援内容などにおける現状と課題を把握し、その後の改善や意識の共有につなげることができる。

　社会的養護関係施設の自己評価は、たとえば図6－2のように進められ、「a、b、c」の三段階で評価が行われることになっている（児童養護施設における自己評価の様式例は表6－2）。このうち、a評価は「よりよい福祉サービスの水準・状態、質の向上を目指す際に目安とする状態（施設運営指針[*8]に挙げられている目指すべき状態）」、b評価は「aに至らない状況、多くの施設・事業所の状態、aに向けた取組みの余地がある状態」、c評価は「b以上の取組みとなることを期待する状態」を指す。c評価となった項目は、改善のための早急な取り組みが必要であり、b評価の項目はaに向けて努力していくことが重要とされている。なお、評価の結果は公表されることになっている。

▼社会的養護関係施設における第三者評価

　第三者評価とは、事業者でも利用者でもない、当事者以外の公正・中立な第三者評価機関（県の社会福祉協議会など）が、専門的かつ客観的な立場から当該事業者の提供する福祉サービスの質を評価するものである。個々の事業者が、事業運営の現状と問題点を把握し、職員の気づきを促し、運営・サービスの質の向上に結びつけることを目的としている。社会的養護関係施設は、このしくみを活用することにより、「子どもと家族が必要とする養育・支援等について的確に把握し、それに応えることができる支援を行えるよう整備するとともに、第三者の関与も踏まえて、養育・支援等の質の向上を図る取り組みが恒常化されることが可能」[3)]（下線部筆者）となる。

*8　施設運営指針
「社会的養護の課題と将来像」（2011（平成23）年7月）のとりまとめに基づき、同年8月から種別ごとの指針等ワーキングが設けられ、「児童養護施設運営指針」「乳児院運営指針」「情緒障害児短期治療施設運営指針」「児童自立支援施設運営指針」「母子生活支援施設運営指針」「里親及びファミリーホーム養育指針」が作成された。その後、社会保障審議会児童部会社会的養護専門委員会の審議を経て、2012（平成24）年3月に発出された。これは最低基準ではなく、「より望ましいもの」「めざしていくべきもの」として作られている。

第6章 記録および評価

　社会的養護関係施設の第三者評価の実施方法（受審申込から結果公表までの標準的な流れ）として、図6-3のようなものがあげられ、自己評価と同様に「a、b、c」の3段階で評価が行われる（児童養護施設における第三者評価の公表様式例は表6-3）。確定した評価結果は、第三者評価機関が全国推進組織（全国社会福祉協議会）および都道府県推進組織に提出し、全国社会福祉協議会などが公表することになっている。また、各施設の判断で自身のホームページ上などに公表することもできる。

図6-2　社会的養護関係施設の自己評価の実施の例

○　施設の自己評価は、第三者評価を受審しない年の自己評価と、受審する年の自己評価の二つに分けることができます。そのうち、第三者評価を受審しない年の自己評価の方法は施設が決めます。第三者評価を受審する年の自己評価の方法は、施設と評価機関で契約時に協議して決めます。

		自己評価の手順（職員分担等）			第三者評価受審の年における自己評価結果の第三者評価機関への提出内容
		職員レベル ※職員が自分でできているかでなく、施設全体の評価を行う。	チームレベル（ケア単位、職種別等） ※施設全体の評価を行う。	施設全体レベル（職場全体又は施設長自身）	
第三者評価のみの年（施設で選択）／段階を経て実施	タイプ1　全職員参加型 職員個人、チーム、施設全体の3段階の順をふんで評価結果を取りまとめる場合	●職員個人が実施 ●全項目の自己評価案を作成	●各チームで、職員個人が作成した案をもとに合議し、チームの自己評価案を作成	●各チームで作成した案をもとに合議し、自己評価を完成（作成した自己評価を全職員に合議の過程も含めて周知。自己評価結果を分析し、施設運営の質を向上。）	施設として取りまとめた自己評価結果を提出
	タイプ2　チーム型（項目分担） チーム（評価項目を分担）及び職場全体の2段階で取りまとめる場合	各職員レベルでの自己評価作成は簡略化（チームでの合議に向けて、各自読み込み）	●各チームで合議し、分担した評価項目の自己評価案を作成		施設全体版
	タイプ3　チーム型（全項目） チーム（全評価項目）及び職場全体の2段階で取りまとめる場合	各職員レベルでの自己評価作成は簡略化（チームでの合議に向けて、各自読み込み）	●各チームで合議し、全評価項目について自己評価案を作成		
第三者評価を行う年の自己評価（評価機関との打ち合わせで決定）／各目実施	タイプ4 施設長、チームそれぞれが自己評価を取りまとめる場合	各職員レベルでの自己評価作成は簡略化（各自読み込み）	●各チームで合議し、自己評価（チーム版）を完成	●施設長自身が全項目の自己評価（施設長版）を完成	施設版／実施数分を提出／チーム版×チーム数
	タイプ5 施設長、全職員それぞれが自己評価を取りまとめる場合	●職員個人が全項目〈あるいは一部〉の自己評価〈職員版〉を完成		●施設長自身が全項目の自己評価（施設長版）を完成	施設長版／実施数分を提出／職員版×職員数

出典：全国社会福祉協議会（福祉サービスの質の向上推進委員会）「社会的養護関係施設第三者評価実践マニュアル【Version 1】
　　　http://www.shakyo-hyouka.net/panf/manual_sy_ver1.pdf（2018年7月28日）

表6－2　児童養護施設における自己評価結果表例（タイプA）（一部）

共通評価基準（45項目）Ⅰ　養育・支援の基本方針と組織
1　理念・基本方針

(1)　理念、基本方針が確立・周知されている。			自己評価結果
	①	1　理念、基本方針が明文化され周知が図られている。	
		□理念、基本方針が法人、施設内の文書や広報媒体（パンフレット、ホームページ等）に記載されている。	
		□理念は、法人、施設が実施する養育・支援の内容や特性を踏まえた法人、施設の使命や目指す方向、考え方を読み取ることができる。	
		□基本方針は、法人の理念との整合性が確保されているとともに、職員の行動規範となるよう具体的な内容となっている。	
		□理念や基本方針は、会議や研修会での説明、会議での協議等をもって、職員への周知が図られている。	
		□理念や基本方針は、わかりやすく説明した資料を作成するなどの工夫がなされ、子どもや保護者等への周知が図られている。	
		□理念や基本方針の周知状況を確認し、継続的な取組を行っている。	
【判断した理由・特記事項等】			

2　経営状況の把握

(1)　理念、基本方針が確立・周知されている。			自己評価結果
	①	2　施設経営をとりまく環境と経営状況が的確に把握・分析されている。	
		□社会福祉事業全体の動向について、具体的に把握し分析している。	
		□地域の各種福祉計画の策定動向と内容を把握し分析している。	
		□子どもの数・子ども像等、養育・支援のニーズ、潜在的に支援を必要とする子どもに関するデータを収集するなど、施設（法人）が位置する地域での特徴・変化等の経営環境や課題を把握し分析している。	
		□定期的に養育・支援のコスト分析や施設入所を必要とする子どもの推移、利用率等の分析を行っている。	
【判断した理由・特記事項等】			
	②	3　経営課題を明確にし、具体的な取組を進めている。	
		□経営環境や養育・支援の内容、組織体制や設備の整備、職員体制、人材育成、財務状況等の現状分析にもとづき、具体的な課題や問題点を明らかにしている。	
		□経営状況や改善すべき課題について、役員（理事・監事等）間での共有がなされている。	
		□経営状況や改善すべき課題について、職員に周知している。	
		□経営課題の解決・改善に向けて具体的な取組が進められている。	
【判断した理由・特記事項等】			

第6章　記録および評価

3　事業計画の策定

(1)　中・長期的なビジョンと計画が明確にされている。			自己評価結果
	①	4　中・長期的なビジョンを明確にした計画が策定されている。	
		□中・長期計画において、理念や基本方針の実現に向けた目標（ビジョン）を明確にしている。	
		□中・長期計画は、経営課題や問題点の解決・改善に向けた具体的な内容になっている。	
		□中・長期計画は、数値目標や具体的な成果等を設定することなどにより、実施状況の評価を行える内容となっている。	
		□中・長期計画は必要に応じて見直しを行っている。	
【判断した理由・特記事項等】			
	②	5　中・長期計画を踏まえた単年度の計画が策定されている。	
		□単年度の計画（事業計画と収支予算）に、中・長期計画（中・長期の事業計画と中・長期の収支計画）の内容が反映されている。	
		□単年度の計画は、実行可能な具体的な内容となっている。	
		□単年度の事業計画は、単なる「行事計画」になっていない。	
		□単年度の事業計画は、数値目標や具体的な成果等を設定することなどにより、実施状況の評価を行える内容となっている。	
【判断した理由・特記事項等】			

(2)　事業計画が適切に策定されている。			
	①	6　事業計画の策定と実施状況の把握や評価・見直しが組織的に行われ、職員が理解している。	
		□事業計画が、職員等の参画や意見の集約・反映のもとで策定されている。	
		□計画期間中において、事業計画の実施状況が、あらかじめ定められた時期、手順にもとづいて把握されている。	
		□事業計画が、あらかじめ定められた時期、手順にもとづいて評価されている。	
		□評価の結果にもとづいて事業計画の見直しを行っている。	
		□事業計画が、職員に周知（会議や研修会における説明等）されており、理解を促すための取組を行っている。	
【判断した理由・特記事項等】			
	②	7　事業計画は、子どもや保護者等に周知され、理解を促している。	
		□事業計画の主な内容が、子どもや保護者等に周知（配布、掲示、説明等）されている。	
		□事業計画の主な内容を子ども会や保護者会等で説明している。	
		□事業計画の主な内容を分かりやすく説明した資料を作成するなどの方法によって、子どもや保護者等がより理解しやすいような工夫を行っている。	
		□事業計画については、子どもや保護者等の参加を促す観点から周知、説明の工夫を行っている。	
【判断した理由・特記事項等】			

出典：全国社会福祉協議会　社会的養護施設第三者評価事業
http://shakyo-hyouka.net/social4/（2018年7月28日）

▼自己評価と第三者評価の関係性

　ここまで述べてきたように、現在、社会的養護関係施設における自己評価・第三者評価が義務化され、各施設の運営・サービスのさらなる質の向上がめざされている。自己評価は、当事者による評価であるため、見方が甘くなって「a評価」の多くなる施設がある一方、理想の高さなどから見方が厳しくなり、「c評価」が増える施設もあるといえる。そこへ専門的かつ客観的な立場で第三者評価が入ることにより、自己評価では気づかなかった問題点を見つけ、改善につなげることが可能となる。施設側は、自己評価と第三者評価が相互補完的な関係にあると考えながら、積極的に自己評価を行い、第三者評価を受審して、運営・サービスの質の改善・向上へとつなげていくことが重要である。

④ 社会的養護関係施設における評価制度の今後の課題

　社会的養護関係施設において、評価制度を有効に活用し、具体的な改善・向上へとつなげていくためには、評価調査者が各施設の改善点を探して批判することは避けなければならない。あくまで施設の問題点を把握し、運営・サービスの質の改善・向上が目的であること、それに向けた前向きな取り組みであることを、施設、評価調査者ともに認識をする必要がある。たとえば施設側は、第三者評価の受審にあたって、「本来取り組むべき業務よりも関連書類の整理が大切」などと考え、「第三者評価のための対策」に必死になることは避けるべきである。また、「a、b、c」のとらえ方自体も施設職員、評価調査者によってさまざまで、曖昧な部分があることは否めず、この点も引き続き今後の検討課題と思われる。

　施設側は、「自己評価・第三者評価が義務化されているから仕方ない」という思いではなく、子どもや家族にとって何が大切か、どのように改善していくべきかという視点から、真剣に評価に取り組むことが求められる。また、問題点を的確に把握・指摘し、施設の運営・サービスの質が具体的に改善されるよう、評価調査者一人ひとりの資質もより一層高めていく必要がある。

図6-3 社会的養護関係施設の第三者評価の流れの例

社会的養護関係施設	第三者評価調査機関

（1）評価機関の選定

・評価機関の選択（情報収集） 　全社協・都道府県推進組織ホームページ 等 ・評価機関への問合せ ・評価機関の決定 ・職員向け説明会の実施	・評価実施方法、費用スケジュールの説明

（2）契約

（3）事前準備・事前分析
（移行、一貫して2名以上の評価調査者で実施。うち1人は必ず全社協の研修終了者）

事前準備	事前分析
①自己評価（職員個々、チーム等） ②利用者調査実施協力（必須） ③事前提出資料 　施設のパンフレット、事業報告、事業計画等	・左記①～③を順次分析（個々の職員が記入した自己評価は、評価機関で回収し、集計・分析することも可） ・評価調査者は訪問調査に当たり、各自の事前分析、評価者間の事前協議を行う

（4）訪問調査（1.5日）

オリエンテーション（スケジュールなどの確認）／施設見学／施設長、職員インタビュー／書類等確認等

（5）評価結果のとりまとめ

	・評価調査者の合議による評価結果の取りまとめ（必要に応じて施設との調整と確認）

（6）評価結果の報告（評価結果報告会）

・施設コメントの記入	・施設への評価結果のフィードバック

（7）評価結果の公表

全社協ホームページあるいは都道府県推進組織において評価結果を公表

●上記は、標準的なフローを示したものであり受審にあたっては各評価機関に確認してください。

施設による評価結果の有効活用＝質の向上

出典：全国社会福祉協議会「社会的養護関係施設『評価のすすめ』」
　　　http://www.shakyo-hyouka.net/panf/shakaiyogo_panf.pdf（2018年7月28日）

表6-3　児童養護施設における第三者評価結果の公表様式例（一部）

第三者評価結果の公表事項(児童養護施設)

①第三者評価機関名

②評価調査者研修修了番号

③施設の情報

名称：		種別：	
代表者氏名：		定員（利用人数）：	名
所在地：			
TEL：		ホームページ：	
【施設の概要】			
開設年月日			
経営法人・設置主体（法人名等）：			
職員数	常勤職員： 名	非常勤職員	名
有資格職員数	（資格の名称） 名		
施設・設備の概要	（居室数）	（設備等）	

④理念・基本方針

⑤施設の特徴的な取組

第6章　記録および評価

（別紙）

第三者評価結果（児童養護施設）

※すべての評価細目（共通評価基準45項目・内容評価基準25項目）について、判断基準（a・b・cの3段階）に基づいた評価結果を表示する。
※評価細目毎に第三者評価機関の判定理由等のコメントを記述する。

共通評価基準（45項目）

評価対象Ⅰ　養育・支援の基本方針と組織

Ⅰ-1　理念・基本方針

	第三者評価結果
Ⅰ-1-(1)　理念、基本方針が確立・周知されている。	
①　Ⅰ-1-(1)-①　理念、基本方針が明文化され周知が図られている。	a・b・c
〈コメント〉	

Ⅰ-2　経営状況の把握

	第三者評価結果
Ⅰ-2-(1)　経営環境の変化等に適切に対応している	
②　Ⅰ-2-(1)-①　施設経営をとりまく環境と経営状況が的確に把握・分析されている。	a・b・c
〈コメント〉	
③　Ⅰ-2-(1)-②　経営課題を明確にし、具体的な取組を進めている。	a・b・c
〈コメント〉	

出典：全国社会福祉協議会「社会的養護施設第三者評価事業」
　　　http://shakyo-hyouka.net/social4/（2018年7月28日）

ワーク1 適切な文章を作成しよう。

次の文章は、ある学生の実習記録（児童養護施設での実習）の一部である。本文中の「記録作成上の留意点」などを参考にしながら、不適切な部分を探し、適切な文章に修正してみよう。

● 課題文

> AくんとBくんが、小学校から帰宅後、廊下で口げんかをしてた。私がAくんに「何があったの？」とけんかのわけを聞いていたところBくんが私の背中をいきなり叩いてきた。なので私はめっちゃ腹が立って怒鳴ってしまい、Bくんが泣き出してしまいました。

ワーク2 社会的養護関係施設における自己評価・第三者評価についてまとめてみよう。

下記の会話文は、じゅん先生とみらいさんが授業（「社会的養護関係施設における自己評価・第三者評価」について）のまとめとして行ったやりとりを示したものである。空欄にあてはまる適切な語句を本文から探し、記入してみよう。

● 会話文

> **じゅん先生** みらいさん、今日の授業テーマ「社会的養護関係施設における自己評価・第三者評価」について、ふりかえってみましょう。学んだと思うことを教えてください。
>
> **みらいさん** はい、先生。一つは、2012（平成24）年度から、（①）、（②）、情緒障害児短期治療施設（現・児童心理治療施設）、児童自立支援施設、母子生活支援施設が、自己評価・第三者評価を必ず行うことになったという点です。そして、この義務化には、次のような背景があることがわかりました。社会的養護関係施設の多くは、利用制度のしくみが（③）であり、子どもや家族は、どこの施設に入所するかを選ぶことができません。また、施設長には親権代行の権限があるほか、近年は親からの虐待経験などのある子どもの入所が増加しており、より（④）が求められ、その質の向上が急務であるとされているということです。
>
> **じゅん先生** では、社会的養護関係施設における自己評価、第三者評価の特徴を簡単に説明できますか。

第6章　記録および評価

みらいさん　自己評価は、施設などの職員自身が、あらかじめ決められた基準に従って評価を行うことです。施設長、主任、職員など、誰が評価をするかで結果が異なる場合がありますが、そのことで、施設の設備や支援内容などにおける現状と課題を把握し、改善や職員間の意識の共有につなげることができます。

　第三者評価は、施設職員でも利用者でもない、当事者以外の（⑤）な第三者評価機関が、（⑥）な立場から当該施設の提供する福祉サービスの質を評価するものです。各施設が、運営の現状と問題点を把握し、（⑦）を促し、運営・サービスの質の向上に結びつけることを目的としています。

じゅん先生　その通りですね。自己評価だけでは、どうしても評価が甘くなったり、必要以上に厳しくなったりすることがありますね。そこで、施設側は、自己評価と第三者評価が（⑧）な関係にある、つまりお互いに関連しあっていると考えながら、第三者評価も受けて、運営・サービスの質の改善・向上へとつなげていくことが大切になります。

みらいさん　児童養護施設などで自己評価の実施、第三者評価の受審が義務化されているのは、あくまで施設の問題点を把握し、運営・サービスの質の改善・向上が目的で、それに向けた（⑨）ということですよね。本来行うべき子どもや家族への支援を後回しにして、「第三者評価のための対策」に必死になってはいけないわけですね。

じゅん先生　この評価制度は、「仕方なく行う」のではなく、施設は、子どもや家族にとって何が大切か、どのように改善していくべきかという視点から、真剣に評価に取り組むことが求められます。また、問題点を的確に把握・指摘し、施設の運営・サービスの質が具体的に改善されるよう、実際に調査にかかわる（⑩）一人ひとりの視点、説明の仕方、インタビューの力なども高めていく必要があると思います。なお、評価基準もおおむね3年ごとに見直されてますよ。

みらいさん　わかりました。自分でも、全国社会福祉協議会のホームページから評価表の書式、評価基準、実際の評価結果などを見て、もう少し詳しく勉強をしてみたいと思います。じゅん先生、今日もありがとうございました。

【引用文献】
1）相澤譲治編『六訂　保育士をめざす人の社会福祉』みらい　2012年　p.203
2）相澤譲治編『同上書』p.203
3）社会的養護第三者評価等推進研究会編『社会的養護関係施設における「自己評価」「第三者評価」の手引き』社会福祉法人全国社会福祉協議会　2013年　p.92

【参考文献】
相澤譲治監修、大和三重編『ソーシャルワークの理論と方法Ⅱ』みらい　2010年
櫻井奈津子編著『子どもと社会の未来を拓く　養護内容―保育士のための演習ワークブック―』青踏社　2010年
佐藤伸隆・中西遍彦編『演習・保育と相談援助』みらい　2011年
社会的養護第三者評価等推進研究会編『社会的養護関係施設における「自己評価」「第三者評価」の手引き』社会福祉法人全国社会福祉協議会　2013年
ソーシャルワーク演習教材開発研究会編『ソーシャルワーク演習ワークブック』みらい　2008年
中野菜穂子・水田和江編『社会的養護の理念と実践』みらい　2012年
橋本好市・直島正樹編著『保育実践に求められるソーシャルワーク―子どもと保護者のための相談援助・保育相談支援―』ミネルヴァ書房　2012年
山縣文治・林浩康編『よくわかる社会的養護（第2版)』ミネルヴァ書房　2013年
全国社会福祉協議会ホームページ「社会的養護施設第三者評価事業」
http://shakyo-hyouka.net/social4/（2018年7月）

第2部

ケーススタディ

ケーススタディを学ぶにあたり

　第1部では、社会的養護の「理念・法制度・権利の視点・保育者の役割・実践及び支援内容・記録評価」などに関する理論面に焦点を当てて学習してきた。これらの学びから社会的養護の枠組み、意義、実践内容などが理解できたと考える。

　この学びを基礎に、第2部では社会的養護に関する13のケースから、実践内容の具体性を把握し、社会的養護実践の理解を再構築していくことを目的としている。またケーススタディーを繰り返すことで各ケースのエピソードにおけるキーポイントが適切に焦点化できるようになり、専門的知識を始めとする多様な観点の習得にもつながるであろう。

　ケーススタディを読み進めていくにあたり、効率的に理解しやすくするために学びのポイントと習得目標を整理しておく。

〈学びのポイントと習得目標〉

(学びのポイント)
①専門職としての支援方法や内容、社会資源の活用方法など、ケースごとに学びの「ねらい」と、理解してほしいポイントを示している。この点を念頭にケースを読み進め、重要関連箇所にはチェックを入れていくことを勧める。
②ケースの内容は、実践力を高めるきっかけとなるようにリアルさを重視している。したがって、場面状況・会話・行動などを丁寧に描写している。支援者であることを意識した読者であるからこそリアルな学びが必要となる。児童や利用者が支援に繋がる経緯や支援の展開などについて具体的なイメージを喚起しながら読み進めてほしい。
③読者の習得すべき到達目標を想定して演習課題を設定している。演習課題への取り組み方法は個人でも集団でもよい。真摯に演習課題に向き合い、支援者としてなすべきこと、あるべき姿などについて検討し、積極的に語り合っていただきたい。

(習得目標)
①社会的養護の実践領域と業務内容
②職員に求められる専門的対応スキルと知識
③子どもと保護者・職員と施設の関係性
④地域における施設の役割と意義　　　　など

　以上、具体的なケースを学ぶことで、保育者として求められる共通点や各領域に渡る専門的共通基盤など、社会的養護の枠組み・幅広さと奥深さを実感することができるであろう。加えて、当該職種の社会的意義と重要性（価値）の再認識と対象領域を把握し、正しい知識を周囲に伝える役割も担うことができるようになると考える。

　さらに、社会的養護とは、乳児院・児童養護施設領域のみを示すものではなく多様な領域に渡る支援を包括的に捉える概念であること、児童・利用者の姿・生活・ニーズ・将来への希望・声なき声などをクローズアップし、当事者に寄り添うことのできる実践であること、などをふまえた専門職としての基盤づくりと資質の向上に磨きをかけてほしい。

施設への入所前後の支援

被虐待により短期間施設入所を利用し、家庭復帰をした子どもの事例

▼ **学びのねらい** ▼

　近年、児童養護施設等への入所する子どもの多くが被虐待児で占められるようになり、施設における適正な処遇が大きな課題となっている。
　本事例では、被虐待児が施設へ入所する前後の時期について、解説を行う。虐待親子を支援するために、関係機関がどのように連携をとり、どのような役割を担っているかについて本事例を通じて学ぶ。

① 利用者

■■ 利用者（本人）と家族のプロフィール

・阿藤　健（本児）　性別：男児　年齢：5歳（橘保育園年中組）

　乳児期、おとなしくて誰にでも愛想のよい、手のかからない子どもであった。1歳半健診時は言葉が出ておらず、保健センターでの支援対象となったが2歳過ぎにはよくしゃべるようになったため、保健センター主催の育児教室には参加しなかった。その後多動が顕著となり、何度も迷子になることがあった。3歳児健診では、興味のあることを一方的にしゃべり、質問に応じることは困難であった。保護者は困っていたが、健診時に特に相談はなかった。

・阿藤　静（母親）　年齢：30歳　職業：パート

　A県出身、親のしつけが厳しく、養父からの性的虐待を受けており、それを避けるため高校中退をして家を出た。その後、B市に出て働いていたが、職場で男性と知り合い交際が始まる。しばらくして妊娠がわかり入籍するが、2年後に離婚する。精神的に不安定であり、心療内科を受診している。

ジェノグラム

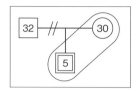

② 施設および支援者

施設の概要

〈橘保育園〉
　C県の南部に位置するベッドタウンD市にある公立の保育所で、乳児2クラス、年少・年中・年長各1クラスを有する保育所である。
〈E児童相談所〉
　C県の児童相談所[*1]で、所長以下16名の職員で構成される。
〈社会福祉法人曙会　曙の家（児童養護施設）〉
施設形態：小規模グループケア
定員：45名
現員：45名（男子24名・女子21名）
職員数：30名
配置職員：施設長、事務職員、児童指導員、保育士、家庭支援専門相談員、里親支援専門相談員、個別対応職員、心理療法担当職員、栄養士、調理員
そのほかの事業：乳児院
　同施設では、支援困難な子どもを積極的に受け入れている。

支援者

〈橘保育園〉
・伊藤　楓（園長）　性別：女性　年齢：55歳　資格：保育士　職歴：35年
　短大を卒業後、D市に保育士として採用。温厚な人柄で、相手の話にじっくりと耳を傾けるタイプである。
〈E児童相談所〉
・江藤　愛（児童福祉司[*2]）　性別：女性　年齢：39歳　職歴：5年
　大学の社会福祉学部を卒業後、C県に採用。総務関係の仕事を6年担当後、福祉事務所に生活保護のケースワーカーとして5年間勤務する。その後、E

[*1] 児童相談所
すべての都道府県および政令指定都市（中核市、その他政令で定める市および特別区は任意設置）に最低1以上が設置されており、都道府県によってはその規模や地理的状況に応じて複数の児童相談所およびその支所を設置している。

[*2] 児童福祉司
児童相談所において子どもの保護と福祉についての相談・調査・指導・援助を行う専門職員。

児童相談所に転勤になり児童福祉司として着任し5年目である。
・加藤 彩（児童心理司*3）　性別：女性　年齢：28歳　職歴：4年
　大学院で臨床心理学を専攻し、C県に心理職として採用され、E児童相談所に勤務している。

〈児童養護施設　曙の家〉
・木藤 桃（保育士）　性別：女性　年齢：27歳　資格：保育士　職歴：7年
　短大を卒業後、保育士として曙の家に勤務。子どもの視点からさまざまなことを考えることができると評価されている。

*3 児童心理司
第4章 p.62参照。

③ ケースの概要

■ 橘保育園への入園当初の様子

　健は年中組から橘保育園に入園した。入園当初はクラスに入ることができず、職員室にいることが多かった。偏食で食べられるものが少なく、じっと座っていることができなかった。指示に従っての動きが苦手で、強く誘いかけると大声を出して走り回ることが目立った。ほかの子どもへの興味はあり、自分から話しかけたり、ほかの子どものもつ玩具を勝手にもっていってしまう。また、ほかの子どもに突然、つかみかかるなどの行為も頻発した。
　保育園への送迎は母親がしていたが、健への働きかけは上手とはいえなかった。降園時、母親の顔をみると、健は園庭に走っていってしまう。母親は大声で呼ぶが、健が無視をすると声をさらに荒げる。保育士やほかの保護者のいる前で健に手をあげることもしばしばみられた。

■ 虐待行為の具体化

　6月に入り、健に殴られた子どもの親が保育園に苦情を出したことをきっかけに、健の他害行為や母親の育児姿勢について、園内で話し合いがもたれ、虐待対応の窓口でもある市の家庭児童相談室*4へ連絡することになった。
　9月下旬の月曜日、健が右目を腫らして登園した。担任が母親に理由を尋ねると、しばらく口ごもった後、「昨日の夜、ちょっと……」と話を濁した。
　担任は伊藤園長に相談し、緊急に職員会議が開催された。担任は子どもの視診をしっかりと行い、必ず記録を取ること、母親への対応は伊藤園長が行うことが決定され、職員全体で確認された。
　翌日、健は欠席し、水曜日に登園した。健は、いつも以上に苛々した様子で、ほかの子どもとトラブルが頻発した。健の背中の右上から左下にむけてくっ

*4 家庭児童相談室
第5章 p.72参照。

きりとしたあざがあるのを担任が発見、あざの位置を記録し、状態を伊藤園長に報告した。子どもたちが帰った後、緊急の職員会議がもたれ、今後、今回の様なケガを発見した際には、E児童相談所に通告することを決定した。

翌日の木曜日、以前のあざがうっすらと残る健の背中に、新しいやけどの跡が発見された。

伊藤園長は以前出席した園長会でE児童相談所が言っていた「虐待通告は、週末の午後を避け、午前中にお願いしたい」ということを思いだし、10時過ぎに指導保育士[*5]を通じて市の虐待対応窓口である家庭児童相談室に連絡を入れた。家庭児童相談室は、橘保育園に担当者を向かわせるとともに、E児童相談所に虐待通告を行った。

■ 虐待通告を受けての児童相談所の対応

市からの通告を受けた、E児童相談所の江藤児童福祉司は所長に報告し、緊急受理会議が開かれた。参加者は所長、児童育成課長兼スーパーバイザー、次長、江藤児童福祉司、同じ地区を担当する別の児童福祉司および加藤児童心理司であった。

■ 緊急受理会議

緊急受理会議にて、江藤児童福祉司と加藤児童心理司が橘保育園に直ちに向かうこと、E児童相談所は一時保護に備えて、適切な施設を探すこと、子どもの発達状況を把握するために、市保健センターから健診状況について調査をすることが決定された。

■ 橘保育園から曙の家まで

11時30分、E児童相談所から江藤児童福祉司と加藤児童心理司、市からは家庭児童相談員が橘保育園に参集し、伊藤園長とともに経過の確認を共有し、その後健の観察を行った。健は緊張した表情をし、一言も話さなかった。右肩の赤く腫れあがった状態が健の置かれた状況を物語っていた。

保育園での情報収集から、母親は、以前から健に手をあげることは多々あったが、最近になってエスカレートしている様子が見受けられ、ケガの程度も酷くなってきていることがわかり、一時保護[*6]をして、健の安全を確保し、保護者支援を構築することになった。

施設入所の可能性も考慮し、軽い発達障害児への支援にも定評のある、曙の家に一時保護委託されることになった。

12時05分、健は昼食を職員室で加藤児童心理司と一緒にとった後、加藤児

*5 指導保育士
保育現場の指導に当たるとともに、保育行政の一翼を担うためのポストとして、市町村によっては保育担当の主管課に、園長クラスの保育士が指導保育士として配置されることがある。保育士長・保育主幹などと命名されている場合もある。

*6 一時保護
一時保護は保護者の同意がなくとも、児童相談所長の権限で行うことができる。通常は児童相談所に附置される一時保護所に保護されるが、一時保護所への保護が不適切と判断される場合には、病院、児童福祉施設等に一時保護委託で保護されることもある。

童心理司と一緒に、D市市民病院の外科を受診した。事前に病院の医療ケースワーカーに連絡を入れてあったこともあり、診察は速やかに行われ、やけどの程度はⅠ度熱傷と診断された。その後、曙の家に向かうが、途中、休憩のため、ファストフード店に立ち寄った。そこで、健は肩の傷について、昨日、母親より熱湯をかけられたことを話した。また、日常的に棒で突かれたり、叩かれたりしていることも話した。

15時10分、曙の家に到着した。担当になる木藤保育士はにこやかに迎え入れた。健が木藤保育士に案内されて施設のなかを見学している間に、江藤児童福祉司と家庭支援専門相談員は健の当面の支援について検討した。その結果、2日ほどは静養室で木藤保育士と一緒に過ごし、その後は中学生の女子2名と幼児3名が生活する「ピノキオの部屋」に移ることが決まった。

■ 家庭児童相談室へ

15時15分、E児童相談所は健の無事保護を確認した。直後に児童育成課長が母親へ健を保護したことを電話連絡するが、不在であったことから、健を保護していること、早急に話し合いをしたいので20時まで家庭児童相談室で待機していることを留守番電話のメッセージに残した。

橘保育園にも電話を入れ、伊藤園長に対して保護者が迎えに来た際の対応を確認した。保育園は重傷を負うほどのケガを発見し、そのことについて保護者から説明がない場合、E児童相談所に連絡することになっていること、健はE児童相談所の判断で連れて行ったと母親に伝えることとした。また保育園と母親との関係を維持するため、母親の怒りをまともに受けないように伊藤園長へ助言した。

15時40分、母親が保育園に健を迎えに来た。伊藤園長は母親を職員室に招き、子どもが保護されたことと、その状況の説明を冷静に伝えた。母親は、しばらく傾聴していたが、状況を理解すると、声を荒げ「保育園が健を売りやがった」と怒鳴り散らした。伊藤園長は母親の言葉をかみしめるように、温かくも冷静なまなざしを母親に向け続けた。10分ほど後、少し落ち着きを取り戻した母親は「どうすれば健を返してもらえるのか」と伊藤園長に尋ねた。伊藤園長は、「今から一緒に家庭児童相談室へ行きましょう」と落ち着いた声で言い、担任の運転する車に乗ってD市の家庭児童相談室へ行った。

■ 虐待告知

17時15分、母親らが、家庭児童相談室に到着すると、江藤児童福祉司と加藤児童心理司が待機していた。机を挟んで母親は江藤児童福祉司に対置した。

伊藤園長と担任は母親の左右に数センチ下がった位置で暖かく包み込むように座った。

江藤児童福祉司は健を保護した理由について、健のケガは母親がやったと考えていること、これから事情をゆっくりと聞きたいということ、子育てに協力していきたいことを母親に伝えた。母親は机をたたいて怒鳴り、涙を流しながら「健を返してほしい」との主張を繰り返し、話し合いは平行線のままであった。

19時を過ぎたので、伊藤園長が「今日はもう遅いから、帰りましょう。私たちが家までお送りします」と母親に言い、明日の予定の確認を江藤児童福祉司に促した。江藤児童福祉司は、「明日は午前10時からもう一度話し合いましょう」と提案し、伊藤園長にも同席してほしいと申し出た。

■ 一夜明けての話し合い

翌日、母親は冷静さを取り戻し、伊藤園長とともに家庭児童相談室を来訪する。

冒頭にE児童相談所の江藤児童福祉司が母親に「昨晩はあまり眠れなかったのではないですか」と声をかけ、話し合いが始まった。

母親は「最近、仕事がうまくいかず、イライラすることが多かった」「健が私をなめており、わざとご飯を吐き出したり、遊んでいて風呂の湯を全部流してしまったりする」「優しく言っても効果がないので、厳しくしつけをしている。健についた肩のやけどは、自分が風呂場で熱湯をかけたものである」「幼い頃はとてもよい子であったが、2歳過ぎから多動が顕著となり子育てにはずいぶん苦労をさせられた」「叩いてはいけないとはわかっているが、カッとなると自分が抑えられなくなる」と訴えた。

母親は自分の生い立ちについて語り始めた。その概要は次の通りである。「父親は暴力的で酒を飲んでは、静の母親を殴っていた。自分自身も学業成績や素行が悪いことに対して厳しく叱責され、時にはバットで殴られたこともある。小学校5年の時、父親と母親が離婚をした。中学時代に母親に新しい男性ができ、一緒に暮らすようになった。高校1年の時、私が入浴中に男性が入ってきて体を触った。母親に言うことはできず、翌日に家を出た」。この話を伊藤園長は横で涙を流して聞いていた。

江藤児童福祉司は「これまでのつらい経験を、話していただきありがとうございます」と母親の苦労に共感する態度を示し、今後の子育てについて、暴力を振るわない方法を一緒に学んでいくことを提案した。母親は「よろしくお願いします」と力なく言う。

今回の話し合いでは、健との交流は、母親が育児方法を学ぶ過程で面会を開始し、計画的に家庭への復帰をめざすことになった。

④ ケースの経過

援助方針会議

C県の児童相談所は火曜日に援助方針会議[*7]を行い、支援について検討をした結果、阿藤親子のケースについては以下のように決定がなされた。
① 2週間の一時保護委託とする。
② その間に、健の心理判定を行い、適正支援を検討する。
③ その後は措置による入所に切り替える。入所期間は短期間とし、家庭復帰をめざす。
④ 母親については江藤児童福祉司と加藤児童心理司による継続指導[*8]とし、子育て支援について学習してもらう。

心理判定結果をふまえて

水曜日・金曜日に、加藤児童心理司は曙の家に出向き、健の心理判定を実施した。心理判定の結果、以下のようなことがわかった。
① 知的能力は正常発達であるが、発達上のバラツキは大きく、認知に偏りがみられた。
② 情緒的には未熟であり、自己中心性、衝動性の高さ、融通の利かなさなどが顕著に認められた。
③ 日常生活動作を十分に獲得しておらず、箸の使用、服の整理などの習慣が未獲得であることが認められた。
④ 今後の基本方針としては、健を高機能のASD児[*9]として理解をし、身辺処理、社会性を根気よく具体的に手順を踏んで支援していく。他害等の問題行動については、他児への興味とコミュニケーション能力の欠如として理解し、事前対応、代弁等による適切な交流方法の習得に力点をおく。

江藤児童福祉司と加藤児童心理司は所長室に出向き、今後の支援方針について以下のように具体化した。
① 措置による入所後は、2週間に1度の頻度で施設にて母子面会を実施する。
② 母親とは2週間に1度の頻度で面接を行い、ペアレントトレーニング[*10]の技法を学んでもらうとともに、前回の親子面会のふりかえりと次回の面会の目標設定を行う。

*7 援助方針会議
児童相談所で支援を行う全ケースについて支援方針を協議・決定する会議である。

*8 継続指導
児童相談所における指導は、1～2回の面接で終了する助言指導と複数回以上の継続的なかかわりが必要な継続指導に分類されている。

*9 ASD児
自閉症スペクトラム（Autism Spectrum Disorders）の子ども。これまでは、高機能広汎性発達障害、あるいは、アスペルガー症候群などと命名される場合が多かった。ここでは、心的な葛藤などに起因する情緒的な問題としてではなく、発達障害児の示す問題、すなわち認知発達の歪みにより、状況の把握や判断ができていないことから派生する問題として扱うという方針である。

*10 ペアレントトレーニング
応用行動分析の考えを基本におき、発達障害児の子育ての方法として開発された。子どもの行動を「好ましい行動、好ましくない行動、許しがたい行動」の3種類に分け、好ましい行動に肯定的な注目を与えることにより、好ましい行動を増加させることからプログラムを開始する。その後、無視の利用、効果的な指示の与え方、制限や罰の与え方などについて、実践的に学んでいく。

③健の身辺介助、対人スキルの支援について、曙の家で何例か試みられている応用行動分析を基本的な考え方にした支援プログラムを適用して実施してもらう。

■ 関係機関の連携によるサポート体制の形成

２週間後の木曜日、D市において、要保護児童対策地域協議会[*11]の実務者会議が開催された。会議は、虐待対応の窓口である市の家庭児童相談室が調整機関となり、開催された。主な参加メンバーは、橘保育園の指導保育士、生活保護担当者、保健センター主査、子育て支援センター長、教育相談員、主任児童委員、児童相談所児童福祉司であった。

健の経過について橘保育園の指導保育士、家庭児童相談室長、E児童相談所の児童福祉司の３名から報告がされ、今後の連携について話し合いが行われた。当面の支援方針として、「当面は児童相談所が中心になり、曙の家と連携をして子どもと母親の支援を行う」「母親と橘保育園の伊藤園長との関係は良好であることから、健の施設入所後も、母親の相談相手になる」「外泊、帰省などの際は、主任児童委員が家庭訪問を行い、保育園を中心に、見守り体制を構築する」「次年度に就学を控えており、保健センターの心理相談、医療機関への受診、就学相談など、一層の支援が必要となる」との方向性が確認された。

> [*11] 要保護児童対策地域協議会
> 児童福祉法第25条の2に規定される協議会である。支援を必要とする家庭は、多くの問題を抱えていることがあり、単一の機関では支援が困難である。しかし、関係機関が個人情報保護の観点から情報交換を行わず、独自の支援を行えば、支援行為に齟齬が生ずる。そのため、関係機関が協議会として一つにまとまり、情報を共有することにより、連携を図り、役割を分担しながら適切な支援を行うことを目的としている。

⑤ ケースのその後

■ その後の展開

母親に対するペアレントトレーニングは、家庭児童相談室で加藤児童心理士が中心となり行うことになった。

ペアレントトレーニングは、前回の親子面会から子どもとのかかわりを思い出すことから始まり、ペアレントトレーニングの技法を紹介して前回の親子面会場面を参考にしたロールプレイを行う。最後に、学んだ技術の練習を、次回の親子面会の課題として具体化する。

母親はプログラムの最初の部分で躓き、子どもの好ましい部分を発見し、上手にほめることができなかった。これは母親自身がほめられた経験の乏しさから、ほめようとすると身体が硬くなってしまうのである。加藤児童心理司は、健との面会の様子から、母親の努力を見つけ、それを評価することを中心にしながらセッションを続けた。

曙の家での健の支援は、しつけを含めゆっくりと進められていった。肩のやけどについては1週間ほどで完治した。健は木藤保育士を信頼し、甘えがみられるようになった。木藤保育士は健の身辺介助を中心に、少しずつ関係を深めていく方法をとった。

親子面会は曙の家の遊戯室で、木藤保育士の同席のもと15分間一緒に遊ぶことから始まった。面会時間は徐々に長くなり、食事を一緒にとること、部屋の片づけを一緒にするなどを少しずつ増やしていった。

2か月後には近くのショッピングモールに買い物に出かけたりなど、外出が開始された。その後、1泊の家庭帰省を2度実施し、3か月後の年末に4日間の一時帰宅も楽しむことができた。

伊藤園長と母親とのかかわりは、施設での親子面会が始まった時期から、母親が橘保育園に出向くようになり、曙の家での健の様子を嬉しそうに伊藤園長に語るようになった。

翌年の5月には8日間の大型連休を利用して、自宅へ一時帰宅し、順調な様子であった。この結果から家庭復帰となり、曙の家への措置は解除された。

その後、手をつないで仲睦まじく橘保育園に通う阿藤親子の姿が確認されるようになった。

演習課題

① 被虐待児への支援においては、どのような困難さや課題があるかをまとめてみよう。
② この事例が比較的順調に家族の再統合に結びついた理由を考えてみよう。
③ 被虐待児の支援における関係機関の役割や連携についてまとめてみよう。

ケース 2 　個別支援計画の作成1

知的障害者の個別支援計画の作成

> ▼ 学びのねらい ▼
> 　障害者は、障害者総合支援法により各々のサービス利用意向と障害支援区分に従い各種サービスを受給しながらよりよい生活をめざし暮らしている。
> 　障害者の多くは、生活介護事業所などにおいて作業活動や日常生活動作等の生活支援を利用して生活している。夜間においては、地域におけるグループホームでの共同生活を行う例が増え、措置制度の頃に主流であった障害者支援施設で生活する障害者は減少傾向にある。
> 　本事例では、家族が亡くなり単身となった利用者が、障害者支援施設[*1]の利用を経て、地域におけるグループホームの生活に移行するなかで作成される個別支援計画を通して、その理解と作成の方法を学ぶ。

*1　障害者支援施設
障害のある人に対し、夜間に「施設入所支援」を行うとともに、昼間に「生活介護」「自立訓練」または「就労移行支援」などを行う施設である。

① 利用者

利用者（本人）と家族のプロフィール

・橋井　善哉（本人）　性別：男性　年齢：50歳
　軽度知的障害で、障害支援区分[*2]は区分4、障害基礎年金[*3]は2級で、療育手帳[*4]「B2」。持病等は、難治性てんかん。
現在の状態は、ADL（日常生活動作）に関しては見守りや確認は必要であるが自分で行うことができる。
　言葉による意思疎通は可能だが横柄な言動が常にある。特に自分より年下の支援員に対して暴言や無視等の状態がみられる。
　難治性てんかんについては、発症した5歳当時は1日に50回を数えるほど大発作が頻発していたが、現在では、抗てんかん薬を服薬しており、1日に3回程度となっている。頭部保護帽の着用と、移動時の見守りを行うことで生活面での影響はほとんどない。
　夜尿があり、就寝時は紙パンツを着用している。
・橋井　正弘（父親）本人が48歳の時に他界　享年77歳
　生前は、橋井さんとアパートにて同居していたが、スーパーやコンビニの

*2　障害支援区分
障害者等の障害の多様な特性そのほかの心身の状態に応じて必要とされる標準的な支援の度合いを総合的に示すもので、「非該当」「区分1」から「区分6」までの区分がある。

*3　障害基礎年金
国民年金加入中に病気やケガで障害が残った時や、20歳前の病気やケガなどで法令に定める障害等級表の1級または2級の障害の状態になった時などに受けられる年金である。

*4　療育手帳
知的障害児・者が福祉サービスを利用する時に必要な手帳。この目的は知的障害児・者に対して、一貫した指導・相談等が行われ、各種の援助措置を受けやすくすることである。

弁当などの夕飯を準備する以外は、橋井さんとかかわることのない生活を送っていた。

　アパート内において居室も別々であり、橋井さんの身の回りのことについて一切手を貸さない父親であった。そのため、橋井さんの自室は掃除もしておらず、夜尿のある橋井さんの布団はひどく汚れたまま放置されている状況であった。いわゆるネグレクトである。

　入浴についても、アパートでは一切入らせることがなく、身体の汚れは尋常ではない状態であり、当時利用していた宝好園（生活介護事業所）の職員が銭湯へ連れて行くなどインフォーマルに支援する状況があった。

・橋井　暁恵（母親）本人が8歳の時に失踪

　父親との不仲により失踪した記録が残っている以外は、現在の居場所など何も情報がない。どこでどのように生活しているのか不明である。

・橋井　貴行（次男）

　橋井さんが8歳の時に母親とともに失踪し、情報がない。

ジェノグラム

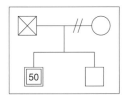

② 施設および支援者

施設の概要

〈社会福祉法人宝好会　宝好の家〉
施設サービス：施設入所支援＊5・生活介護＊6・短期入所＊7（介護給付）
定員：施設入所支援（40名）・生活介護（40名）短期入所（男性2名・女性2名）
職員数：28名
配置職員：管理者、サービス管理責任者、嘱託医、看護職員、生活支援員（常・非常勤含む）、管理栄養士

　一人ひとりの居室を設けている。日中活動は、所内にてアルミ缶の回収および売却等のリサイクル事業等による作業も行っている。
そのほかの事業：生活介護（宝好園）、共同生活援助（宝好グループホーム）

＊5　施設入所支援
施設に入所する利用者につき、主として夜間において、入浴、排泄および食事等の介護、生活等に関する相談および助言そのほかに必要な日常生活上の支援を行う。

＊6　生活介護
障害者支援施設等において、入浴、排泄および食事等の介護、創作的活動または生産活動の機会の提供そのほかに必要な支援を要する障害者であって、常時介護を要するものにつき、主として昼間において、入浴、排泄および食事等の介護、調理、洗濯および掃除等の家事ならびに生活等に関する相談および助言そのほかに必要な日常生活上の支援、創作的活動または生産活動の機会の提供そのほかの身体機能または生活能力の向上のために行われる必要な支援を行う。

＊7　短期入所
居宅で介護を行う者の疾病等の理由により、障害者支援施設等への短期間入所を必要とする障害児・者に対して、入浴、排泄、食事の介護等を提供する。対象者は障害程度区分1以上の者である。

■■ 支援者

〈宝好の家〉

・小山 進一（管理者）　性別：男性　年齢：44歳　資格：社会福祉士[*8]・精神保健福祉士　職歴：22年

　宝好の家の施設管理者。星野相談支援専門員から橋井さんの経緯を聞き、宝好の家にあるショートステイ用の一室を迅速に調整し提供。

・加藤 清弘（サービス管理責任者[*9]）　性別：男性　年齢：38歳　資格：社会福祉士　職歴：16年

　宝好の家の支援責任者。個別支援計画を作成する支援チームの中心人物。施設入所支援から地域移行の実現に意欲。

〈宝好園〉

・大西 篤（サービス管理責任者）　性別：男性　年齢：33歳　資格：社会福祉士　職歴：11年

　宝好園の支援責任者。個別支援計画を作成する支援チームの中心人物。利用者その人なりの"はたらく"を実践している。

〈宝好グループホーム〉

・矢本 誠二（サービス管理責任者）　性別：男性　年齢：50歳　資格：介護福祉士　職歴：10年

　宝好グループホームの支援責任者。重度障害者も地域で暮らせることの実現に日々邁進している。

〈夢星ヘルパーステーション〉

・川西 彰（サービス提供責任者）　性別：男性　年齢：40歳　資格：ホームヘルパー1級　職歴：19年

　生活支援員の派遣調整および生活支援員としての実務にも従事。

〈相談支援事業所キリン〉

・星野 文子（相談支援専門員）　性別：女性　年齢：48歳　資格：社会福祉士　職歴：老人福祉ケアマネージャー12年、相談支援専門員6年

　本相談支援と計画相談支援を担当。障害者およびその家族のニーズを確認しサービス等利用計画を作成する。利用する事業所との連絡調整を行う。

・森井 節子（成年後見人[*10]）　性別：女性　年齢：58歳　資格：弁護士

　本人の意思を把握し、本人に代わって障害基礎年金や貯金など金銭（財産）の管理（身上監護については施設側が担う）を行う。

[*8] 社会福祉士
「社会福祉士及び介護福祉士法」に定められた名称独占の国家資格である。登録を受け「身体上もしくは精神上の障害があること、または環境上の理由により日常生活を営むのに支障がある者」を対象に、専門的知識および技術をもって、福祉に関する相談・助言・指導や福祉サービス関係者等との連絡および調整、そのほかの支援を行う。

[*9] サービス管理責任者
障害福祉サービスの提供にかかわる利用者の個別支援計画の策定・評価、サービス提供のプロセス全体を管理する責任者。

[*10] 成年後見人
認知症や知的・精神障害で判断能力の不十分な人を保護するために、2000（平成12）年から始まった。家族や弁護士らの申し立てを受け、家庭裁判所が決めた成年後見人が、本人に代わり財産管理等を行う。成年後見人になるために必要な資格はないが、民法第847条で示された「欠格事由」に該当する者は、成年後見人になることができない。

③ ケースの概要

橋井さんは父親が存命中、平日の日中は宝好園を利用し、企業提携の軽作業を行っていた。休日は自宅のアパートにてテレビをみるなどの過ごし方であった。

父親の死後、アパートの家賃を本人の年金で支払うことができなかった。また父親のネグレクトによるQOLの低下も見られていたことから、本人の生活全般の見直しが必要になり、宝好の家での生活が開始された。

宝好の家では、食事や入浴、清潔な環境にある居室等、それまで父親との生活で経験してきたものとはかけ離れたものであった。

入所当時は、その快適さから、宝好の家が最も快適な空間であると感じていた橋井さんではあったが、生活していくにつれて余暇活動などで、より自由に自分が希望することを行いたいと思うようになり、改めて支援計画の見直しを行う運びとなった。

④ 個別支援計画の作成

■ 個別支援計画の作成の流れ

障害者支援施設における個別支援計画の作成は、相談支援事業所からのサービス等利用計画表をもとに、施設生活でのアセスメントを踏まえ抽出された生活課題・ニーズに沿って作成される。また、計画によって時期は変わるが中間評価であるモニタリングを行い、繰り返し見直しが行われる。また、モニタリングにより再びアセスメントに戻る場合や、個別支援計画を見直す場合もある。計画が一定の終結を迎える場合もあり、その場合アセスメントにおいて優先度の高い生活課題・ニーズに沿った新たな個別支援計画の作成が行われる（図2-1）。

■ アセスメント（事前評価）

宝好の家の加藤サービス管理責任者は、橋井さんが障害者支援施設での生活に至った経緯と、星野相談支援専門員から出されたサービス等利用計画表をもとに、宝好の家での生活と将来について、本人、宝好園の大西サービス管理責任者、星野相談支援専門員との面談を行い、アセスメントを行った。

橋井さんの現状は、アセスメントにおける「健康管理」「日常生活動作」「衛生」「社会生活」の4つのカテゴリーにおける評価が重要課題としてあげられ、

図2-1 個別支援計画の展開過程

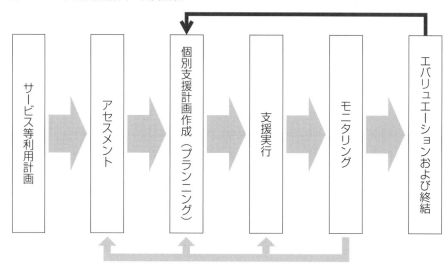

筆者作成

表2-1 アセスメントシート(抜粋)

利用者氏名　橋井　善哉

記入年月日　平成30年3月20日
サービス管理責任者　〔加藤清弘〕
所長(管理者)　〔小山進一〕

【利用者の生活・行動等に関するアセスメント調査】

項目		支援項目	支援度					特記事項
			1.支援なし	2.見守り・声かけ支援	3.一部間接支援	4.一部直接支援	5.全支援	
健康管理	1	服薬管理				○		保管は要支援。服薬は自立。
	2	通院				○		通院日の管理と、同行が必要。
	3	発作対応					○	1日に3回あり。
日常生活動作	1	食事摂取	○					
	2	排尿			○			夜尿あり。
	3	排便			○			拭きとり要支援。
	4	歩行			○			てんかん発作での転倒に注意が必要。
	5	移乗		○				
	6	入浴・洗体					○	経験不足から、方法が分からない。
	7	入浴・洗髪					○	同上
	8	洗顔					○	同上
	9	衣類着脱				○		着脱の際、仕上げに要支援
	10	履物着脱	○					
	11	歯磨き				○		抗てんかん薬服薬の影響で、歯肉炎が重症化のため要支援。
衛生	1	清潔保持					○	手洗い等の生活習慣が経験不足。
	2	整容					○	服装に頓着がなく、要支援。
	3	爪切り					○	経験不足のため要支援。
	4	掃除					○	同上
社会生活	1	日常の意思決定			○			言葉での意思疎通が可能であり、意思を伝えられる。
	2	金銭管理		○				100円ほどの小遣いを管理できる。
	3	財産管理					○	小遣い以外は後見人が管理。
	4	買い物(選択)			○			1000円ほどの金額であれば買い物も可能。
	5	金銭支払い		○				1000円札や小銭の理解がある。
	6	地元の地理等の理解			○			地元の駅やコンビニの理解はある。
	7	交通機関の利用			○			地元であれば電車の利用が可能。
	8	電話の利用			○			決まった番号には欠けることができ応答も可能。
	9	持物管理			○			日常ではない持ち物の準備は要支援。
	10	予定等の計画				○		予定の理解はできるが組み立ては難しい。

なかでも日常生活動作（ADL）の課題を優先に支援が必要であることがわかった（表2−1）。

具体的には、父親との生活により行えなかった「入浴や洗顔の方法がわからない」「服装に頓着がない」などといった課題があげられた。また横柄な言動が常にあり、特に自分より年齢が下の支援員に対し、暴言や無視が度々あった。

そのほかにも、健康面における難治性てんかんの継続した通院および投薬が必要である。

また、橋井さんは普段から電車に興味があり、余暇活動でも鉄道の本を好んで読んでいたり、屋外活動で電車に乗るときは非常に機嫌がよくなった。また、雑談のなかで「新幹線に乗ったことがないので乗ってみたい」「鉄道博物館に行きたい」「電車の模型を買いに行きたい」という話があり、施設入所支援で取り入れることの可能性と方法という課題もみえた。

このような社会生活における課題については、余暇活動を充実させるために必要な費用の使途について明確にする必要性があることから、財産の管理をどのようにすべきかを検討した結果、成年後見人を選任するほうがいいのではないかとの結論に至った。法人の顧問弁護士に相談したところ、成年後見制度を利用することは妥当だとの見解もあり、家庭裁判所に成年後見人の選任に関する申し立てを行った結果、「判断能力が著しく不十分」ということから、橋井さんは被保佐人となり、保佐人に森井弁護士が選任された。時を同じくして、グループホームへの地域移行も検討されることになった。

■■個別支援計画（プランニング）の作成

アセスメントに基づき、個別支援計画書の作成に向けた会議が開催され、管理者の小山管理者と加藤サービス管理責任者、支援職員、看護師、栄養士が参加した。利用者のニーズやアセスメントが反映されているか、実施可能な計画になっているかなどの検討を行った。

アセスメントから、夜尿への不安からか、職員への横柄な言動や暴言、無視があったため、担当支援職員は、まずは日常生活動作の向上を中心として、精神的な安定を図りたいという意見が出された。

また、橋井さんの要望として「新幹線に乗ったことがないので乗ってみたい」「鉄道博物館に行きたい」「電車の模型を買いたい」などがあげられた。しかし、施設入所支援における支援は規則的であり、移動支援サービスが利用できないことでの休日等の社会参加が難しい現状を鑑みると、橋井さんの将来的な生活場所は施設入所が妥当ではないこと考えられたため、グループ

表2－2　個別支援計画書（例）

個別支援計画書

記入年月日　平成30年4月1日
サービス管理責任者　〔加藤清弘〕
所長（管理者）　〔小山進一〕

利用者氏名〔　橋井　善哉　様　〕

NO	ニーズ	支援目標 長期	支援目標 短期	支援内容	モニタリング 頻度	モニタリング 場所	モニタリング 支援者	モニタリング 期間
1	入浴や洗顔などの支援をしてほしい。	入浴や洗顔の支援をし、清潔を保つ。	入浴や洗顔のやりやすく効果的な方法を模索し、支援する。	毎日入浴を行う。また、洗顔や洗髪等がご自身でできる方法を支援者とともに考案する。	毎日	日中活動の場	生活支援員	毎週水曜日
2	施設での生活をわかりやすく教えてほしい。	担当する支援員を増やし、ご自身が話しやすい環境を構築する。	担当支援員を固定し窓口を一本化する。	担当する支援員を固定し、日々の困りごとや、生活の見通しなどを丁寧に説明できる環境を作る。	随時	日中活動の場	生活支援員	1か月 第4週目に確認
3	企業提携作業を続けたい。	企業提携作業を行う日中支援事業所での作業活動を行う。	宝好の家でのリサイクル作業に従事する。	リサイクル作業班に所属し日中作業活動を行う。その作業工程を説明する。企業提携作業を行う日中支援事業所を探す。（宝好園への打診）	随時	日中活動の場	生活支援員	3か月 6月、9月、12月、3月
4	作業活動で得た工賃で鉄道の模型を買いに行きたい。	グループホームでの暮らしに地域移行する。	週1回の休日外出に参加し、買い物やウィンドウショッピングを行う。	日曜祝日の外出支援の体制を作る。グループホームの状況確認および連携。（宝好グループホームへの打診）	随時	日中活動の場 事務所	生活支援員	3か月 6月、9月、12月、3月
5	新幹線に乗って鉄道博物館に行きたい。	グループホームでの暮らしを前提に、移動支援サービスの利用を行い、休日の余暇支援サービスを利用する。	まずは近場の交通公園に出かける。新幹線に乗り、鉄道博物館に行くことは長期目標に準ずる。	グループホームの状況確認および連携。（宝好グループホームへの打診）宝好ヘルパーステーションとの情報共有。	随時	日中活動の場 事務所	生活支援員	随時
6	通院や薬の管理の支援をしてほしい。	グループホームでの暮らしを前提に、通院介護サービスを利用する。	施設看護師による薬の管理と支援員による服薬管理を行う。	月に1度のてんかん専門医院への通院支援を継続して行う。服薬投薬の管理について、使節看護師を中心に整備し、支援員と連携していく。	月に1回	病院 事務所	生活支援員 看護師	3か月 6月、9月、12月、3月

私は、サービスの内容やその方法について担当者から別紙計画に基づき、説明を受けたことを確認しました。
　この計画に同意し、承諾いたします。
　日付
住所

利用者　　　　　：橋井善哉
利用者の代理人等　：

ホームへの移行もふまえた支援計画を作成することとなった。
　これらのことを踏まえ、①入浴や洗顔の支援をし清潔を保つ、②担当する支援員を増やし、橋井さん本人が話しやすい環境を構築する、③業提携作業を行う日中支援事業所での作業活動を行う、④グループホームでの暮らしに

地域移行する、という支援目標を立案し、これらを個別支援計画書にまとめ、橋井さんに同意を得た。

　父親の他界を機に、緊急的に施設入所支援を受給し暮らしを整えることとなったが、アセスメントを行うことによって、橋井さんが本当に望む暮らしは地域のなかにあることが橋井さんを含め、取り巻く支援者たちのコンセンサス（合意形成）を一致させる結果となった。

支援の実施

　支援計画の通りに支援を進めていくなかで橋井さんは、日常生活動作の向上を図ったことにより、快適さを感じている様子がうかがえ、一定の成果が見られた。これにより、気持ちに余裕ができ、担当支援員との信頼関係も構築された。施設が準備しているリサイクル作業活動や、休日に行う外出活動にも楽しみにしており、橋井さんの好きな電車の話題など、さまざまな話題を笑顔で話すようになってきた。

　加藤サービス管理責任者は、橋井さんにかかわる担当者が、支援計画にあるそれぞれの支援目標について丁寧に従事できるよう、各ニーズごとのケース記録用紙を作成しそれを用いて日々の支援状況および橋井さんの変化を確認した（表2-3）。

表2-3　ケース記録用紙（例）

所属：宝好の家		利用者氏名：橋井善哉	サービス管理責任者：加藤清弘	
計画NO.	1	ニーズ	入浴や洗顔などの支援をしてほしい。	
長期目標		入浴や洗顔の支援をし、清潔を保つ。		
短期目標		入浴や洗顔のやりやすく効果的な方法を模索し、支援する。		
支援内容		毎日入浴を行う。また、洗顔や洗髪等がご自身でできる方法を支援者と共に考案する。		
評価記入コード		達成…G　　継続…T　　修正・変更…変		
実施日	評価	状況等		支援員
H30.4.1（日）	T	シャワーの使用方法がわからない様子があり、押すと一定量出ることを伝える。洗髪時、シャンプーの量を確認。ポンプを1回プッシュするところを見てもらう。その他全介助。		山本
H30.4.2（月）	T	シャンプーのポンプは問題ない。一度ご自身で洗髪してもらうが、難しい。全介助。		八木
H30.4.2（火）	T	洗髪時、頭に手を挙げている姿勢が難しい様子。少し（15秒ほど）だけご自身で取り組んでもらい、後は全介助。洗体は、洗髪同様洗剤をタオルにポンプ1回分押し出してもらう。あとは全介助。		稲月
H30.4.3（水）	T	前日、頭に手を上げにくい様子があったため、洗体に重視して取り組むことにする。首筋を洗う練習を行いあとは全介助。		山本
H30.4.4（木）	T	首筋の洗いをご自身で行う。あとは全介助。		横田
H30.4.5（金）	T	首筋から胸元までご自身で洗う。あとは全介助。		稲月
H30.4.6（土）	T	日中嫌なことがあったと、入浴を拒否。本日は入浴せず。		大路

■ モニタリングおよびケース会議

しかし、個別支援計画立案時に懸念した施設入所支援での暮らしを継続することに妥当性を感じなかったことについて、早い段階から各所の支援担当者でのモニタリングおよびケース会議を積極的に開催し、地域移行の実現に向けての取り組みも同時進行で行われた。

ケース会議の招集は、計画相談を行う相談支援事業所キリンの星野相談支援専門員が行い、宝好の家の加藤サービス管理責任者と小山管理者、宝好園の大西サービス管理責任者、宝好グループホームの矢本サービス管理責任者、夢星ヘルパーステーションの川西サービス提供責任者と橋井さん本人の7名で行われた。

モニタリングおよびケース会議は、日々のケース記録を参考にモニタリング表（表2-4）を加藤サービス管理責任者が作成し、それを用いて本人およびケース会議の参加者から、橋井さんの今後について話し合われた。

上記モニタリングの結果をもとに、参加者で話がなされ、橋井さんはその説明により、宝好の家での暮らし以上にグループホームでの暮らしが、自身の余暇が充実することを理解した。これにより地域移行に向けての意欲が生

表2-4　モニタリング表

モニタリング

記入年月日　平成30年6月30日
サービス管理責任者　〔加藤清弘〕
所長（管理者）　〔小山進一〕

利用者氏名〔橋井　善哉　様〕

NO.	ニーズ	支援経過と今後の取組み	期間
1	入浴や洗顔などの支援をしてほしい。	入浴時に行う生活動作として洗髪、洗体、洗顔の動作工程を支援統一し支援を行った。当初はわからないことも多かったが、3か月経過した現在では、動作工程の意味と流れを理解されており、洗い残しなどを一部間接的に支援するのみである。	平成30年4月1日～平成30年6月30日
2	施設での生活をわかりやすく教えてほしい。	宝好の家の生活の流れである、起床－朝食－日中活動－入浴－夕食－就寝については、絵と表にしたものを使用し説明を行い、表はご本人の居室に貼ることでいつでも確認していただけるように配慮を行った。橋井さんは、数日で生活リズムを理解され、てんかん発作で不調な時以外は日々順調に生活されていた。	平成30年4月1日～平成30年6月30日
3	企業提携作業を続けたい。	宝好の家でのリサイクル作業を中心に取り組み、週に1回水曜日のみ、宝好園での企業提携作業に参加することができた。作業意欲は高く、なじみの宝好園へ行けることは嬉しいと話してくださる。	平成30年4月1日～平成30年6月30日
4	作業活動で得た工賃で鉄道の模型を買いに行きたい。	外出活動のメンバー入りを希望され、近所の商店街や、車でのドライブなど活動を行った。その際、お好きな鉄道模型のお店に立ち寄り、「おこづかいがたまったら買うんだ」と意欲を見せられていた。	平成30年4月1日～平成30年6月30日
5	新幹線に乗って鉄道博物館に行きたい。	宝好グループホームの矢本サービス管理責任者へ、橋井さんの思いを伝えている。宝好の家では、居宅支援サービスの利用ができないが、今後を見据え、夢星ヘルパーステーションの川西サービス提供責任者とのつながりも構築した。	平成30年4月1日～平成30年6月30日
6	通院や薬の管理の支援をしてほしい。	約40日に1度の定期通院について、4月16日と、6月1日の2回、定期通院支援を行った。投薬量は変わらず、薬の管理については看護師で行い、支援員の見守りのもと、橋井さんご本人で服薬できている。	平成30年4月1日～平成30年6月30日

じることになった。

　ケース会議を受け、各支援機関は連携を取り、宝好グループホームへの入居およびそれに付随した各種サービス利用の手続きを速やかに進めていった。

　宝好グループホームへの移行には、会議に参加した支援機関だけではなく、金銭を管理するために後見人の登録を行うための成年後見センターや、第三者機関として権利擁護支援センターも介入して、橋井さんの暮らしの調整が行われた。

　その後橋井さんは、1年間の施設入所支援生活を終え、グループホームでの暮らしに移行した。

演習課題

① 入所支援施設において地域移行に向けた個別支援計画が作成されるまでにかかわる支援機関を整理し、施設入所支援の利用と地域移行の違いを考えてみよう。

② 橋井さんの個別支援計画を作成するにあたって、加藤サービス管理責任者は、どのようなことに注意しながら橋井さんの意思決定を決断しているか考えてみよう。

③ 橋井さんはグループホームでの暮らしに至っているが、グループホームにおける個別支援計画を作成するための視点を考えてみよう。

【参考文献】
橋本好市・直島正樹編『保育者に求められるソーシャルワーク』ミネルヴァ書房　2017年
相沢譲治・橋本好市・直島正樹編『障害者への支援と障害者自立支援制度（第2版）』みらい　2018年
狭間香代子『社会福祉の援助観』筒井書房　2001年

ケース 3 　個別支援計画の作成2

乳児院における個別支援計画の作成

*1　乳児院
乳児（必要により幼児）を入所させ、家庭の代替・補完的機能のもと子育ちを支援する。保護者への支援、退所後の相談・支援も行う。

▼ 学びのねらい ▼

　本事例は乳児院[*1]に入所する子どもと、家庭と地域との連携のための個別支援計画の作成を学び、個別支援計画の意義と計画、記録によるアセスメントの効果を理解する。個別支援計画を作成するには、日々の子どもの様子や育ちだけではなく、内面に秘めた思いを汲み取ることができるように、観察していく力が必要である。

　また、個別支援計画は関係機関との連携により多角的な視点で作成し、客観的かつ包括的に子どもとその家庭を支えていくことが求められる。

　ここでの事例を通して、乳児院に入所している子どもの早期家庭復帰をめざし、保育者の日頃の支援と記録、関係機関との情報共有、連携の重要性について考える。乳児院では、養育のみならず、保護者支援、退所後のアフターケアを含む親子再統合支援の役割が重要となる。子どもにとって家庭の存在は絶大なものであり、保護者の子育てを支援することで安全と安心のもと家庭で生活を送ることができるのである。

① 利用者

利用者（本人）と家族のプロフィール

・前田 光（本児）　性別：女児　年齢：1歳6か月
　生後7か月の時に乳児院に入所する。

・前田 聡子（母親）　年齢：32歳　職業：無職（専業主婦）
　久司との結婚を機に退職し専業主婦となった。子どもを育てるためには母親が家にいることが大切だと考えている。

・前田 久司（父親）　年齢：35歳　職業：会社員
　営業職で仕事柄、帰宅時間が不規則なこともあり日常的に子育てへかかわることはできない。休日は寝ていることが多い。
　光の祖父母にあたる、聡子の母、久司の両親はそれぞれ遠方に住んでいるため、頻繁に会うことはなく、日常的な子育ての支援者として期待できない。

■ ジェノグラム

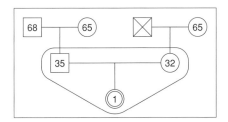

② 施設および支援者

■ 施設の概要

〈社会福祉法人元気会　すくすく乳児院〉
施設形態：小規模グループケア（3か所、1グループ5名）
定員：15名
現員：15名（男児7名・女児8名）
職員数：20名
配置職員：施設長、事務職員、嘱託医、看護師、児童指導員、保育士、家庭支援専門相談員、里親支援専門相談員、個別対応職員、心理療法担当職員、栄養士、調理員
そのほかの事業：ショートステイ・トワイライトステイ[*2]

　光は、小規模グループケア「どんぐりの家」で生活する。ほかの子どもは、女児が2名と男児が2名。家庭的養育を基盤とし、個別担当制（担当養育制）により愛着形成に重点を置いた養育をしている（グループには保育士3名と保育補助2名が配置されている）。

■ 支援者

〈すくすく乳児院　どんぐりの家〉
・林　みのり（保育士）　性別：女性　年齢：25歳　資格：保育士　職歴：2年
　4年制の保育士養成校で幼児教育を学び、保育実習で乳児院の家庭的な雰囲気に魅力を感じ卒業と同時に就職をする。子どもへの支援にやりがいを感じながらも、家庭支援や関係機関との連携には難しさを感じている。入所当時から光の担当保育士である。
・平田　幸次（家庭支援専門相談員[*3]）　性別：男性　年齢：32歳　資格：社会福祉士　職歴：10年

*2　ショートステイ・トワイライトステイ
子育て支援短期利用事業。家庭で病気や出産などの理由により子どもの養育が一時的に困難になった場合、乳児院などの児童福祉施設で短期入所もしくは夕方から夜間の生活をすること。子育て支援の一つ。

*3　家庭支援専門相談員
家庭支援専門相談員は、児童養護施設、乳児院、児童心理治療施設、児童自立支援施設に配置されている。児童の保護者等に対し、児童相談所との密接な連携のもとに電話や面接等により児童の早期家庭復帰、里親委託等を可能とするための、相談支援を行う。また、入所児童の早期の退所を促進し、親子関係の再構築が図られることを目的としている。

家庭支援専門相談員として家庭復帰に向けたソーシャルワークを担当する。

〈市の家庭児童相談室*4〉

・吉田 裕子（家庭相談員*5）　性別：女性　年齢：42歳　資格：社会福祉士　職歴：11年

　長年、保護者支援をしており、自身も子育て経験があるため相談されやすい存在である。施設から家庭へ復帰したケースのアフターケアの経験もある。乳児院入所前に最初に相談を受けた担当であるため、母親との関係も良好で、信頼関係ができている。

〈子ども家庭センター*6〉

・日吉 真司（ケースワーカー・児童福祉司）　性別：男性　年齢：28歳　資格：社会福祉士　職歴：6年

　今年度より光の担当となり、保護者との関係はまだ浅い。

> *4　家庭児童相談室
> 福祉事務所に設置され、社会福祉主事と家庭相談員が配置されている。児童相談所との密接な連携のもとに、地域住民に身近な立場で子どもと家庭に関する相談支援業務を行っている。
>
> *5　家庭相談員
> 家庭児童相談室に配置されている専門職員で、家庭児童福祉に関する専門的技術を必要とする相談指導を行っている。
>
> *6　子ども家庭センター
> 児童相談所は、地域によって「子ども家庭センター」などと呼ばれることもある。

③　ケースの概要

■本児が入所に至った経緯

　聡子は結婚を機に退職し、専業主婦になることを希望した。早く子どもが欲しいと思っていたがなかなか恵まれず、ようやく妊娠し出産に至った。出産後しばらくは子どもがかわいいと思っていたが、離乳食に切り替わった頃から、光が食べてくれないことに悩んで苛立ち、かかわり方がわからなくなっていくようになった。久司は仕事で忙しく、帰宅時間も不規則で休日は寝ていることが多い。また、子育ては専業主婦である聡子の役割だと思っている。

　聡子は以前から、友人たちに結婚後は専業主婦になりたいと言っており、ワーキング・マザーとして仕事と子育てを両立している友人たちと比べて自分は子育てに専念できるのだから、こんなことで困っていてはいけないとの思いから、誰にも相談をしていなかった。また、聡子の母親も久司の両親も遠方に住んでいるため、子育てを手伝ってもらえるような状況にない。

　聡子は一人で何もかも抱えるようになり次第に追い詰められていく。泣いている光をうるさいと思い、「この子が自分を困らせようとしている」とまで思うほどになっていた。夜も十分に寝られず、苛々して精神不安定な状況が続いていた。

　光が熱を出した際に診察を受けた小児科の医師（かかりつけ医）が、聡子の不安定な様子を心配し、市の子育て支援相談に行くように勧める。市の家庭児童相談室の吉田家庭相談員に相談すると、聡子の心療内科の受診を勧め

られる。相談内容のなかで「夜も十分に寝られず精神不安定だ」という話と「苛々して手をあげそうになる」という話、「誰にも相談できずに抱え込んでいる」という話があったためである。吉田家庭相談員が親身になって話を聞いてくれたこともあり、専業主婦でも子育てを一人で抱え込んでいたら辛くなるのだとわかり、聡子は安心した。

　その後、心療内科を受診した結果、精神疾患（抑うつ）であると診断されたため、投薬治療と通院することが必要になった。また、光についてはしばらくの間、乳児院へ入所させてはどうかと吉田家庭相談員から勧められる。

　帰宅時間の遅い久司とようやく話をすることができた聡子は、吉田家庭相談員とのやりとりや心療内科での診断結果を伝える。最初は驚いていた久司だが、聡子の不安定な状態は感じていたので、吉田家庭相談員のもとに親子3人で訪問し施設入所のことを聞くことにした。

■ 入所に至るまで

　久司は、聡子から話を聞いた時は、施設入所は必要がないと思っていた。聡子の不安定な状態も自分が話を聞くなどして、しばらく時間をおけば落ち着くものだと考えていた。しかし、吉田家庭相談員による、聡子の精神的な不安定さと、心療内科への通院治療と投薬が必要な状況についての丁寧な説明を聞くことで、久司が思っていた以上に、聡子の様子は深刻なものだということがわかった。また、話の当初は、聡子と子どもを顧みない自分勝手な男だと責められるのではないかと、久司自身も不安に思ったが、吉田家庭相談員は、それを責めることなく、自分が仕事の都合で十分に育児にかかわれていない状況についても理解を示してくれた。ほかにも、吉田家庭相談員は光の祖父母が日常的な育児の支援者になることも難しいこともよくわかってくれていた。そのうえで、親子が安心して生活できるにはどうするかを一緒に考えるためにも、乳児院を利用することを提案してくれた。その後乳児院についての丁寧な説明があり、聡子も吉田家庭相談員の言葉に頷きながら聞いている姿もみられたので、久司は光のためにも施設入所に同意することとした。

■ 入所時点での光のアセスメント

　担当の林保育士は、人見知りがないか心配をしながら光を抱き、おむつ交換をしながらボディチェックを行った。光はすぐに泣くことはなく抱かれていたが、しばらくして急に泣き出した。

　食事については、好き嫌いが多く、食べたくないものは吐き出してしまう。食物アレルギーの検査は陰性であった。

対人関係については、光にとって初めての集団生活なので、子ども同士や職員との関係を注意して観察する必要がある。母親との交流を定期的に行い、分離不安などがないか、外泊後の光の身体や言動に気になることがないかを記録する。

　以上のことから、光には大きな発達上の課題がないことがわかり、聡子の育児不安と心療内科への通院状況を確認のうえ、早期の家庭復帰を最優先で考え、児童養護施設への措置変更も視野に入れた支援を行っていく。

④　ケースの経過

■アドミッション・ケア

　子ども家庭センターによる光への支援方針には「安定した生活環境のなかで、情緒面での安定を図るとともに基本的生活習慣を身につける」と記されていた。

　聡子と光で入所前に施設見学を行い、半日の慣らし保育[*7]で聡子と一緒に乳児院の生活を体験した。聡子からは初めての集団で不安だという声もあったが、慣らし保育では他児ともよく遊び、保育士ともスキンシップを取り過ごしていた。そのため、安心して入所の同意を得ることができた。慣らし保育の時から林保育士が、施設での生活を説明し、担当者であることを母親に伝え関係構築と安心感につなげる工夫をした。

　食事では苦手な食材やメニューを聡子から聞き、味付けや量などの工夫で食べることができるよう栄養士とも話し合う時間をもった。光がなかなか食べてくれないことに苛立ちを感じていた聡子の気持ちを汲み取ることで、不安を取り除くことにもつながっていく。

■インケア

　光は、入所当初は人見知りが強く、よく泣いていたが、保育士に抱っこされたり絵本を保育士の膝のうえで読むと安心して過ごすようになり、夜泣きすることもあったが、次第に減ってきている。

　2か月ほどして、家庭的な小規模グループケアでの生活を通して、林保育士との愛着関係を図り落ち着いて生活している。

　聡子は毎日のように面会に来る。子どもの様子が気になり、自分が光にかかわることも必要だと思っている一方、林保育士や平田家庭支援専門相談員との会話をすることで安心しているようにもみえる。また、久司も休みの日

[*7] 慣らし保育を行うことの意味として、新しい人間関係、環境、場所に慣れることで、その後の生活が安全なものとなり、安心を実感できることへとつながる。それぞれの関係の質が子どもの育ちを促進させる。

には聡子と一緒に来る。最初は聡子と光のかかわりを見ているだけで、一緒にかかわることはなかった。しかし、林保育士による聡子と光への熱心で丁寧なかかわり方、平田家庭支援専門相談員のしっかりと話を聴いてくれる態度をみるうちに、次第に久司も打ち解けてくるようになった。特に平田家庭支援専門相談員は、職場や聡子に対してなかなか話すことができない、男性ゆえの仕事と家庭の両立の難しさや悩みを、同性として共感的に聴いてくれる。自分が子育ての邪魔をしてはよくないと思っている久司に、「お父さんの抱っこも嬉しいですよ」「お父さんができることをしましょう」と声をかけてくれることで、自分からかかわっていく姿もみられるようになる。

聡子が精神的にも安定しており、久司も帰宅が早いときは光の外泊も行うことにしている。外泊後は聡子と別れることが寂しくて必ず泣く。聡子の姿を見送るため、保育士がしばらく抱っこをしていると落ち着いて自分から遊びを見つけようとする。

毎回の外泊時には、聡子に簡単な記録をつけてきてもらい、家庭での様子を知る機会としている。その記録のなかで、1歳の誕生日を過ぎた頃から歩行ができるようになり嬉しかったこと、外泊中の光の様子として言葉の数が増えてきたことなどが記されていた。

毎回の記録は、平田家庭支援専門相談員から子ども家庭センターの日吉ケースワーカーに報告され、聡子へは林保育士が声をかけ支援している。聡子は、子育てについて自信を失っている様子もみられる。そのため平田家庭支援専門相談員は、聡子とともに子どもの成長を喜び、子どもとかかわる時の言葉のかけ方などを具体的にほめることを努めて行っている。

■■ 母親との面談

平田家庭支援専門相談員は、聡子の話をゆっくりと聞く時間を作り、今までの子育てで大変だったことやこれからの不安などを聞くことに徹する。一人で抱え込んでいたものをようやく人に話せるようになり、聡子からも笑顔がみられるようになった。

当初は、不安ばかりが語られていたが、ようやく親子3人で生活することを楽しみにする気持ちや、心療内科に通院している様子、久司がなるべく早く帰宅するようになり、家事を手伝ってくれるようになったことなどを話すようになった。聡子は、保育士や相談員とのかかわりや光を大切に扱うことができるようになってきたことで自分自身の子育てについて自信を取り戻し、子どもがかわいいと思えるようになってきた。何もかも一人で頑張れないこともわかり、久司にも素直にSOSを出せるようになった。久司も、聡子

が「抑うつ」と診断されたことをきっかけに、家族との向き合い方や自分の仕事の方法を考えるようになった。休日に乳児院にともに来ることを経て、久司自身の子どもへのかかわり方も目にみえて変わったという。2歳をめどに引き取りの希望も出ている。「今後は子ども家庭センターと相談をしながら進めていきましょう」と伝える。

このような面談の様子を記録したうえで、子ども家庭センターの日吉ケースワーカーにも報告した。それを踏まえ、子ども家庭センターの指導と乳児院での日々の記録をもとに、入所当時の自立支援計画を見直し、再作成し関係機関で情報共有することとなった。

演習課題

① 自立支援計画を作成するうえでポイントとなる子どもや母親の様子を5つあげてみよう。
② 演習課題①であげたポイントを参考にして自立支援計画を作成してみよう。

フリガナ 子ども氏名		性別	男女	生年月日	平成　年　月　日	
保護者氏名		続柄		生年月日	昭和　年　月　日	
主たる問題						
本人の意向						
保護者の意見						
市町村・保育所・学校・職場などの意見						
子ども家庭センターの意見						
【支援方針】						
第○回　支援計画の策定および評価				次期検討時期：平成　年　月		

ケース３　個別支援計画の作成２

子 ど も 本 人			
【長期目標】			
	支援上の課題	支援目標	支援内容・方法	評価（内容・期日）
【短期目標（優先的重点的課題）】				平成　年　月　日
				平成　年　月　日
				平成　年　月　日

家 庭 （ 養 育 者 ・ 家 族 ）			
【長期目標】			
	支援上の課題	支援目標	支援内容・方法	評価（内容・期日）
【短期目標（優先的重点的課題）】				平成　年　月　日
				平成　年　月　日
				平成　年　月　日

地 域 （ 保 育 所 ・ 学 校 等 ）			
【長期目標】			
	支援上の課題	支援目標	支援内容・方法	評価（内容・期日）
【短期目標】				平成　年　月　日
				平成　年　月　日

総 合			
【長期目標】			
	支援上の課題	支援目標	支援内容・方法	評価（内容・期日）
【短期目標】				平成　年　月　日
				平成　年　月　日

【特記事項】

③　自立支援計画をもとに、関係機関と情報共有し、家庭復帰に向けた調整が必要になる。ケースにあげた関係機関以外にも、どのような機関や資源が該当するか考えてみよう。

ケース4 日常生活支援1
障害児入所施設における生活支援のなかで不適切な行動の軽減を図った知的障害のある子どもの事例

▼ **学びのねらい** ▼

福祉型障害児入所施設[*1]では、入所施設児童の年齢幅が広く知的レベルも多様なうえ、発達障害[*2]の特性のある子どもが増えている。そのため障害特性に配慮した環境調整や、自己選択・自己決定できる環境作り、自己肯定感[*3]を高めるかかわりなどを常に念頭に置いて、それぞれのライフステージに応じた「その子らしい生活」を支援することが重要になってくる。

本事例では、養育困難を理由として入所し、こだわり、他害行為等がある重度の知的障害[*4]のある子どもが、生活リズムを整え情緒の安定を図り、不適切な行動の軽減を図り日常生活がスムーズに行えることを目的としたケースである。

保育士として的確に課題をとらえ、関係機関との連携、職員間の連携を中心に障害特性に配慮しながらの支援の取り組み、手段について学習してほしい。

① 利用者

利用者（本人）と家族のプロフィール

・高橋 健太（本児・長男）　性別：男児　年齢：12歳（小学6年生）

　成長とともに情緒不安定となり、興奮状態になることが多くみられるようになった。興奮状態が落ち着かないまま家庭だと寝ることが困難になる。また無断外出等が続き、親の注意も聞くことができず、事故などのリスクも高まるため家庭における養育が困難となり、小学4年生の時に障害児入所施設さくら学園へ入所する。

・高橋 博（父親）　年齢：55歳　職業：歯科医（開業医）

　健太のことは母親にすべて任せており、健太に対してもあまりかかわってこなかった。

・高橋 景子（母親）　年齢：46歳　職業：パート

　子どもの世話はすべて母親が行っている。子どものことを全く見ようとしない父に対する不満が強く、現在別居状態である。離婚をする予定はない。

・高橋 祐介（次男）　性別：男児　年齢：8歳（小学3年生）

＊1　福祉型障害児入所施設
心身に障害のある児童を入所させて、保護、日常生活の指導および自立に必要な知識や技能の付与を行う施設。福祉サービスを行う「福祉型」と、福祉サービスにあわせて治療を行う「医療型」がある。現在、施設在籍者数が減少し、施設数も成人施設などへ移行し減少している。児童の施設ではあるものの満18歳以上の加齢児が全国平均で約30％を占めている。なお、この事例のさくら学園は福祉型障害児（旧・知的障害児）入所施設である。

＊2　発達障害
脳機能の発達が関係する先天性の障害で、自閉症スペクトラム障害、学習障害（LD）、注意欠陥多動性障害（ADHD）などを指す。複数の障害が重なってあらわれることもある。障害の程度や年齢（発達段階）、生活環境などによっても症状は違ってくる。

＊3　自己肯定感
「自分は大切な存在だ」「自分はかけがえのない存在だ」と思える心の状態。幼少期の生活・教育環境に大きく左右される可能性が高く、教育上の重要な要素だと考えられている。自己肯定感が高いということは、心の許容が広く、意欲的に他者との人間関係を築くことができる

＊4　知的障害
①全般的な知的能力が平均より有意に低く、②かつそれにより実際の社会生活や日常場面において適応障害があり、③それが18歳までの発達期に生じるものをいう。

母親と一緒に自宅で生活している。

ジェノグラム

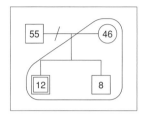

② 施設および支援者

施設の概要

社会福祉法人みどり会　さくら学園（福祉型障害児入所施設）
施設形態：Aユニット：小学生8名　Bユニット：中高生12名
定員：男子20名
現員：男子20名

　利用者状況は、障害の程度が軽度から重度と幅広く、知的障害および発達障害を有している子どもが半数近くいる。

　入所理由としては、養育困難、養育放棄、虐待、単身家庭などが多く、特に中高生で入所するケースは不登校や虞犯少年[*5]の傾向をともなう場合がある。

職員数：18名
配置職員：施設長、児童発達支援管理責任者、事務職員、医師（非常勤）、看護師、児童指導員、保育士、言語聴覚士、栄養士、調理員

　保育士、児童指導員が中心となって、1人の支援者が2〜3名の子どもを担当している。Aユニットに女性職員、Bユニットに男性職員を中心に配置しているが、シフト制であるため、職員間の情報交換と連携が不可欠である。

支援者

〈さくら学園〉

・福田　あかね（保育士）　性別：女性　年齢：28歳　資格：保育士　職歴：8年

　短期大学で保育学を学び、卒業後はみどり会に就職。最初は同法人の障害者支援施設へ配属され、3年間成人の利用者の支援に携わる。その後、本人

*5　虞犯少年
少年法で規定する罪は犯してないが、一定の不良行状があり、その性格または環境に照らして将来に罪を犯し、刑罰法令に触れる行為をするおそれがある20歳未満の少年をいう。

より異動希望の申し出があり、さくら学園に配属となる。現在は中堅職員として、後輩の相談にも乗りながら、利用者の支援を行っている。健太の担当者である。

・倉田 大輔（児童指導員[*6]）　性別：男性　年齢：30歳　資格：児童指導員　職歴：7年

　社会福祉系大学を卒業後、児童指導員として就職する。現在は主任児童指導員である。主に中高生男子を担当し、さくら学園の中心的存在である。後輩職員からの信頼は厚く、利用者の最善の利益を常に考えている。

・末松 勇樹（教師）　性別：男性　年齢：40歳　職歴：14年

　さくら学園から車で40分程のところにある特別支援学校で、健太の担任をしている。小学4年生の時から健太の担任をしており、健太のことをよく理解してくれている。特別支援教育にも熱心で、本学園とも連携がとれている。

・大石 ひとみ（医師）　性別：女性　年齢：51歳　職歴：25年

　健太の主治医。入所後受診した太陽病院の小児精神科医。月1回学園からの情報を参考に、投薬の調整をしている。

[*6] 児童指導員
大学や短期大学、専門学校で厚生労働大臣が指定した科目を修めて卒業したものなどに取得できる任用資格である。児童養護施設の現場では主として保育士と児童指導員が子どもの生活支援を行っている。

② ケースの概要

■ 入所の経緯

　健太は成長とともに情緒不安定で興奮状態になることが多くなった。また夜間の寝つきが悪く、夜中起きて落ち着かない、無断外出する等の行動が頻繁にみられ、マンションの住人にも迷惑がかかることが増えてきた。両親は他市へ引越し一戸建てを購入したが、状況は変わらず悪化する一方で、家庭での養育は困難である、と母親が子ども家庭センター[*7]に相談し、さくら学園に契約入所[*8]となる。

④ ケースの経過

■ アセスメント（事前評価）

　入所後、アセスメントを行う。入所施設は、交代勤務のため、一人ひとりの職員が日々の情報を「業務日誌」とPC内共有フォルダの「利用者関連・連絡事項表」を活用し、情報共有を行っている。健太の情報、様子も職員に書き込んでもらい、アセスメントを行う。1か月ほど情報収集、様子観察を

[*7] 子ども家庭センター
ケース3 p.122参照。

[*8] 契約入所
施設入所をする時に、契約入所と措置入所がある。契約入所とは基本的に親の希望で契約を交わし入所することである。措置入所とは、さまざまな理由から子ども家庭センター等が介入し、措置して入所することである（虐待など）。

図4-1　個別支援計画の作成

<アセスメント>	
評価	○療育手帳A判定。知的障害をともなう自閉症スペクトラム。
行動観察	○生活リズム：情緒不安定時は夜間眠れず昼夜逆転することがある。 ○日常生活習慣：ほぼ年齢相応。 ○コミュニケーション：言葉によるコミュニケーションは可能だが、主に二語文で伝えることができる。 ○行動特性：多動傾向。集中できることがない時は常にうろうろと立ち歩き、落ち着きがない。不安定時には近くの物にあたる行為や他傷行為がある。 ○こだわりが強く、特定の物、服、人にこだわりがある。 　一方で興味のないことには一切見向きもしない。 ○外出時には、突発的に走り出すことがある。 ○急な予定変更への適応が困難なため、不安定になることがある。 ○視覚優位かつ聴覚過敏である。
服薬	○抗精神病薬の服用（1日3回。朝食後・昼食後・就寝前） 　精神科へ月1回の定期受診をしている。
その他	○保護者からの情報収集。 ○他機関からの情報収集。
<プランニング>	
○生活リズムを整える ○情緒の安定 ○関係機関との連携 ○社会性やコミュニケーション能力の向上 ○家庭への支援	
<障害特性への配慮>	
○急な予定変更に適応できないため、あらかじめ予定変更がある場合の情報についても絵カードや予定表などで本人にわかりやすくしておく。 ○抽象的な言葉がけをなくし、具体的に本人にわかる声掛けをする。 ○視覚優位のため、絵カードや写真等、視覚的にわかりやすいものを提供する。 ○落ち着いて過ごすことのできる環境をつくる（余分な情報の遮断など）。	

行い、その情報をもとに個別支援計画（図4-1）を作成する。作成後、保護者への同意を得て支援を実施していく。

日常生活支援について

○生活リズムを整える

〈居室〉

　居室はAユニットの二人部屋で生活する。健太が周りに影響されず安定した状態で生活リズムを整えられる環境設定にし、1つ年下の自閉症の子ども（中田敦紀）と同室にした。互いの関心が少なく、こだわる点も違うため、

ほとんどかかわることがなく、トラブルに発展することはほぼなかった。しかし一度だけ、健太の気分が高揚している時に敦紀に対して強いこだわりをみせ、その際健太の力が強すぎて目の上を傷つけてしまうことがあった。その件以降の対応としては、健太の気分が高揚気味の場合はほかの子どもたちへの影響が少ない場所へ移動し、安定できるように配慮した。

〈更衣〉

　着脱は自力で可能である。衣服にこだわりがあり、季節に合った服装を選ぶことが難しい。基本的に長袖を好む。また、長袖のなかでも特定の服にこだわりがあり、同じ服ばかりを着ようとする。同じ服を洗濯もせず着続けることもあった。そこで、1週間分の服の組み合わせを健太と選んで写真に撮り、そのなかから毎晩職員と一緒に次の日の着る服を準備するように支援した。当初は特定の服にこだわる場面もみられたが、次第にこだわることが減りスムーズな更衣ができるようになってきた。

○情緒の安定

〈予定確認〉

　見通しを立てて行動することが苦手である。また急な予定変更に対応できず不安定になることもあった。その際に、近くにいる子どもや職員の髪を引っ張る、叩くなどの他害行為が見られることもあった。学校行事等、天候によっての急な変更が度々あり、その度に不安定になっていた。そこで、健太用の1か月間の予定表を福田保育士が作成し月末にプレイルーム*9に貼り出し、健太と一緒に毎日確認を行うことを日課とした。また、急な予定変更はわかった時点ですぐに予定表に書き込み、必要な時は絵カードや写真等を見てもらうようにした。また、天候など予定変更が予測される時は想定したうえで、予定表に「雨の時の予定」という項目を作り、健太の混乱が少なくなるよう工夫したことで、不安定になることが減少した。

〈余暇活動〉

　休日等の余暇活動としては、健太の好きな遊びを自己選択してもらう。

　健太はこだわりが強く、特定の物や人へこだわるとエスカレートして不安定につながる。健太も一人遊びを好んでいるため、一人遊びを主に提供している。自己選択した好きな遊びをしていると比較的安定しており、終わる時も自主的に行動することができる。

〈対人関係〉

　人とふれあうことが好きで、甘えから職員に対し抱きついたり膝に寝そべってくることがある。ただ、情緒が不安定で気分が高揚している時には、急に後ろから全体重をかけて飛び乗ってきたり、叩くなどの暴力的な行為が

*9　プレイルーム
子どもたちが集える場所。テレビを見たり、食事をしたり、宿題や勉強をしたり、家庭的な雰囲気で過ごせる空間である。

出る場合があり、コントロールがきかなく、暴れることが時折ある。そのため、職員との距離感を適度に保つために、特定の職員が長時間かかわることのないように工夫し、不安定時には男性職員が主にかかわることによって、一定の距離感を保ち、情緒をコントロールできるようになってきている。

■ 関係機関との連携

〈精神科への受診〉

　入所に至った経緯不安定な睡眠や、夜中起きると落ち着きを失い無断外出することが頻繁に起こったことであったが、入所後も不眠が続いたため、小児専門の精神科へ受診する（主治医は大石ひとみ医師）。大石医師に入所の経緯をすべて伝え、本人の現在の状態から抗精神病薬が処方される。1日3回、朝食後、昼食後、就寝前に服薬となる。服薬を開始してからは、夜間に眠れるようになったため夜中に起きて徘徊する行動は減少し、情緒的にも少しずつ落ち着いていった。しかし、急な不安定や気分の高揚、衣服への強いこだわり、見通しを立てることが苦手などの行動は変わらず目立っており、1か月ごとの受診にてアドバイスをもらっている。大石医師は精神科としての職歴は長く、今までさまざまな子どもを診察しており、健太の一つひとつの行動にいろいろと細かいアドバイスをくれた。急な不安定や気分高揚に関しては、ある程度は服薬で落ち着くものであるが、衣服へのこだわりや見通しを立てることが苦手であるということは、服薬以外に、健太に合った環境設定や支援の手段を工夫していくことが大切であり、また、聴覚よりも視覚優位であるのではないか、とのアドバイスも受けた。それらのアドバイスをもとに、福田保育士は他職員と相談を重ね、衣服へのこだわりに関しては、視覚的な支援を重視し写真を提示することにした。見通しを立てることに関しては、1か月の予定表をプレイルームに貼り出すことで視覚的に情報が入り、不安定になることが減った。このような対応と、毎月1回の受診時の際に1か月間の報告と、調薬を行っている。

〈学校との連携〉

　さくら学園の大半は子どもが特別支援学校に在籍しているが、数名の子どもは近隣の小学校の特別支援学級に通っている。

　健太の知的レベルからすると特別支援学校の対象であるため、入所してからは特別支援学校に通っている。

　担任の末松教諭は非常に熱心であり、施設とも連携がとれている。

　小学4年生の入所時当初の数か月は全く落ち着かず、頻繁に末松教諭の髪を引っ張る、噛み付くといった粗暴行為があり、不安定も続いた。家庭から

施設へと生活環境が一変し、学校の転校が健太にとってのストレスの要因となった、まずは、施設での生活に馴染むことを第一に考えた。そのなかで「学校へ行く」という予定を健太の生活リズムのなかに組み込んでいった。福田保育士が作成した予定表に「学校へ行く」という欄を作り、平日は毎日学校へ行くというリズムを確立させた。その繰り返しにより、学校に行くことが当たり前となり、教諭への粗暴行為も減り、落ち着いて過ごせるようになった。中学進学後も、同じ特別支援学校の中学部になるため、校舎も変わらずスムーズに導入できると考えているが、教室や担任教諭、クラスメイトは変わるため、事前に写真等で知らせておく必要がある。また一人ひとりの名前も伝えることによって、さらに不安定にならずスムーズな就学への導入できると考えている。

社会性やコミュニケーション能力の向上〜不適切な行動の軽減〜

　福田保育士は、健太が毎日どうしたら情緒を安定して落ち着いて過ごすことができるのかと考えていた。シフト制勤務のため、職員間の連携がうまくいかないことが原因で不安定につながることもあった。そのため学園では、毎月会議を実施し、その際1か月の健太の状況報告をその都度行うことにした。健太用の引き継ぎノートを作り、毎日その日の勤務者に細かい状況を記入してもらい、会議前にはノートに書かれている1か月間の健太の状況を一覧にまとめた。支援として必要なこと、不要になった支援、新たなこだわりと不安定要因など、健太の細かい状況を職員全員で分析し、適切な支援を考えていった。また、健太用の引き継ぎノートには「このように支援したらよかった」など、提案や支援から成功したことなども記入してもらうようにし、職員全員で共有できるようにした。そうすることにより、健太が不安定になっても、その場で判断し対応できるようになってきた。また不安定にならないよう事前に対応することもできるようになってきた。職員間での連携がスムーズであると、健太の精神面にも大きく影響があり、健太の安定にもつながっていった。

家庭への支援

　健太は毎月1回母親宅へ外泊している。両親が別居してからは、父親とは年に数回しか会っておらず、母親、弟と一緒に過ごすことのほうが多い。健太は父にこだわることはなく、自分から会いたいということもない。外泊は通常は2泊3日、夏休みや年末年始などの長期休み中は1週間ほど帰省している。外泊予定も毎月の予定表に書き込み、健太に理解できるようにしてい

る。健太にとっては家への外泊が何よりの楽しみになっている。

　母親は最近の帰省時の健太の行動に悩んでいた。甘えからなのか、母親に後ろから抱き着いて離れない、髪の毛を引っ張るなどの行動が多くなり、止めてもやめないという。福田保育士は、その話を受けて母親に、可能であれば帰省時は父親も一緒に過ごせる環境設定をしたほうがよいことを提案した。大人が母親しかいないことで、健太への対応のすべてが母親に集中しているため、健太のこだわりの原因を作りやすい状況になっていること、また、男性（父親）のかかわりがあったほうが、スムーズに物事が進みやすいことも伝えた。母親は、福田保育士からも父親に連絡し、学園からのお願いにしてほしいとの要望があったため、福田保育士からも父親に連絡し、父親の承諾も得ることができた。今後は父親とも連携を取り外泊予定を決めていくことで、母親も納得し安心した様子であった。

演習課題

①他傷行為への支援方法として、どのようなことがあげられるか考えてみよう。

②健太にとっての環境の変化（人・物も含む）は、一番の不安定要因となる。今後健太が成長するにあたり、予測される変化を考え対策を考えてみよう。

③入所施設は円滑に業務を遂行するため業務日誌を活用しているが、その必要性と情報共有の手段としてほかにはどのようなものがあるか考えてみよう。

ケース5 日常生活支援2

児童自立支援施設での小舎夫婦制による日常生活支援

▼ 学びのねらい ▼

児童自立支援施設[*1]で暮らす子どもがどのような支援を受けながら自立をめざしているのか。その過程には子ども自身が抱える課題や家庭、地域環境等が抱える問題性など、さまざまな困難がともなうことが多い。子どもの最善の利益のために、施設職員がどのように子どもに寄り添い、安心、安全な生活環境のもと、その成長、発達を支え、そして家庭を支援しているのか。また児童相談所をはじめ、学校や医療機関等の地域、関係機関がどのように連携・協働して子どもをサポートしているのか。ここでは小舎夫婦制[*2]における児童自立支援施設での支援と特徴、地域との機関連携について理解する。

[*1] 児童自立支援施設
児童福祉法第44条に規定される「不良行為をなし、又はなすおそれのある児童及び家庭環境その他の環境上の理由により生活指導等を要する児童を入所させ、又は保護者の下から通わせて、個々の児童の状況に応じて必要な指導を行い、その自立を支援し、あわせて退所した者について相談その他の援助を行うことを目的とした施設」である。

[*2] 小舎夫婦制
夫婦である職員が子どもと同じ寮舎に住み込み、生活をともにしながら支援を行う体制。児童自立支援施設における伝統的な運営形態。

① 利用者

■ 利用者（本人）と家族のプロフィール

・小林 直幸（本児・三男）　性別：男児　年齢：14歳（中学3年生）

児童相談所に虐待通告[*3]が入り、母親の養育困難もあったことから、1歳より乳児院に入所する。その後、児童養護施設へ措置変更される。小学校入学後、一度は家庭に引き取られるも、こだわりの強さや小学校内で徘徊が目立つようになり、また他児とのトラブル等も頻発したため、小学2年生（8歳）の時に児童心理治療施設に入所した。

・小林 美里（母親）　年齢：37歳

幼少より祖父から虐待を受けて育ち、中学2年生の時に家出、その後は売春を繰り返し、少年院に入院したことがある。17歳で男性Aと結婚し、良幸（長男）を出産するが4か月で離婚。その後、別の男性Bと知り合い、雅幸（次男）を妊娠するが間もなく別れ、その後に出産（認知なし）する。その後、別の男性C（実父）と知り合い、直幸を出産する。

直幸を出産後もいっこうに男性Cが仕事をしないため、母親は直幸を家に残したまま雅幸のみを連れて家出。3か月後に家へ戻ると今度は男性Cが行方不明になったため、生活苦、養育困難に陥り、雅幸と直幸をそれぞれ児童

[*3] 虐待通告
児童福祉法および児童虐待の防止等に関する法律により、児童虐待を受けたと思われる子どもを発見した者は、速やかに通告する義務を負っている。

養護施設、乳児院へと預けた。養父Dとの再婚後は、雅幸と直幸を家庭に引き取ったものの、美里の精神的不安定に加え、直幸の度重なるトラブルや落ち着きのない言動等に養育の限界を訴える。そのため直幸は、児童心理治療施設から児童自立支援施設へ措置変更となった。義父Dとの間に2人の女児（美香、美菜）をもうけたが、その後離婚をした。

・小林 良幸（長男）　性別：男児　年齢：20歳

異父兄。離婚後、男性Aに引き取られるも2か月後に乳児院へ入所となる。その後、児童養護施設、里親委託、児童心理治療施設を経て、児童自立支援施設に入所となる。施設で不適応をおこし、自立援助ホーム[*4]に入所した後、単身アパートを借りて、現在は飲食業に従事している。直幸ら家族との交流は一切ない。

・小林 雅幸（次男）　性別：男児　年齢：16歳

異父兄。児童養護施設入所後、家庭への引き取りとなる。小学校高学年以降は不登校気味、中学校卒業後の現在は不定期のアルバイトをしている。

・小林 美香（長女）　性別：女児　年齢：9歳（小学4年生）
・小林 美菜（次女）　性別：女児　年齢：6歳（小学1年生）

異父妹。ネグレクト状態で、保育所へ通うことができていなかった時期が2人ともにあったが、小学校入学後は何とか通学できている。母親は小学校への連絡が途絶え気味で、給食費の支払いも行っていないことが多く、子どもの宿題などもみていない様子である。

> [*4] 自立援助ホーム
> ケース8 p.177参照。

■ジェノグラム

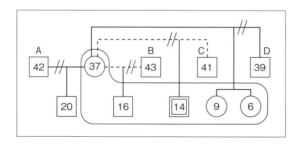

② 施設および支援者

■施設の概要

県立光清学園（児童自立支援施設）

施設形態：小舎夫婦制（男子寮4寮、女子寮2寮、多目的寮[*5]1寮）で、

> [*5] 多目的寮
> 一般寮とは異なり、児童のパニックやトラブルなど、突発的に生じたことがらにより、一時的に児童集団とは分けた支援を行うことで自傷他害のリスク回避や、個別の空間を設けることによる一定の冷却期間に当てる支援をするタイムアウトや個別対応、家族関係修復へ向けた宿泊体験等のショートステイ機能等、多機能な役割をもちあわせた寮。そのほかにも学校行事、研修生や実習生の宿泊研修、ボランティアの受け入れなどを担っている。

1寮舎あたりの児童定員は15名。夫婦である寮長、寮母に副寮長を加えた3名の職員で1寮舎を運営している。

定員：90名
現員：90名（男子60名・女子30名）
職員数：27名
配置職員：施設長、事務職員、児童自立支援専門員、嘱託医、個別対応職員、家庭支援専門相談員、心理療法担当職員、栄養士、調理員（民間委託）
そのほかの事業：施設内に米山中学校（本校）・倉安小学校分教室を併設している[*6]。

■■ 支援者

〈光清学園〉

・川辺 真（寮長・児童自立支援専門員[*7]）　性別：男性　年齢：34歳　資格：中学校教員免許　職歴：7年（児童自立支援施設通算職歴10年）

　大学で教育学を学び、卒業後は非常勤職員として児童自立支援施設の子どもたちとかかわり、その後、国立武蔵野学院附属児童自立支援専門員養成所[*8]の研究生となる。通勤交代制の児童自立支援施設に3年従事した後、寮母（川辺 美紀子）とともに小舎夫婦制での自立支援を求めて光清学園へと就職した。

　ふじ寮（男子寮）の寮長で、寮内では子どもたちの父親代わり。施設職員としても中堅であり、男子寮でも中心的な存在として自立支援に携わっている。

・川辺 美紀子（寮母・児童自立支援専門員）　性別：女性　年齢：35歳　資格：社会福祉士　職歴：7年（児童自立支援施設通算職歴12年）

　大学では法学を学び、卒業後は国立武蔵野学院附属児童自立支援専門員養成所の研究生となる。その後は通勤交代制の児童自立支援施設に就職するが、その後、真とともに小舎夫婦制での自立支援を志した。ふじ寮の寮母で、寮内では子どもたちの母親代わり。寮母職員としても中堅であり、また大学等からの実習受け入れ担当者として人材育成にも尽力する。

・福井 俊介（副寮長・児童自立支援専門員）　性別：男性　年齢：30歳　職歴：2年

　大学で児童福祉を学び、児童相談所にて3年間児童福祉司として従事。転勤で光清学園の勤務となる。ふじ寮の副寮長。寮では子どもたちのお兄さん代わりとしてさまざまな企画やアイデアで子どもたちの生活を彩り、また身近なところでのフォローを行ってくれる頼れる存在として子どもたちを支えている。

[*6] 1997（平成9）年の児童福祉法改正により、児童自立支援施設の入所児童の学科指導については、それまでの「準ずる教育」から「学校教育実施」が義務づけられた。

[*7] 児童自立支援専門員
児童自立支援施設に配置され、子どもの健やかな成長と自立支援、また関係機関との連絡調整などの役割を担う。

[*8] 国立武蔵野学院附属児童自立支援専門員養成所
児童自立支援専門員の養成を主とした職員養成所で、ほかにも児童指導員、児童福祉司、社会福祉主事の任用資格が取得できる。

〈児童相談所〉
・片山 政則（児童福祉司）　性別：男性　年齢：38歳　職歴：5年

　福祉事務所に勤務していたが、転勤で児童相談所の児童福祉司となる。独学で児童福祉の通信教育を受講し、日常の業務でも熱心な行動派である。直幸のみならず小林一家に対して総体的にかかわり、支援を行っている。

・青木 智久（児童心理司）　性別：男性　年齢：32歳　資格：臨床心理士　職歴：4年

＊9　箱庭療法
第4章 p.62 参照。

　大学、大学院で心理学を学び、箱庭療法＊9を専門とする。片山児童福祉司と同様、小林一家に対して真摯に向き合い、さまざまな声を受けとめてその支援につなげている。

③　ケースの概要

■ 直幸が入所に至った経緯

　直幸は、児童心理治療施設入所後、小学校高学年になるにつれて施設内で他児への威圧的言動や自己中心的な対応が頻発するようになり、施設職員にも要求を無理強いしたり粗暴な言動が次第に顕著になった。児童相談所での一時保護、再判定の結果、小学校卒業間際に児童自立支援施設へ措置変更となる。

■ 家族環境

　母親は男性4人との間に子どもを5人出産している。人間関係を築くことが苦手で、うつ傾向がある。男性関係でトラブルがあると、リストカットやアルコールに依存する。心療内科へ通院し、服薬治療を行っている。就労については、体調不良を理由に働けないと訴え、生活保護を受給している。家事、養育についても消極的で無気力である。母親と妹2人の面倒を兄の雅幸が代行することが頻繁にある。

④　ケースの経過

■ 直幸の性格・行動

　直幸は生まれてからの大半を施設で暮らしている。本人の性格もあり、家族からは拒否的なかかわりが多く、家庭との基本的信頼関係は希薄である。

自尊心は低く、自分の思考に固執し、要求が叶えられないと攻撃的、拒絶的になるパターンが身に付いている。

アセスメント（事前評価）

児童相談所からの引き継ぎでは、7歳時には自閉症スペクトラム障害（ASD）[*10]、その後も注意欠陥多動性障害（ADHD）[*11]の診断を受け、被虐待児（ネグレクト）である。知的には普通域だが、WISC-Ⅳ知能検査[*12]における各項目での能力間のバラつきがみられ、こだわりの強さ、自己コントロールの脆弱さが顕著である。したがって当面は入所前からの医療受診、服薬治療を継続しながら、家庭的雰囲気のあるなかでの受容的、安定的な生活支援のもとで、自己像の修復、適切な自己表現、対人関係の修正等のエンパワメント[*13]を図っていく。

一方で、こだわりゆえに几帳面なところも多くうかがわれることから、その点をストレングス[*14]ととらえ、生活面を始めさまざまな経験をするなかで、より肯定的な場面、成功体験を増やしていくこととする。

支援計画（プランニング）

短期的支援として、新たな施設生活に慣れることを優先課題としながらも、寮職員が他児との仲介を果たし、①日々の生活場面における見通しを前もって立てること、②毅然とした対応によって規範意識を構築すること、③ルールや役割等でできたことについてはしっかりとほめていくことによって、基本的な信頼関係の構築をめざしていくようにする。

家族関係については児童相談所との協働のもと、母親との面会や電話といった定期的なかかわりをもてるよう努力し、母親やきょうだいらとの交流などが図れるようにしていく。

中長期的支援としては、適切な自己表現、自らの言動についてふりかえりができるよう、周囲の大人が具体的な場面を示しながら伝えていくこととする。さらに、支援を客観的にとらえるために児童相談所と連携を密にしながら、直幸の成長を確認する。家族関係については、外出、外泊（帰宅訓練）を計画的に行い、出身地域の小、中学校や医療機関とも連携するなかで、母親の精神面の課題や家庭支援を踏まえて、家族再統合の可否、直幸の自立に向けての方向性について検討していくこととなる。

入所前には片山児童福祉司が光清学園へケースの説明と、施設変更にともない直幸が入所する施設の見学を行う。また入所後の支援計画については、学期ごとに年3回、直幸と寮職員が話し合いの場を設定し、計画の見直しと

*10 自閉症スペクトラム障害（ASD）
ケース1 p.107参照。

*11 注意欠陥多動性障害（ADHD）
不注意、多動・多弁、衝動的な行動などを特徴とする発達障害。

*12 WISC-Ⅳ知能検査
子ども向け知能検査の一つ。

*13 エンパワメント
個人や家族が内発的な力をもち、自らの生活を自分でコントロールし自己決定、または自立する力をもてるように強化、支援していくこと。

*14 ストレングス
個人や家族がもつ本来の力や環境、社会資源のもつ有効性など、それぞれの強みに焦点を当て、成長や変化を促すよう支援していくこと。

更新を行う。それを児童相談所に送付することで、目標の共通化を図った。

■インケア

〈生活指導*15〉

　寮生活では川辺寮長、川辺寮母、福井副寮長がそれぞれ家族的役割を担い、寄り添う支援を意識的に行う。起床、朝の食事作り（寮炊事）、に始まり、学習、運動、作業や夜の団らん、就寝に至るまでの日課に沿った活動を職員と共有しながらの生活であった。直幸は入所後2、3日で寮生活に馴染み始めたかにみえた。

　しかし、入所に際しては、児童相談所から直幸への動機づけもあって、いったんは光清学園への入所に納得したが、いざ入所してみると「何で光清学園じゃないとダメなのか」と何度も繰り返し寮職員に話すなど、葛藤する様子もうかがえた。

　また直幸は他児のすることに一つひとつ文句をつけることも目立ってきた。直幸の自分本位な言動から他児とのトラブルに発展することが多かったが、直幸自身がそのことについて理解できていないことが特に多かった。

　川辺寮長や川辺寮母からは、「まずはここ（光清学園）での生活をきちんと落ち着いて過ごせることが直幸の当面の課題である」ことや「一通りの日課、生活を普通にできるようになってから、次のステップに進む」こと、「次のステップについては改めて、その前の課題がクリアできたときに、一緒に考えていく」ことなどを根気強く、直幸に繰り返し話をした。また福井副寮長は、直幸の言い分を受容しながら、その思いを受け止め、「今後については、今できることを精一杯やりながら進めていこう」と激励しながら、川辺寮長、川辺寮母よりも比較的近い距離感でかかわりながらの支援を行った。

　2、3か月後には、児童自立支援施設における「枠のある生活*16」のなかで、身の回りの整理整頓、掃除、洗濯、食事作りや食器洗いの当番活動等、本人が納得し理解できることや興味のあるものについては、こと細かくきちんと行おうと努力する姿が度々みられるようになった。しかし、自分以外のことには無関心で、他児への配慮はほとんどないものの些細なことに反応し攻撃的になるため、他児との口論やケンカに発展することもたびたび起こった。

　入所後半年が過ぎた頃でも、周囲や他児への執着、こだわり等の課題が顕著であった。直幸が比較的、物が言いやすい福井副寮長から「どうしてそのような言動になるのか」「このように対応を変えてみてはどうか」との言葉かけや、注意に対しては、「どうしてですか？」「あいつが○○だから、あいつが悪いでしょう」など、すぐに反論や言い訳、責任転嫁することが多かっ

*15　生活指導
児童自立支援施設における指導の3本柱の一つ。家庭的雰囲気のなかで規則正しい生活を営むことによって、基本的な生活習慣の習得や健康な身体作り、望ましい人間関係の構築、責任感の醸成などを養っている。またさまざまな行事や運動・文化活動、食育活動などの体験、経験を通じて、自己肯定感や自信の向上、信頼関係の構築、人間性、社会性の獲得等、自立へ必要となる力を身に付けている。

*16　枠のある生活
児童自立支援施設における支援基盤の一つであり、入所中の子どもの権利を擁護するためにも集団生活の安定性を確保したうえでの支援が重要となってくる。そのため、日課や生活上のルール、外出や通信、所持品等の行動上の制限を一定程度設けている。

た。川辺寮長は、「他児とのかかわりはもっと相手の身になって考えないと、結局は最後には自分の身にその言動による結果が返ってくる」といった話を個別面接のなかで行うこともあった。

一方で、直幸はその日の出来事などを「今日は○○で△△なことが起こったんですよ」「××ができて、すごいでしょ」と、寮職員に気さくに話し、また自分のことをアピールするようにもなっていた。また休日には「海に釣りに行きましょう」「運動場で遊びましょう」といった提案を行うなど、寮職員と情緒面での交流、親和性が図れるようになってきた。

川辺寮長からも直幸のできること、得意なこと、よいところが増えてきたことについて「本当によく気がついてくれる」「ありがたい」とほめ、また川辺寮母、福井副寮長も「すごいね」「よかったよ」といった何気ない日常会話のなかで直幸を承認、支持する言葉が自然に交わされるようになった。

しかし、入所して1年が過ぎた頃からは、相手の立場をみながら弱い者へ言い寄るなどの行為が目立ち、さらに1年半を過ぎた頃には、寮職員の対応、特に日常生活のなかでも洗濯、掃除、部屋の整理整頓などの細やかな部分でかかわることの多い川辺寮母に反発心をみせるようになり、注意や助言に対して「（ちゃんと）できているでしょう」「何でほかの人には言わずに、自分ばかり注意するのか」という不満、文句を言うことが顕著になっていった。

川辺寮長からは「自分がなぜ注意されるのか、その理由をよく考えるように」「自分だけの言い分に偏っていないか」といったふりかえりが行われ、一応その場は納得したようにふるまうものの、「だって、寮母先生も不公平で、一方的でしょ」という反論も一部みられた。そこで、別の日常生活場面において福井副寮長からも、「職員の対応が本当に不公平で、一方的であるのであれば、それは寮職員でも光清学園全体としても改善していく。しかし、今の直幸自身の生活に本当に全く問題はないのか。問題があるのならば、そのことをほかの問題にすり替えたり、他人のせいにしたりするのではなく、それは直幸自身が家に帰ってからの生活の力をつけておく意味でも、今は辛いかもしれないけれど、直幸の自分自身の課題としてきちんと受け止めて、改善していってほしい」ということを、折に触れて話していくようにした。

直幸は注意されると反抗的な言動やかかわりを拒絶したりすることも目立ってきた反面、自分にかまってくれないことにも強い苛立ちや不満を示すなど、愛着面での不安定さが目立つようになった。

〈学習指導*17〉

直幸は学習に対する意欲に乏しく学習進度にも遅れがあった。学習する習慣自体が身に付いていなかったことから、入所当初は1時間の授業をしっか

*17 学習指導
施設内に併設された倉安小学校分教室、米山中学校（本校）にて実施している。指導の3本柱の一つであり、施設職員もチームティーチング方式（複数の教職員が役割を分担し、協力し合いながら指導するもの）で授業の補助に加わっている。基礎学力の向上から高校などの進学に至るまで、習熟度に応じた授業を行い、将来へ向けた進路保障、学習保障を行っている。

りと受けることの定着を目標とした。入所後1、2か月はなかなか集中して取り組めず、苦手な科目ではやる気のない態度が目立ったことから、しばらくは取り組み方そのものへの修正や助言が必要となった。その成果もあって、しばらくすると入所前のような授業での立ち歩きやボイコットはなくなった。入所後半年を過ぎると、1時間を通して安定して授業の課題に取り組めるようになり、落ち着いてノートへの書き写しを行えるようになった。提出課題も努力して取り組み、成績も少しずつ伸びていった。しかし、入所後1年半を過ぎた頃に、意欲と緊張感を維持できなくなり、勉強への取り組みは不安定になるが、寮生活面が安定すると、徐々に持ち直した。

〈作業指導*18〉

　入所当初は動くという意識が低く、働くことの意味や目的など到底理解することは難しいところからのスタートであった。そのため、まずは集団行動として、与えられた作業を一つひとつ取り組むことから支援を開始した。最初はすぐに休もうとすることが多かったが、作業に参加している時は指示されることは理解し、徐々に実践できるようになっていった。入所して1年を過ぎる頃には、自ら指導員（寮職員）に次の指示を尋ねることができるようになり、率先して作業全体をみながら自分の取るべき行動を判断できるまでに成長した。

　しかし、本人の愛着などの課題が顕著になるにしたがって、場面や人を選んで要領よく振る舞うようになる。また自らの力量を持て余し気味となり、勝手な判断で行動したり、不満を表明したりすることで、その取り組みにもムラがみられるようになってきた。

〈医療支援*19〉

　光清学園の地理的な制約から、入所前に発達障害で受診していた病院から光清学園近隣の病院へ転院することになる。服薬は継続していたが、入所後1年半を経過した頃より、服薬に対して抵抗を示すようになる。服用しているふりをして、実際には飲んでいないことも多々あった。そのため、服用の確認などを行い、生活支援を基本とした心理面の安定、強化を図るという補完的なケアを同時進行することで、不適応感、失敗体験等による二次障害を防止することに努めた。これにより、若干の身体面のアレルギー反応や、多少の薬の変更や減薬があったが、光清学園を退所するまでは医療受診と服薬を欠かすことなく継続できた。

　直幸は医療支援での効果を実感できていないことから、受診や服薬が障害者というレッテルを貼られるかもしれないという抵抗感が大きいようであった。

*18　作業指導
指導の3本柱の一つ。農作物の栽培や生活環境の美化、設備の修繕等、働く体験を通して、将来、健全な社会生活や職業生活を営むのに必要な態度や行動、勤労の習慣や精神、職業上の一般知識などを身に付けている。中学校卒業後には実際の職場などで就労体験を行うことにより、就職へ向けた心構えや技能なども習得している。

*19　医療支援
健やかな育ちや健康のため、また不安や気分の高ぶりなどで気持ちが落ち着かない場合等に欠かせない支援となっている。嘱託の医師や児童相談所の児童心理司、精神科や心療内科の医師とも連携しながら、通院、服薬治療を行い、また助言などをしてもらうことで、普段の生活がより安心して穏やかに過ごせる一助として重要な支援となっている。

母親とのかかわり

入所以来、母親との交流は一切できなかったが、施設が発行している家庭通信に直幸が手書きのコメントを加え、隔月に郵送することを続けた。当初、母親からの返信は全くなかったが、半年後に初めて返信が来た。

入所後1年が過ぎる頃になると、直幸は「母親に手紙を書き続けても意味ないし」「早く家に帰りたい」「いつになったら母親は健康状態がよくなるの」といった、退所に向けてのあせりを感じさせる発言が目立つようになった。

このことに対して、川辺寮長からは「母親の健康状態がいつよくなるのかはわからないことだが、もし母親の状態がよくなった時には、直幸がいつでも家へ帰って自分の身の回りの生活ができるように力をつけておいてほしい」こと、また「児童相談所の片山児童福祉司、青木児童心理司との定期面接等をしっかりと活用することで、今後について準備していくことを考えていこう」との話を直幸に個別面接のなかで行った。直幸も今後についての道筋が少しみえたことで、安心した様子であったが、大人への不信感が拭えない様子が少なからずうかがえた。

母親との手紙のやりとりは再び音信不通となるが、1年を過ぎてから2度ほど突然、家庭引き取りの意向を電話で入れてきている。この頃、母親の精神面はとても不安定であり、リストカットを繰り返している状態であった。

家庭内では次男の雅幸が母親や妹の世話をしている状況で、その雅幸もアルバイトを不定期に行っているだけであり、精神科へ通院している。

入所後1年9か月を経過した頃になって、母親に復調の兆しがみえてきた。川辺寮長と片山児童福祉司で家庭訪問を実施した結果、年末から正月の間に1泊2日の帰宅訓練を2回実施できることとなる。一時帰宅については直幸はもともと期待をしていなかっただけに、うれしさもひとしおである一方、大きな戸惑いも感じている様子がうかがえた。母親は比較的安定した状態が続いており、直幸の家庭復帰に向けては直幸の意向を尊重する意思を示している。それから2か月に一度、1泊2日で週末を利用した帰宅訓練を実施、直幸の家庭における適応具合を確認する機会としている。

⑤ リービングケア

■家庭復帰（復学）に向けた支援

　家庭復帰へ向けての具体的な目標を直幸とともに定め、自立支援計画を策定することとなる。そこには、①他児の言動に対して干渉しすぎたり気にしすぎたりしない、②正しい言葉遣いを覚える、③基礎学力を身に付ける、④授業中には一生懸命課題に取り組む、⑤作業や寮生活のなかでリーダーシップをとって自らの役割を果たす、⑥帰宅訓練において、家庭復帰について家族とよく話し合う、といった目標設定がなされた。そして目標をさらに細かく嚙み砕き、川辺寮長、福井副寮長との面接で具体的に明示し、直幸と寮の職員とで共通の目標（直幸の自己実現こそ、職員もめざすべき方向である）として取り組むことになった。

　リービングケア期には、直幸は「早く施設を出て家で暮らしたい」という思いが日に日に募ってきている様子がうかがわれた。帰宅訓練に際して川辺寮長からは、「帰宅訓練をすることで家庭生活をしっかり知ること。また家族の実情を理解し、今後退所に向けて必要な準備は何か、しっかり持ち帰って来るように」といった話をした。直幸はこのことについては理解ができているようであった。

　帰宅訓練を実施できたことで、「家はよかった」という実感とともに、「家では母親や兄妹のことまでもやらなければならず、大変だと思うところがあった」との思いも抱いていた。加えて、帰宅訓練を繰り返すなかで、「（施設を）出てから大丈夫かなぁ」「勉強、ついていけるかな……」「（地域における）周囲の人間とうまくやれるかなぁ」といった不安も口にするようになり、また母親に対しても「自分に対する思いが今ひとつよくわからない。母親が家庭復帰をダメと言うのであれば、中学卒業まで光清学園で頑張ろうかな」と、従来の直幸の思いとは正反対のことまで述べることがあり、直幸の非常に複雑な葛藤、失敗したくない、母親には見捨てられたくはない、といったアンビバレントな気持ちが見受けられた。

　母親は帰宅訓練実施の当初は、「直幸が家ではあまり寝られていないようだから……」「（直幸が）遠慮していたんじゃないだろうか」といった心配を川辺寮長には話していたが、川辺寮長からその都度、「大丈夫ですよ。とても喜んでいましたよ」等の直幸の様子を伝えると安心した様子であった。帰宅訓練を繰り返すなかで、母親は家庭引き取りについて、直幸に対する不安も徐々に拭え、気持ちが固まっていったようである。

一方、寮生活では川辺寮母への反抗が少なからず続いており、「何でこんなことをやらなければいけないのか」「いちいちうるさい」「かかわるな」「他児に甘い」など、川辺寮母の行うことに「でも……、でも……」と反発することも多かった。このような関係性については、直幸自身は苦しんでいるという自覚はあまりないようであった。そのような直幸に対して、川辺寮母からは「直幸の自立に必要なことや、間違ったことがあれば今後も注意をする。ここで生活している以上は、親代わりとしても一人の大人としても、それは大切な責任だと思っている」ということを粘り強く直幸には伝えていた。川辺寮長、福井副寮長からも折をみて、直幸には「この先（将来の自分がどうなっていたいか）を見据えた言動が必要であり、光清学園にいる間に、人との付き合い方、距離感をしっかり学んで、上手な人間関係を学んでいくことが、結局は自分自身の自立にも今後深く関係してくること」を、その機会をとらえながら入れ代わりで指導し、フォローを続けた。

■ 本人との面接

必要に応じて川辺寮長を中心とした職員と直幸の面接を継続させ、自立支援計画の進捗状況を確認することとなる。その際には、家庭復帰の意向確認、生活のふりかえり、課題の達成状況と提起、認識変容、行動変容などについて意識して働きかける。

また片山児童福祉司による定期面接や青木児童心理司による心理面接においても、直幸の意向、復学への心構えや不安の除去、家庭復帰へ向けた準備に関する確認や助言がなされた。直幸は家庭復帰に意欲と希望を抱き、生活面の改善や意欲の向上がみられるようになった。

しかし、目標の未達成や諸事情により家庭復帰の時期が先送りになることもあり、その時は直幸が精神的に不安定になる場面もみられた。モチベーションを維持するのに苦労することも多くなった。

直幸は米山中学校の教諭にも復学後の学習や友人関係などについての不安や悩み、葛藤について相談、助言をしてもらった。

■ 退所へ向けての調整、地域からの理解、連携の確保について

ネットワーク会議[20]の開催を片山児童福祉司が中心となり調整している。そこには児童相談所、光清学園、米山中学校、出身地域の中学校、医療機関、福祉事務所が参加し、今後の情報共有化の方法や協働していくための役割機能分担を確認し、連携強化を図る。

直面する課題として、直幸は普通学級を希望しているため、最善の利益を

*20 ネットワーク会議
子どもに適切な支援を行うために、関係機関が一堂に会して検討する会議。子どものプログラムや支援方法、役割分担など、さまざまな立場から意見や情報を出し合い、支援の方向性を決めていくもの。ケースカンファレンスともいう。

考慮してその是非についても協議する。あわせて直幸の今後の不安や課題について提示し確認をしている。その結果、①自宅より出身地域の中学校へ通学する、②普通学級に所属し経過をみる、③本人の自立支援ならびに家族支援を関係機関が根気よく継続していく、ということでまとまる。

家庭復帰の時期については、年度変わりの4月を光清学園からは提案したが、直幸が通学予定となる学年の生徒に授業放棄、校内徘徊、また喫煙や家出等の課題を抱えた生徒が多く在籍していた。そのため、中学校が比較的安定し、受け入れ態勢がある程度整うまでの期間が必要になり、結局は6月中旬まで引き延ばされることになった。

また直幸の医療受診については、今後も生活の安定の一助とするため、通院、服薬は継続することとなる。母親の精神面についても医療受診を継続し、各々の状況確認ができるように各関係機関が情報収集、訪問、相談支援などを行っていくこととなる。

■退所に向けての準備

ネットワーク会議で協議された内容について、関係機関の支援体制も具体化され整えられた。直幸が退所し、地域生活を営むにあたっての必要物品、学校や家庭などの受け入れ態勢等の物理的（ハード面）準備や、家庭復帰後に向けた直幸や家族の心構えや意識、目標、また地域の協力態勢などの心理的（ソフト面）な準備についても片山児童福祉司と川辺寮長が協働して、帰宅訓練への意識づけを具体化した。さらに出身地域の中学校への挨拶や制服等の購入、所属クラスや登校へ向けた具体的な段取りや日程などについて確認を行った。

⑥ アフターケア

■地域生活定着、自立のための支援

直幸が医療通院する際に光清学園へも来所することとした。退所後3か月間はその都度、川辺寮長と面接を行い、家庭状況や通学状況について確認し、サポートを継続している。その後も片山児童福祉司が定期的に出身地域の中学校へ訪問し、また、妹の状況確認も小学校で行うなど、家族支援にかかわっている。

常に良好かつ円満という訳ではないが、電話連絡や家庭訪問、学校や福祉事務所の現状など、その都度必要に応じた情報収集を片山児童福祉司と川辺

寮長が連携して行っている。

　直幸は学習状況の遅れや授業に消極的な面はあるが、学校生活は継続できている。周囲との人間関係や家族関係についても、些細な衝突はあるものの、大きなトラブルはなく過ごしている。今後も不安定な家庭の支援に加え、中学卒業後の進路に向けて継続した支援が必要である。

演習課題

① 「小舎夫婦制」での支援が直幸にもたらしたメリットは何か考えてみよう。
② 入所後１年を過ぎる頃より、直幸の状態が不安定となっていることについて、どのような理由、背景があるか考えてみよう。
③ 発達障害における医療支援について、児童自立支援施設の「枠のある生活」がその治療により効果的であると関係者に指摘されることが多いのだが、その理由を考えてみよう。

【参考文献】
神戸賢次・喜多一憲編『演習・児童の社会的養護内容』みらい　2011年
全国児童自立支援施設協議会編『新丁版　児童自立支援施設（旧教護院）運営ハンドブック』三学出版　1999年
全国児童自立支援施設協議会『児童福祉施設における非行等児童への支援に関する調査報告書』　2010年
全国児童自立支援施設協議会『児童自立支援施設の支援の基本（試作版）』　2011年
厚生労働省「『児童自立支援施設のあり方に関する研究会』報告書」　2006年
厚生労働省雇用均等・児童家庭局長通知「児童自立支援施設運営指針」（平成24年3月29日）

ケース6 治療的支援1
情緒が不安定な子どもへの児童心理治療施設での治療的支援の事例

▼ 学びのねらい ▼

社会的養護で暮らす子どものなかには、親子分離体験や被虐待体験などを有し、「愛着関係の不安定さ」「トラウマ[*1]」などの影響によって精神的に不安定な子どもも少なくない。また自尊心の低さや対人関係上の不器用さなどがみられることも指摘されており、相応の生きづらさを抱えている。

このような子どもたちが安心感をもち、他者との信頼関係をもとに、社会で自立していけるように、児童心理治療施設[*2]では、心理治療や生活支援、学校教育などを合わせた「総合環境療法[*3]」による治療的支援を行っている。

本事例は、精神的な不安定さを抱える子どもへの支援の過程である。支援過程では、保育士は子どもの理解や支援方法上の迷いをもち、大きな負担を抱えることも少なくない。保育士同士での共通理解をもつことや他職種との協働に基づいた治療的支援のあり方について理解をする。

---

*1 トラウマ
地震や戦争、災害、事故、性的被害、虐待など、その人の生命や心身の保全が著しく脅かされるような危機に直面したり、目撃したりすることで、強い恐怖や無力感、絶望などが生じる外傷的な体験。

*2 児童心理治療施設
児童福祉法によると、「児童心理治療施設は、家庭環境、学校における交友関係その他の環境上の理由により社会生活への適応が困難となった児童を、短期間、入所させ、又は保護者の下から通わせて、社会生活に適応するために必要な心理に関する治療及び生活指導を主として行い、あわせて退所した者について相談その他の援助を行うことを目的とする施設」(第43条の2)を指す。2016(平成28)年の児童福祉法改正により「情緒障害児短期治療施設」から名称変更され、現在の名称となっている。

*3 総合環境療法
児童心理治療施設では、施設全体が「治療の場」であり、すべての活動が「治療」であるととらえ、環境全体で子どもの発達・成長に働きかける治療的支援を行っている。「生活支援」「心理的支援」「教育的支援」を中心に、「家庭支援」「地域支援」を加えて、総合的な支援を行う。

① 利用者

利用者（本人）と家族のプロフィール

・斎藤 葵（本児）　性別：女児　年齢：14歳（中学3年生）
　中学1年生の9月に三葉学園に入所する。両親からしつけと称した身体的虐待、心理的虐待を受ける。

・斎藤 和美（母親）　年齢：43歳　職業：無職（生活保護受給）
　26歳の時に夫となる信治と知り合い結婚するが、経済状態が悪く、信治が借金を重ねたため離婚。精神的に不安定で、現在は精神科からうつ病の診断を受けている。

・黒田 信治（父親）　年齢：45歳　職業：自営業（水道工事）
　感情的になりやすい性格であり、しつけと称して、葵に年齢不相応な行儀や家事手伝いを求め、従わないと罵倒したり、暴力を振るったりした。借金を重ねたことが原因で、和美とは離婚。娘である葵に対する思い入れは少なく、離婚後は連絡がない状態。

■ ジェノグラム

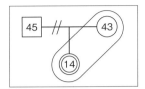

② 施設および支援者

■ 施設の概要

社会福祉法人ひかり　三葉学園（児童心理治療施設）
施設形態：男子棟18名（小学生棟、中学・高校生棟の2ユニット）、女子棟17名（小学生棟、中学・高校生棟の2ユニット）
定員：入所35名、通所15名
現員：入所32名（男子16名・女子16名）
職員数：常勤職員34名、非常勤職員2名
配置職員：施設長、事務職員、医師、心理療法担当職員、児童指導員、保育士、看護師、個別対応職員、家庭支援専門相談員、栄養士、調理員

■ 支援者

〈三葉学園〉

・鈴木　春香（保育士）　性別：女性　年齢：25歳　資格：保育士　職歴：3年
　社会福祉系大学を卒業後、三葉学園に就職。現在、葵を担当している。
・佐藤　明子（児童指導員）　性別：女性　年齢：32歳　資格：社会福祉士　職歴：10年
　社会福祉系大学を卒業後、児童指導員として三葉学園に就職。現在、葵が所属している生活棟の棟主任。
・宮崎　剛志（心理療法担当職員[*4]）　性別：男性　年齢：34歳　資格：臨床心理士　職歴：7年
　心理系大学院を卒業後、精神科病院勤務を経て、三葉学園に就職。現在、葵の担当セラピスト。
・田中　祐子（心理療法担当職員）　性別：女性　年齢：37歳　資格：臨床心理士　職歴：13年

[*4] 心理療法担当職員
第4章 p.62 参照。

心理系大学院を卒業後、三葉学園に就職。現在、葵の母親の担当セラピスト。
〈児童相談所〉
・西野　睦美（ケースワーカー）　性別：女性　年齢：34歳　資格：社会福祉士　職歴：12年
　社会福祉系大学を卒業後、市の福祉専門職として採用される。現在、葵の担当ケースワーカーを務めている。

③　ケースの概要

■利用者が入所に至った経緯

　小学生時代、葵は衣服が汚れたままだったり、顔・身体にあざをつくって登校することがあった。そのため、小学２年生の時に学校側が児童相談所への通告を行っている。児童相談所の調査によると、父親がしつけの一環として、年齢不相応な行儀や家の手伝い等を求め、できないと怒鳴ったり、叩いたりするということであった。当時は父親が反省し、児童相談所からの指導にも素直に応じたため、在宅指導となっている。以後、地域での見守り家庭として、要保護児童対策地域協議会[*5]でのケースにもあげられるようになっていた。

＊５　要保護児童対策地域協議会
ケース１p.108参照。

　その後、父親が多額の借金を作ったために、両親が離婚。母子での生活となるが、母親は精神的に不安定であり、うつ病の診断を受けている。また、アルコールを大量に飲み、葵に暴言をぶつけることもあった。
　葵が中学に入学し、友人関係の影響で帰宅が遅くなると、母親とのケンカが頻回に起こるようになった。母親は酩酊状態で「娘がこうなったのは学校の責任だ」と苦情の電話を学校にかけてくることもあった。
　ある日、苦情電話の様子がおかしく、物が壊れる音や、葵が泣き叫ぶ声が聞こえたため、学校側は警察に通報。担任も家庭訪問を行ったところ、母親は酩酊状態でわめきちらし、葵が玄関でうずくまって泣いている状態であった。警察の介入を通し、児童相談所に通告。即日、一時保護となった。

■家庭生活

　葵は、小学生時代は父親よりしつけと称した身体的虐待を受けており、離婚後は、母親が酔って暴言をぶつけるなど、心理的虐待を受けるようになった。家事についても、葵が中心的な役割を担っており、大きな負担となっている。中学生になってからは、帰宅時間をめぐって母親とのケンカが頻回に

起こるようになっており関係不良である。葵はケンカの後はひどく抑うつ的になり、部屋に閉じこもってリストカットをしてしまうことが多い。リストカットをしない時は友人と長電話するため、ひと月の携帯電話の料金が非常に高額になることがあったという。

学校生活

葵は中学入学後、テニス部への入部を希望していたものの、家の手伝いが忙しいという理由から入部を断念している。登校はできているものの、母親が家の用事を理由に、テスト期間中であっても学校を休ませることがみられた。成績不良であり、家庭での学習環境も整っていない。

クラスでの友人はおらず、幼なじみの上級生が唯一の友人である。教員に対しては、親和的で自分の話を聴いてもらいたがることも多かった。ただし、十分に対応できない時は、「先生はどうせわかってくれない。大人は信じられない」と態度を豹変させ、攻撃的になることもあったという。

一時保護所での様子

一時保護所では、学校教員に対する言動と同様に、職員に対しても自分をみてもらえないと攻撃的になることがある。他児が自分の好きな職員と話をしていると、年下の子どもに対しても嫉妬する。定規を使って、自分の身体を傷つけようとするなど、注意を引こうとするかのような行動がみられた。

一時保護中に心理診断、医学診断、社会診断等が行われ、判定会議の結果、児童心理治療施設への措置が適当であるとの判断により、三葉学園へ入所となる。

④ ケースの経過

児童相談所との協議（アドミッションケア）

葵の入所に際して、事前に施設側と児童相談所との協議の機会がもたれた。

葵の主な特徴としては、人を求める気持ちは強いが、些細なことで拒否されたと感じ、攻撃に転じるため安定的な人間関係を築きにくい。自尊心は低く、学業などには消極的である。家事をさせられていたため、料理などは得意で、生活力はあるのが長所である。母親との面会や入所に関しては同意しているが、友人ができるか不安に感じているとのことであった。

母親については、基本的には子どもに対しての思いはある。しかし、母親

自身も孤立無援の状態であり、その不安の低減のためにアルコール依存症になっている。継続的な加療が必要な状態であるが、通院はできていない。葵の入所、定期的な面会、施設職員との面接については同意しているとのことであった。

入所に向けた動機づけ

葵の入所にあたって、母親に施設の概要や担当者の紹介、支援内容について説明を行った。特に葵に対しては、施設生活に向けての導入を行った。入所については、「母親には加療が必要で、葵が家庭で安心して生活ができるようになるために入所が必要であること」「葵自身も気持ちを安定させて、母親との関係や自分の将来のことを考えられるようになるためであること」を伝える。また、母親と葵それぞれに気持ちの整理や今後のことを考えていく機会を、継続してもっていくことを伝え、同意を得た。

カンファレンスとアセスメント

経過観察を経て、入所約1か月後に、医師や宮崎心理療法担当職員、生活指導（鈴木、佐藤を含む葵の生活棟の全職員）、学習指導（教員）、葵の母親の面接を担当している田中心理療法担当職員の各担当者で、支援会議が開かれ、見立てと支援方針が検討された。

1か月間の様子として、特定の職員（特に生活担当の鈴木保育士）に依存的・独占的になる傾向がみられていることが報告された。自分の要求が受けとめてもらえないと、暴言が出たり、自傷行為がみられたりする。しかし、感情が落ち着くと、謝罪してくることも多い。その後はずいぶんと落ち込み、居室に閉じこもって、日課に応じた行動がとれなくなるという。

鈴木保育士からは「ほかの業務があって、対応できないでいると、激しい怒りをぶつけてくるので、どのように支えてあげるとよいのか迷っている」ということであった。

会議のなかで、葵の言動の背景にあるものとして、次のような見立てがなされた。

葵は両親から身体的・心理的虐待を受けており、自分を大切にしてもらうという経験が不足している。人を求め、理解されたい気持ちが強いものの、どこかで「拒否され、受け止めてもらえないのではないか」という不安を同時に抱えている。そのため些細なことで見捨てられたような気持ちになり、自分を大切に扱ってくれない人や孤独な現状に対する激しい怒りが生じてしまう。怒りが過ぎ去った後には「自分を大切にしてくれる人はいない」「自

分は大切にされる存在ではない」という強い抑うつ感と自尊心の低下が起こり、そのパターンの繰り返しのなかで否定的な自己イメージが定着しているのではないかということであった。以上のような見立てから、次のような支援計画が立てられた。

■ 支援計画（プランニング）

〈子どもへの支援〉
①心理面接における支援

葵への支援の短期的目標としては、感情が動揺した際の対処方法を習得する。具体的には呼吸法[*6]や場所を移すなどのクールダウンの方法について話し合う。保育士の協力のもと実践してもらい、そのふりかえりを心理面接のなかで実施することとした。

中期的目標としては、自分の受けとめ方の癖や対人関係のもち方等の背景にある成育歴について、気づきを促していく。

長期的目標としては、自分の将来について考えるなかで、家族関係の整理を行い、今後の関係の取り方を検討することとした。

②生活における支援

1）支援体制づくり

棟主任である佐藤児童指導員も葵の相談相手となり、対象を分散させることで、鈴木保育士の負担を軽減する。葵の要望に応えられない場合は、対応できる時間の約束をするなど見通しをもてるようにする。相談に乗る場合も、あらかじめ終わりの時間を設定しておき、ほかの職員にも気にかけてもらえるようにしておく。

2）支援目標と内容・方法

短期的目標としては、自傷などの行動化ではなく、落ち着いて自分の気持ちを他者に伝えられるようになることとした。

具体的には、葵が不安定になる時は、感情がくずれる前に職員から、もしくは自分から声をかけ、状況に応じて、日課から離れて休めるようにしておく。その際、鈴木保育士や佐藤児童指導員などが付き添い、心理面接で練習した深呼吸を行うなど自己調節を図る。落ち着きを取り戻してきたら、出来事や自分の感情の流れについて整理を行っていく。その際、葵の気持ちを言葉に置き換え、寄り添いながら、出来事の解決法についても話し合う。

中期的目標としては、安定的な対人関係を基礎に、葵の長所（料理が得意など）を伸ばし、自信がもてることを増やしていく。

長期的目標としては、家族関係の整理の進み具合に応じて、将来的な方向

*6 呼吸法
いわゆる深呼吸を行い、自分を鎮静化させるために使用される。薬剤やリラックス用グッズを使用する他動的なリラクゼーションではなく、意識や注意、動作などのコントロールによってリラックス状態を得る主動的リラクゼーションにあたる。比較的、時と場所を選ばず使用することができ、自己安定化能力の向上につなげることができる。

性を決定する。特に高校進学を一つの機会として、一般の社会生活に近い児童養護施設などへの措置変更を視野に入れておく。

〈家庭支援〉

短期的目標としては、児童相談所の西野ケースワーカーに定期的な家庭訪問を行ってもらい、母親にアルコール依存症やうつ病に対する通院治療を促すこととした。

中期的目標としては、田中心理療法担当職員が、母親との面接を通して、母親の葵への理解を深めていくことで、母子関係の再構築をめざす。特に葵が抱えている孤独感や他者を求める気持ちについての理解を促していく。そのうえで、施設内行事や学校行事の際には、葵を励ましたり、ほめたりするなど、保護者の役割を果たしてもらうようにする。

長期的目標としては、母子関係や経済状態の改善をみながら、葵の進路に関しての協力を得る。葵が高校進学をする際に、家族再統合を含めて今後の方向について協議する。

■ インケア

上記のような方針をとったが、当初はルール設定や約束が破られることが多く、保育士や教員に対して過剰に依存的になることがみられた。しかし、繰り返すうちに、ルールを守るほうが安定的に他者とかかわれることができると実感したのか、次第に自分から約束をして待てるようになってきた。葵は「無理を言って、ややこしくなるよりもよいと思えるようになった」と鈴木児童指導員にもらしている。

ただし、大人とのトラブルは減少したものの、子ども間のトラブルは継続して起こった。特に「自分の悪口を言って、のけ者にしようとしている」といった被害的な思い込みをもつことがみられ、疎外されることに敏感に反応している様子が見受けられた。

トラブル時は、鈴木保育士や佐藤児童指導員が別室でクールダウンを行いながら、丁寧に話を聴いていった。その都度、葵の気持ちを言葉に置きかえ、感情表現を助けながら、出来事の整理と解決法について一緒に考えるようにした。

また宮崎心理療法担当職員の心理面接のなかでは、葵が感情的に大きく動揺した場面のふりかえりが行われた。特に被害的な受けとめ方をしていると思われる場面について、別の考え方や可能性を考えられないかを一緒に検討した。その繰り返しのなかで、葵は次第に自分が一人になることを恐れて、過剰に反応してしまっていることに気づくようになった。

その時点で、宮崎心理療法担当職員は「それが一つの心の癖のようになっているが、本来はお母さんに自分を受け止めてほしいという気持ちが一番強いのではないか」と伝えると、葵は「お母さんはお酒ばっかり飲んでいて、自分のことなんて何も考えてくれてないんじゃないかと思っていた。寂しかったんだと思う」と話した。

このように心理面接を通して、自分の行動や対人関係の背景にある感情に気づくことが増え、生活支援を通して、具体的な対処法や解決法を習得していくことで、葵は次第に安定的な対人関係を築けるようになってきた。そこで中期的目標にある通り、葵の長所を伸ばしていくという目的で、ほかの子どもたちも含めて一緒に調理実習の機会をつくるなど、同年代や大人との関係づくりを行っていった。葵は認められたり、ほめられたり、頼りにされる経験を通して、次第に高校進学など将来のことについても考えられるようになっていった。

家庭への支援

母親の状況を考慮に入れて、月に1回程度、葵との面会に合わせて、田中心理療法担当職員が母親面接を実施した。母親は児童相談所の西野ケースワーカーの訪問もあって、精神科への定期通院ができており、アルコールについてはほぼ抑制できるようになっている。ただ、うつ病は継続しており、一日中寝て暮らす日も多い。

面接のなかでは、葵の現在の様子を伝えたり、家庭での様子をふりかえったりしながら、その言動の背景にある思いについて一緒に考えるようにした。特に「葵がさびしさを抱えており、本来的にはお母さんを求めていること」を伝えている。それに対して、母親は「頼れる人がいなかった。たとえ暴力を振るう人であっても、その人なしでは心細く、生活が成り立たなかった。実家とも疎遠で、お酒を飲まないと不安で仕方がなかった。葵には申し訳ないことをしたと思う」と話している。

母親は月に1回程度の面会と面接は継続できており、園内行事や誕生日等の際には、親として葵に声をかけ、プレゼントを贈ることができた。

このような状況をふまえて、面会に加えて、段階的に外出も行った。ただし、母親の体調がすぐれないことを考慮し、施設近隣の散歩、買い物、食事など無理のない範囲で行っている。それに対して、葵は素直に喜んでおり、母親の体調を心配して、外出を気遣う様子もみられるようになった。

⑤ 児童養護施設への措置変更

■児童相談所との合同カンファレンスの実施

　中学3年生になった葵は情緒的に落ち着き、高校進学の意向も示すようになった。そこで児童相談所を含めた合同の支援会議を開催することとなった。

　会議のなかで、葵の精神面や対人関係が安定していること、母親との関係は十分とはいえないが、少しずつ再構築が図れるようになっているといった現状が確認された。

　そこで次のステップとして、高校進学にあわせて、より一般の社会生活に近い児童養護施設への措置変更が適当と考えられた。措置変更先の児童養護施設の要件として、①環境変化によって葵が動揺する可能性に備えて、常勤の心理療法担当職員が配置されていること、②母親との交流が継続しやすいよう、居住地域に近いことなどに留意して受け入れ先を選定することとなった。

　葵は措置変更について、若干の不安を感じてはいたものの、次のステップとしての措置変更であることに理解を示した。母親は自身の病状と経済状況から措置変更に同意している。

■措置変更とその後の葵の生活

　その後、担当者同士の引き継ぎや施設見学を十分に行い、後方支援として三葉学園での外来相談の準備も整えられたうえで措置変更となった。当初、葵は友人関係に関する不安を訴えていたが、児童養護施設側の丁寧な配慮のおかげで、スムーズに施設生活に適応できた様子である。高校には、元気に登校しており、外泊を徐々に始める予定であるとのことであった。

演習課題

① 葵に対する生活支援のなかで、基本的な支援体制づくりとして、相談相手や時間の設定などのルールづくりが行われている。なぜこのようなルールを設定する必要があったのかを考えてみよう。

② 生活支援のなかで、葵が他児とトラブルになったときに、鈴木保育士や佐藤児童指導員が別室に移動し、クールダウンを図りながら、葵の気持ちを言葉に置き換えたり、出来事について丁寧にふりかえったりしている。なぜこのような対応をとったのか考えてみよう。

③　母親面接について、葵の現在の様子、家庭での様子についてふりかえりながら、葵の言動の背景にあるものを一緒に考えている。母親となぜこのようなことを考えていく必要があるのか考えてみよう。

ケース 7 治療的支援2
児童養護施設における発達障害のある子どもへの心理的ケア

▼ 学びのねらい ▼

　近年、発達障害に対する認知が広がってきたとともに、社会的養護に関する施設にも発達障害のある子どもの入所が増えてきている。生まれつきの発達障害の子どももいれば、不適切な養育環境や虐待が原因となり発達障害に類似した症状が表出される子どももいる。この見極めは難しいところではあるが、いずれにせよ子どもたちはさまざまな場面でつまずきや生きにくさを感じている。

　児童養護施設の子どもたちは、何らかの理由で家庭と離れて生活するという複雑な環境を背負いながら、安心・安全な配慮がなされている施設で日々を過ごしている。このような子どもたち一人ひとりへの支援はさまざまであるが、専門性を生かした子どもへのかかわりやアセスメント、他機関との連携・協働が重要となる。

　本事例では、発達障害傾向のある子どもの対人関係の難しさと、自分のルーツや家族形態に疑問を抱えた女児の事例である。子どもの課題と向き合いながら、心理療法担当職員が施設内でできる取り組みと、他機関との連携・役割分担について理解する。

① 利用者

■利用者（本人）と家族のプロフィール

・酒井　夏輝（本児・長女）　性別：女児　年齢：8歳（小学3年生）

　3歳の時に児童養護施設つばき学園へ入所する。入所時は分離不安などなく、夜泣きも含めてほとんど泣くことはなかった。

・酒井　春奈（母親）　年齢：27歳　職業：無職

　3児の母である。結婚と離婚を繰り返し経済面も生活面も安定しない。精神的にも不安定で心療内科に通院している。子どもにあまり関心がなく、養育能力も低い。

・酒井　優輝（長男）　性別：男児　年齢：5歳

　2歳の時に、さくら乳児院から措置変更で児童養護施設つばき学園へ入所

する。特に大きな問題はなく過ごしている。おっとりしており、おとなしい性格。

・酒井 光輝（次男）　性別：男児　年齢：3歳

　長男と同じく2歳の時に、さくら乳児院から措置変更で児童養護施設つばき学園に入所する。きょうだいのなかでは最も活発で愛嬌がよい。

・清水 涼（父親）　年齢：30歳

　長女である夏輝の父親。離婚後は、母親と連絡を取っておらず夏輝との交流もない。

※きょうだいである優輝と光輝の父親については母親から語られることがなく、情報は不明である。しかし、優輝の父親とは婚姻関係があったこと、光輝の父親とは内縁関係であったことはわかっている。

ジェノグラム

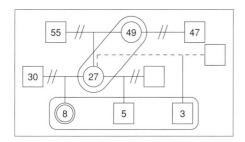

② 施設および支援者

施設の概要

社会福祉法人　つばき学園（児童養護施設）

施設形態：小規模グループケア（A棟（男子：小学生3名、中高生3名）、B棟（男子：小学生3名、中高生2名）、C棟（女子：小学生4名、中高生2名）、D棟（女子：小学生2名、中高生3名）、幼児棟（6名））

定員：30名

現員：28名（男子11名・女子11名・幼児6名）

職員数：21名

配置職員：施設長、副施設長、事務職員、児童指導員、保育士、家庭支援専門相談員、里親支援専門相談員、個別対応職員、心理療法担当職員、栄養士、調理員

そのほかの事業：地域小規模児童養護施設（6名定員：男女縦割り）

■■ 支援者

〈つばき学園〉

足立 すみれ（保育士）　性別：女性　年齢：26歳　資格：保育士　職歴：4年

　保育系大学で保育・幼児教育を学び、卒業と同時に就職。大学へ入学した当時は保育所へ就職希望だったが、社会的養護に関連する授業と、保育実習で子どもの養育に興味をもった。つばき学園でボランティアを続け就職に至る。現在は中堅職員として、小学生女子全体の生活支援を行っている。夏輝のケースを担当している。

井上 大樹（児童指導員）　性別：男性　年齢：35歳　資格：児童指導員　職歴：12年

　教育学系大学を卒業後、児童指導員として就職する。主に中高生男子の担当をしていたが、現在は主任児童指導員になり、全体を統括している。夏輝の入所時に立ち会っており、現在は優輝と光輝のケース担当をしている。

上田 茜（家庭支援専門相談員）　性別：女性　年齢：34歳　資格：社会福祉士　職歴：11年

　社会福祉系大学を卒業後に児童指導員として就職。現在は家庭支援専門相談員として家庭支援を担っている。夏輝の入所時に立ち会っており、幼児期の夏輝を担当していた。現在は家族との信頼関係を軸とした支援も展開しようとしている。

江藤 由里（心理療法担当職員）　性別：女性　年齢：29歳　資格：臨床心理士　職歴：2年

　心理系大学院を卒業後、精神科クリニックの勤務を経て、つばき学園に就職。心理療法担当職員として、夏輝もみている。夏輝とは、江藤心理療法担当職員が入職した年から定期的にかかわっており、信頼関係が築けている。

〈児童相談所〉

大石 海斗（ケースワーカー）　性別：男性　年齢：34歳　資格：社会福祉士　職歴：11年

　社会福祉系大学を卒業後、O市の福祉専門職で採用される。ケースワーカーを3年経験した後、一時保護所職員を2年、その後再びケースワーカーとして6年の経験をもつ。酒井一家の担当ケースワーカーである。

河崎 真理菜（児童心理司）　性別：女性　年齢：33歳　資格：臨床心理士　職歴：9年

　心理系大学を卒業後、児童心理司として採用される。児童相談所に来所す

る通所ケースを複数抱えながらも、夏輝の担当として1、2か月に1回程度の面談を行っている。

③ ケースの概要

■ 利用者が入所に至った経緯

母親は精神的な不安定さがあり、うつ病と診断されている。母親は高校卒業してすぐにアルバイト先の同僚と結婚・妊娠をし、19歳の時に夏輝を出産した。しかし、夏輝が1歳半になる頃に離婚し、近くに住む祖母宅で過ごしていたが、しばらくすると母親は夏輝の養育を祖母に任せ遊びに出るようになった。

祖母も生活のために働かないといけなくなり、夏輝が3歳の時に児童養護施設に預けることにした。夏輝の下には2人の弟がいる。母親の精神的な不安定さと、それにともなう養育力の低さ、周囲に支援者がいないなどの理由で、それぞれ生後間もなく乳児院に入所していた。現在は夏輝と同じ児童養護施設に措置変更され、きょうだい3人同じ敷地内でそれぞれ生活をしている。

■ 家庭環境

母親の春奈も自身が幼い時に両親が離婚している。春奈の母親（祖母）はその後再婚したが、再婚相手が春奈の母親に手を出すことも多く、春奈自身も居心地が悪く感じており、早く家を出たいという思いが強かった。春奈は19歳の時にアルバイト先の同僚であった涼と結婚し、夏輝を出産した。しかし、すれ違いも多く、経済的にも困窮し生活も不安定だった。父親の涼は外に遊びに行くことも増え夏輝が1歳半の時に離婚をした。

母親の春奈は精神面が弱く、離婚後はさみしさもあり自分から男性に頼ることが増え、次第に夏輝の養育は祖母に任せて男性と過ごす時間を優先するようになった。このように夏輝は、幼い頃から養育者の交代や愛着形成が不十分であったことがわかる。

④ ケースの経過

■ 性格・行動

　夏輝は幼児期から児童養護施設で生活しているが、トイレットトレーニングもスムーズで夜尿などの失敗もほとんどなく手がかからなかった。表情は愛嬌がよいというほど豊かではないが、周囲の職員や友だちと楽しむ時は目一杯楽しむ子どもらしさもあった。しかし、周囲の大人の顔色や反応をうかがいながら過ごすことも多く、どこか大人びたような雰囲気を感じることもあった。

　性格は少し冷めたような面があるが、弟が入所してからは弟のことを常に気にかける優しい面もある。思ったことをすぐ口に出し、トラブルになることがある。少しネガティブ思考で積極性はない。

■ 施設での生活

　幼児期から入所し、就学までは幼児棟で就学前の子どもたち（男女一緒）とともに生活していた。

　就学後は、施設内の小規模グループケアC棟（女子棟）に移動し、当所小学校4年生以上の年上の子どもたちに混じり、少し萎縮気味に生活していた。現在はC棟の生活に慣れて自分を出せる場になっている。

■ 学校での生活

　集中力はないが学力は普通、運動は好きなようで体育の成績はよい。友人関係は、友だちが多いわけではないが数名の子と気が合い、仲良く過ごしている様子はある。しかし、空気が読めず思ったことをそのまま発言したり、冗談が通じなかったりと、周囲から少し浮いている。また自分から輪に入っていかないため基本的には休み時間も1人になることが多い。

　学校の懇談等でも、担任からはっきりものを言いすぎるところや頑固なところがあること、授業中もみんなと一緒に同じ作業ができないことがあると言われる。また、クラスメイトから距離を置かれていることが多く、心配であるとの話がある。

　小学3年生になった現在、仲のよい友だちとクラスが別れてしまい、学校に行き渋ることが増えたが、何とか登校している。

　夏輝の気持ちが落ち着かない時や教室に入りにくい時は、養護教諭のいる保健室か、スクールカウンセラー[1]のところに行っている。最近、スクー

---

[1] スクールカウンセラー
教育現場において心理学的援助を行う者のうち、児童・生徒・保護者へのカウンセリングや教師へのアドバイスに関する専門的知識を有し活躍する者のこと。教職員とは違い、成績などの利害関係がないことが特徴としてあげられる。

ルカウンセラーから江藤心理療法担当職員宛てに、夏輝がたまに利用しに来ているると手紙が届いた。

気になる行動

最近の夏輝は、保健室等の利用が増え、担任の先生も心配している。施設内では、生活の流れ自体に大きく変わった様子はないが、登校渋りがあることと少し苛々しているような様子が増えたことを担当保育士は気になっている。

施設での心理療法経過

江藤心理療法担当職員は、以前から夏輝へ定期的な個別面接をしていたため、夏輝の気になる行動が出た後も変わらず個別の時間を作り、夏輝の思いを汲み取りながらかかわりを続けた。そのなかで、夏輝から学校の友だちとうまくいっていない話が語られた。友だちとのかかわりのなかで自分が譲れない場面などが多々あり、そのことについて自分の思いをそのまま言うと相手が怒ってしまう。また、相手も譲らない場合は自分が拗ねてしまい、切り替えができないことを話してきた。"相手や自分はどんな気持ちだったのか""どうすればよかったか"など問いかけても、「自分の行動は間違っていない」とこだわりの強さや考え方の偏りが見受けられた。

また、小さい頃から不思議に思っていた「いつも知らないうちに弟が増えていて、友だちにはお父さんもいるのに私は会ったことがない。なぜ、私は学園にいるの？」というような、周りの友だちとのかかわりのなかで複雑な思いを抱くようにもなっていた。このようなさまざまな要因で夏輝は苛々しやすい状況になっていた。

施設内カンファレンス（アセスメント）

夏輝の気になる行動が、学校や生活場面に出てき始めた初期段階で、施設内でカンファレンスの場を設けた。多角的にケースをみてもらうためさまざまな立場の職員に参加してもらい、夏輝の最近の様子について情報を共有し、今後の方針や支援のためにアセスメントを行った。江藤心理療法担当職員はこのカンファレンスで、発達障害の傾向がある可能性があることと、それにともない配慮等が必要になること、発達障害の理解を職員全員で再度確認することを伝えた。それと同時に、児童相談所へ心理検査と通所の依頼を提案・検討した。

表7-1　施設内でのカンファレンスで討議した「夏輝の情報共有」

夏輝の強み（ストレングス）	夏輝の弱み（課題）
・生活能力は高く、身辺自立や整理整頓も得意。 ・手先が器用で工作や絵を描くのが得意。 ・興味や関心があるものには集中して取り組む。　　　　　　　　　　　等	・場にそぐわない言動が多々ある。 ・言葉をそのままとらえてしまい、言葉の真意や裏などを汲み取ることができない。 ・思い通りに行かない時に拗ねて切り替えができないことが多々ある。　等

今後の方針

　施設内でのカンファレンスで討議した「夏輝の情報共有」をふまえ、今後の方針を足立保育士、江藤心理療法担当職員、児童相談所の大石ケースワーカー、小学校のスクールカウンセラーなどを中心に話し合いの場を設け、次のように役割を分担した。

〈施設内：担当保育士（施設全体）の役割〉

　夏輝は困っていても他人に相談しない、困っていることがわかっていない傾向があるため、今後も様子をみて受容的にかかわれるように心がける。そして、困っている時に手助けできるように準備しておく。

〈施設内：心理療法担当職員の役割〉

　心理療法担当職員として、個別面接では夏輝の困っていることを自分で自覚していけるように、また自分の特性を理解していくためにワークなどの取り組みを行う。夏輝は相手の感情を読み取ることが苦手であり、また自身の感情のラベリング[*2]もあまりできていないため、自分が今どのような気持ちなのか言葉で伝えることも困難である。まずは、自分の感情を理解し、少しずつ言語化できるように「感情のワーク」（図7-1）などの取り組みを行う。

　また、自分の生い立ちについての疑問が出てきたため、夏輝が今最も何に引っかかっているのか、何を疑問に思っているのか優先順位を考え準備ができればライフストーリーワーク（図7-2）を行う。

〈児童相談所：児童心理司の役割〉

　夏輝の困っているところを、発達上の課題などを含めて客観的にアセスメントをしてもらうために、心理検査を実施する。さまざまなテストバッテリー[*3]から、夏輝の人物像をつかみ、検査結果をフィードバックしてもらう。状況によっては、継続的に通所し面接や心理療法などの時間を設ける。

*2　感情のラベリング
さまざまな感情がわき起こるなかで、今の自分の気持ちを認識し言語化できるようにしていくこと。言葉で表現しにくい気持ちもあるが、自分の気持ちがどのようになっているのか感情とそれに適切な言葉をリンクしていく。

*3　テストバッテリー
心理検査を複数実施し、一つの診断ツールやアセスメント材料として使うこと。一つのテストでは測定できる部分が限られているため、多様な角度から測れるテストを組み合わせることが有効である。

ケース7　治療的支援2

図7-1　感情のワーク

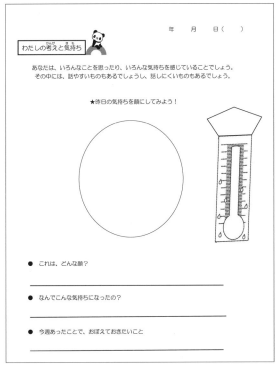
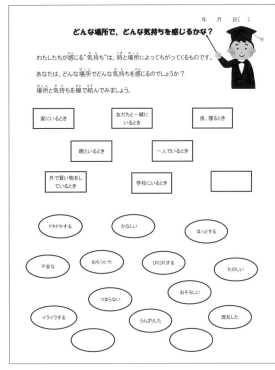

図7-2　ライフストーリーワークの取り組み

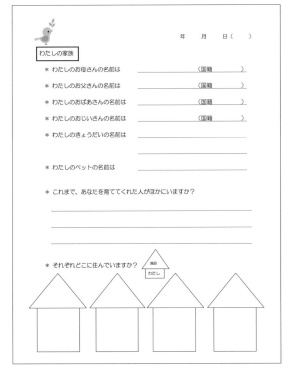

〈小学校:スクールカウンセラーの役割〉

小学校にいる間の居場所になっていることも考えられるため、夏輝が自ら来た場合は受容して話を聞いてもらうようにする。

■ 連携

このケースの場合、夏輝が生活している施設を中心に学校や児童相談所の大人とのかかわりがある。なかでも、心理の専門職がさまざまな機関でかかわっているため、各関係機関と連携し、それぞれの役割分担を明確にしたうえで支援をしている（図7-3）。

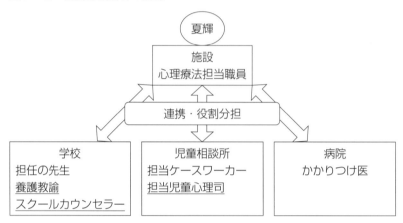

図7-3　各関係機関との連携

演習課題

① 他機関との連携の際、役割分担を明確にしておく必要があるのはなぜかを考えてみよう。
② 発達障害の疑いのある子どもに、施設内でできる配慮はどのようなものがあるか考えてみよう。

【参考文献】
才村眞理『生まれた家族から離れて暮らす子どもたちのためのライフストーリーブック』福村出版　2009年
ポール・スタラード、下山晴彦監訳『子どもと若者のための認知行動療法ワークブック－上手に考え、気分はスッキリ－』金剛出版　2006年
トニー・アトウッド、辻井正次監訳『怒りのコントロール－アスペルガー症候群のある子どものための認知行動療法プログラム－』明石書店　2008年
竹田伸也『マイナス思考と上手につきあう認知療法トレーニング・ブック～心の柔軟体操でつらい気持ちと折り合う力をつける～』遠見書房　2012年
下山晴彦『よくわかる臨床心理学』ミネルヴァ書房　2009年
中島義明・安藤清志・子安増生・板野雄二・繁桝算男・立花政夫・箱田祐司『心理学辞典』有斐閣　1999年
森田喜治『児童養護施設と被虐待児－施設内心理療法家からの提言－』創元社　2006年
前田研史『児童福祉と心理臨床－児童養護施設・児童相談所などにおける心理援助の実際－』福村出版　2009年
内海新祐『児童養護施設の心理臨床－「虐待」のその後を生きる－』日本評論社　2013年

ケース8 自立支援1
高校を中退した子どもへの児童養護施設での就労支援

▼ **学びのねらい** ▼

社会的養護の施設で生活する子どもたちの多くは、虐待を受けている。特にネグレクトの状況にあった生活環境で育った子どもは、コミュニケーションが苦手であったり、言葉の遅れや基礎学力の低さがみられたりする。また、近年では発達障害のある子どもも増加している。

そうした子どもたちの自立を支援していくことは、社会的養護の一つの目的であるが、高校を卒業し、就職先をみつけて社会に送り出すことや、高校卒業を前に家庭へ引き取りをさせることは容易ではない。本事例では、児童養護施設[*1]での自立とは何かを考えていくとともに、自立支援のあり方を考えてもらいたい。

*1 児童養護施設
児童福祉法では、「保護者のない児童（乳児を除く。ただし、安定した生活環境の確保その他の理由により特に必要のある場合には、乳児を含む）、虐待されている児童その他環境上養護を要する児童を入所させて、これを養護し、あわせて退所した者に対する相談その他の自立のための援助を行うことを目的とする施設」（第41条）とされている。現在では、知的障害や広汎性発達障害の子どもの入所も増えてきている。

① 利用者

■利用者（本人）と家族のプロフィール

・吉河 涼太（本児）　性別：男児　年齢：17歳

生後1週間で乳児院に入所する。乳児院ではクリスマスと誕生日の年に2回、親との面会があるだけで、外出、帰省の経験がない。児童相談所は涼太を里親へ委託してみようと母親に打診するが、「とられるような気がする」と断られる。4歳になる1か月前に児童養護施設ふるさと学園に措置変更になり、現在も施設に暮らす。

・吉河 由美子（母親）　年齢：36歳　職業：無職

飲食店に勤務していた際に悟と出会い、未婚のまま19歳の時に涼太を出産し、乳児院に預ける。涼太が小学2年生（7歳）の時に悟とは別れる。その後、うつ病になる。現在、同居している男性（41歳）がおり、ともに生活保護を受けている。

・吉河 悟（父親）　年齢：37歳　職業：パチンコ店勤務

飲食店で由美子と出会った。当時はパニック障害[*2]があり、無職で生活保護を受給していた。由美子と別れた後は他市に移り住み、涼太と会うことはなくなった。

*2 パニック障害
突然起こる激しい動悸や発汗、頻脈、ふるえ、息苦しさ、胸部の不快感、めまいといった体の異常とともに、強い不安感や恐怖感をともなうパニック発作に襲われる病気。

■ ジェノグラム

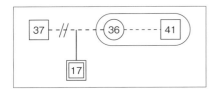

② 施設および支援者

■ 施設の概要

社会福祉法人大地　児童養護施設ふるさと学園
施設形態：小規模グループケア（3グループ）
定員：40名
現員：40名（男子22名・女子18名）
職員数：22名
配置職員：施設長、事務職員、児童指導員、保育士、家庭支援専門相談員、里親支援専門相談員、個別対応職員、心理療法担当職員、栄養士、調理員
そのほかの事業：学童保育

■ 支援者

・植田　芳雄（児童指導員）　性別：男性　年齢：35歳　資格：児童指導員
職歴：14年
　4年制大学卒業後、同施設の児童指導員として勤務している。入所している子どもに対して粘り強く、支援、育成、指導を行っており、子どもからの信頼も厚い。
・速水　信介（主任児童指導員（基幹的職員））　性別：男性　年齢：45歳
資格：児童指導員　職歴：23年
　福祉系大学を卒業後、児童指導員として勤務し、現在は主任児童指導員としてほかの職員の指導的な立場にある。
・長谷川　瞳（家庭支援専門相談員）　性別：女性　年齢：38歳　資格：社会福祉士　職歴：16年
　福祉系大学を卒業後、同施設の児童指導員として勤務。5年前より家庭支援専門相談員として相談支援にあたる。

・宮田 加寿子（心理療法担当職員） 性別：女性 年齢：37歳 資格：臨床心理士 職歴：10年

教育系大学を卒業後、心理系大学院を卒業し、臨床心理士を取得。中学校でスクールカウンセラーとして3年間勤務した後、現在の児童養護施設で勤務して10年になる。

③ ケースの概要

■ 入所に至る経緯

母親は高校卒業後、勤務先の飲食店で父親と知り合い、間もなく涼太を妊娠する。涼太を出産後も、2人は生活を楽しんでいたいという理由で、涼太を乳児院に預けることになる。乳児院へは誕生日とクリスマスに面会に来ていた。母親は名前を呼んだり、抱っこをしたりすることはあったが、父親は涼太に話しかけることすらしなかった。

乳児院の保育士は母親に定期的に、手紙や電話をし、面会の回数を増やすように依頼したが、応じてくれなかった。後に、この時のことについて母親は、送られた写真について「うれしいとか、かわいいとかよりも元気そうだから、会いに行かなくてもいいやという気持ちになっていた」と語っていた。

なかなか保護者としてのかかわりをもとうとしない両親に対して、児童相談所のワーカーは、涼太が3歳の時に、里親に出してはどうかと勧める。しかし、母親は「いらない子ではない。里親にとられるのは嫌だ。忙しいから会いに行けないだけだ」という理由で断る。それならば「面会回数を増やしてください」とお願いをするが、その月だけ面会には来るが、面会回数は増えないまま4歳を迎えることになる。児童養護施設に措置変更をする前にも里親委託の話をしたが、母親の気持ちは変わらず、「涼太を引き取ることはできない。里親は嫌だ。児童養護施設にしてほしい。児童養護施設に行ったら、面会は増やしていきます」と約束し、児童養護施設入所が決まる。

■ 幼児期

涼太は、言語発達に多少の遅れがみられるものの、工作が得意な元気な子であった。幼稚園では、同じ施設から通っている幼児と遊ぶことを好んだ。参観日に両親が来ることはなかった。運動会は親子遊戯があるので、お願いすると渋々参加してくれたが、翌年の年長の時には運動会ですら参加しなかった。年長になると、暴言・暴力が他児に比べるとひどくなり、職員が注

意をしてもなかなか話が聞けず、パニックになってしまうことが度々みられるようになった。

小学生時代

涼太は、小学1年生から施設内で心理療法を行った。心理療法は小学6年生まで続いた。他児とのトラブルはあるが、暴言だけで暴力はなかった。勉強は、社会科には興味を示すが、理科と家庭科は苦手意識が強く、小学5年生になると、たびたび授業を飛び出すようになった。涼太の対応について、学校、施設、児童相談所が加わり関係者会議を3回開き、飛び出さず授業に参加できるアイデアを出し合った。その後、次第に授業を飛び出さなくなった。涼太は、小学5年生より算数の時間だけリソースルーム[*3]を使い始めた。施設対抗の卓球大会で興味を覚えたため、社会体育の卓球部に入ることになった。高学年になると、施設内では居室で一人でゲームをして遊ぶことを好み、他児とのトラブルはなくなっていた。

両親は涼太が小学2年生の時に離婚する。母親はその後、深夜まで営業している飲食店に仕事を変えるが1年ほどでうつ病になり退職をした。この頃から、涼太に面会に来ることがなくなり、その後も年に数回、面会をお願いするも「体調が悪い」「忙しい」などの理由で断られたので、小学4年生の時に、涼太を送って行くので、自宅で面会をしてもらえないだろうかと依頼するが「同居している男性がいて、子どもが嫌いな人なので連れてこないでほしい」と言われる。同居の男性は、母親より5歳上で無職である。母親が通う精神科で知り合い、ともに生活保護を受給している。小学校の卒業式に列席をお願いするが「人が大勢いるところは苦手」という理由で断られる。

*3 リソースルーム
余裕教室などを利用して別な部屋で授業を受ける時間を作ること。時間は週に1～2時間程度で、学習内容は主に国語と算数。通常学級で行う特別支援教育の一つ。

中学時代

高校に進学したいという涼太の希望により、中学校入学時から学習塾に通い、施設内でも毎日1時間の学習をコツコツするようになった。そのほか、学習ボランティアに週に1回勉強をみてもらっていた。

中学校では、小学生の時からしている卓球部に入部した。施設内では問題行動はみられなかった。中学校生活も順調にいくかと思われたが、卓球部内での人間関係がうまくいかなくなり、中学1年の秋頃から部活を休みがちになった。最初は、部活に行っていたふりをするために、19時近くまで、古本屋に行き時間をつぶして帰園していたが、部活の顧問から「涼太君が練習に出てきていない」という連絡が施設にあり、退部するか部活を続けるかはっきりするように迫られることとなり、涼太は退部することを選択した。

中学2年生になると、時々、頭痛や腹痛を訴え、学校を欠席することはあったが、大きな問題は起きなかった。
　植田児童指導員と長谷川家庭支援専門相談員と児童相談所の担当ワーカーとで家庭訪問を行った。母親は「体調が悪いので、面会に行けない」と繰り返した。誕生日かクリスマスに何かプレゼントでも贈ってあげてみてはどうかと頼んでも「生活保護をもらっていて生活はギリギリなので無理」だと言う。手紙だけでもと頼むが「めんどうくさい」と断る。母親はだんだん機嫌が悪くなり「そんなにあれしろ、これしろと言うなら里親でもどこでもやってくれ」と言い出した。
　涼太は中学3年生になると、新しいクラスに馴染めず、学校を休みがちになった。6月の運動会でのクラス対抗ダンスの練習を嫌々やり、クラスのリーダーからきつく注意を受けてからはほとんど学校に行けなくなってしまった。施設内でも居室に引きこもるようになり、テレビを見に集会室に来ることもなくなった。居室ではゲームをするか、漫画本を読むか、布団でゴロゴロしているかであった。塾も行かなくなり、学習をしなくなっていった。
　担当の植田児童指導員との会話も少なくなっており、施設の宮田心理療法担当職員による心理療法をすることになった。秋になり、受験の雰囲気が高まっても学校に行こうとはしなかった。涼太の支援方針を検討するために関係者会議が行われた。会議では、登校について、毎朝声かけはするものの強要はせず、涼太の意思を尊重しようということになった。会議のなかで涼太は「うつ」になっているのではないか、精神科に診てもらってはどうかという意見が出た。この施設では、精神科への通院と投薬を行う場合は、保護者の同意を得ることを前提にしているため、母親への同意を得るために、家庭訪問をしたが、母親は、「学校に行かないのは病気と違う、ただのサボリだ。精神科に通う必要はない。投薬も必要ない」という理由で反対され、通院には至らなかった。
　「何をしている時が一番楽しいか」と宮田心理療法担当職員が聞いた際に、「部屋でゲームをしている時」と涼太は答えた。4月からも施設で生活できるように「高校に行こうか」と勧めると、ようやく高校進学をめざすようになる。学校の実力テストを施設で受ける配慮をしてもらう。結果は、5教科の合計が140点であった。普通科の高校への進学は難しく、水産高校をめざすことになった。

■ 高校入学～中退

　高校は施設から自転車で40分ほどの水産高校に通うことになった。
　高校では、漫画の話題で話が合う井ノ内君という友だちができた。井ノ内君を施設に招いたり、井ノ内君の自宅に遊びに行ったりすることもあった。井ノ内君と連絡をとりやすくするために携帯電話をもちたいとの要望があり、週末にアルバイトをすることを条件に購入することになった。携帯電話を購入するにあたり、「保証人になってほしい」と植田児童指導員が母親に頼みに行くが拒否されたため、施設長が保証人になることになった。
　涼太は、飲食店でのアルバイトをみつけ、ホール係を担当することになった。しかし、大きな声が出せないことや、おどおどしているという理由で2回行っただけで、本採用にはならなかった。
　次にみつけてきたアルバイトはラーメン店であった。あまり人と話をしなくてもいい皿洗い担当であったためか本採用になり、続けられることとなった。土・日曜日だけであったが、夏休みになり帰省した大学生の代わりに仕事に入ってほしいと頼まれ、平日も入るようになった。休みは週に1日だけとなり涼太にとっては大変であったが、8月の最終日までやりとげることができた。アルバイト先のスタッフや職員からもほめられる回数が増え、涼太の笑顔も増えてきた。
　9月に入るとアルバイトを休み始めた。最初は、夏休みの疲れが出てきていると思い、施設職員も様子をみていたが、全くアルバイトに行かなくなった。結局、アルバイトも自分で辞めてしまっていた。8月の最終日に、アルバイト先で、客から「コップが汚い」と激しく注意されたことがきっかけであった。
　その後は、中学生の時のように居室で引きこもる生活が始まった。スマートフォンを使い、ツイッターやLINEで多くの知り合いができたようだったが、涼太が漫画の主人公ではなくサブキャラクターを好む内容を書き込んだことで、反感を招き誹謗中傷されてしまった。このことが高校の友だちにも知られ、自分のことを変な目でみていると思い込むようになり、高校に行けなくなってしまった。通学しなくなった理由がわかったのは、2月に井ノ内君に教えてもらったからである。高校は留年が決まった。
　新年度になり、登校できた日もあったが、井ノ内君とクラスが離れたことや、自分が他児より一つ年上であることから人の目が気になり始め、1週間で不登校になり、1学期終了を待たずに退学をした。通信制の高校への編入を勧めたが「学校に行きたくない」という理由で、就学を断念した。高校を

中退した子どもは措置が解除される傾向にあるため、就労先を探すことになった。

④ 支援の経過

■ 支援計画

　入所当時は、高校卒業後、自立支援の中心に大学進学も視野に置いていた。しかし、中退が決まったことにより、施設では涼太の自立支援計画を見直す必要がでてきた。

　「短期的支援」として「日々の生活のリズムを整える」「就職先が決まるまでの生活においても、決まった時間に起床し、食事を3食食べる」「居室に引きこもらないようにテレビを見たり、職員と話をしたりする時間をもつようにする」ことを目的とした。「中期的支援」は、リービングケアに重点を置くことにした。「長期的支援」は、涼太が継続できる仕事に就労することと、就労できてからも精神的に不安定になることが予想されるので、措置解除後にも支援できる体制作りを構築することが支援内容となった。

■ リービングケア

〈家庭支援〉

　児童養護施設では、植田児童指導員と長谷川家庭支援専門相談員、児童相談所の担当ワーカーが協力して、家庭支援計画書を作成している。支援計画を立てるうえで一番困難だった点は、母親には涼太を引き取る意思がないことであった。しかし、措置の解除が近づいている以上、保護者は母親であることを再認識してもらい、そのうえで、母親にできる涼太への支援を考えてもらう必要がある。たとえば、ひとり暮らしをする場所を母親の住居の近隣にすることや、各手続きの際に同席してもらうことである。

〈施設内支援〉

　涼太には、在籍中から施設を退所した後の自立を見据えた支援が行われており、加えてアルバイトの経験から社会的常識を学び、身に付けてきた。また、施設を出て行くことへの不安を予想し、宮田心理療法担当職員による面接を週1回実施してきた。施設内で、施設退所後に自分自身の力で、時には誰かの助けも借りながら、充実した社会生活を送ることができるように、ひとり暮らしを始めるためのより社会的な知識や技術の取得や一般常識の学習を植田児童指導員と1対1で行っていった。

高校中退直後は、不安があったようだったが、次第に自立支援計画に乗り始めた。アルバイトを始め、その様子を自分から笑顔で報告するようになった。また、アルバイト料をもらったことが、とてもうれしかったようだった。その後、お金を貯めて自立に必要なものを揃えていきたいと植田児童指導員に相談してくるようになった。植田児童指導員との学習会や調理実習も積極的になっていった。心理面接の場でも、自分の不安や疑問といったことも含め自分の感情を伝えることができるようになっていった。

就労支援

〈自立援助ホーム*4〉

17歳で社会に出る涼太は、大きな不安を抱えている。不安を軽減させるために、高校中退の子どもの就労支援と生活の支援を行う自立援助ホームを活用しようということになったが、涼太の住むA県には自立援助ホームがなく、隣県であるB県にある自立援助ホームに見学に行くことになった。そこでは温かく出迎えてくれたのだが、涼太は県外に出る不安が大きく、強く拒否したため、自立援助ホームを利用することはなかった。

〈社会的養護自立支援事業*5〉

自立援助ホームの利用をやめた涼太は、社会的養護自立支援事業をしている「ステップハウス」へ通うことが増えた。児童養護施設で生活している高校生や卒業している若者が集うだけではなく、支援員を交え相談に乗ってくれたことがうれしかったようだ。日常の暮らしで困らないような学習会にも参加をすることもできた。

〈パーソナルサポートセンター*6〉

涼太は、パーソナルサポートセンターに行き、適性検査を受けた。就職先を探す前に連携している事業所でいろいろな職種の実習体験をすることにより、職業への不安をなくすことを目的とした支援であった。また、事業所の職員からのアドバイスをもらえることも涼太にとって自信につながった。ここでは、履歴書の書き方や面接の仕方など、就労に向けて必要なことも教えてもらった。

〈ハローワーク〉

ハローワークでの求人票の閲覧の方法は、施設の植田児童指導員が教えた。涼太は植田児童指導員と一緒にハローワークに行き仕事を探したが、17歳でも就労できる事業所は少なかった。涼太は飲食店を希望し、採用の面接を3店受けて不採用であったが、4店目の面接で合格した。採用されたのは、ラーメン店で、業務内容は洗い場担当であった。

*4 自立援助ホーム
自立援助ホーム（児童自立生活援助事業）は、義務教育を終了した20歳未満の子どもで、児童養護施設等を退所した者またはその他の都道府県知事が必要と認めた者に対し、これらの者が共同生活を営む住居（自立援助ホーム）において、相談その他の日常生活上の援助、生活指導、就業の支援等を行う。自立援助ホームは全国156か所（2018（平成30）年6月現在）あるが、まだ設置されていない自治体もある。

*5 社会的養護自立支援事業
里親等への委託や、児童養護施設等への施設入所措置を受けていた者で18歳（措置延長の場合は20歳）到達により措置解除された者のうち、自立のための支援を継続して行うことが適当な場合について、原則22歳に達する日の属する年度の末日まで、個々の状況に応じて引き続き必要な支援を実施することなどにより、将来の自立に結び付けることを目的とする。

*6 パーソナルサポートセンター
2010（平成22）年度から始まった国のモデル事業。寄り添い型・伴走型支援と呼ばれ、支援される人と支援する人（パーソナル・サポーター）がお互いに寄り添い、二人三脚で就職という本当の意味での生活の自立に向け支援を行う施設。生活と就職に関する総合的支援であるため、国や県、市町村などの行政や社会福祉協議会、NPO団体などと緊密に連携して支援を行う。

〈施設での生活〉

　自立援助ホームがない場合は、自立援助ホームに近い役割を児童養護施設が担わなければならない。涼太が高校を中退してすぐに措置解除をするのではなく、自立ができるような環境が整うまでは施設内で養護していく方針を児童相談所にも理解してもらうための協議を行った。

　就労先が決まっても定着するまでは施設内で生活できるように支援を継続した。高校中退後の3か月間の施設内での生活では、仕事が休みの日は、自分で調理して食事を食べるようにした。児童養護施設には、栄養士と調理員がいるため、適切なアドバイスをもらうことができた。

■ 関係者会議

　涼太の高校中退後の就労訓練期間中の支援内容や、措置解除後の支援体制について、関係機関が集まり話し合いが行われた。参加者は、施設担当職員、心理療法担当職員、主任指導員、児童相談所、パーソナルサポートセンター、ハローワーク、生活保護課、福祉事務所、民生委員で、涼太の今後の支援体制を確認した。

■ ひとり暮らし

　施設で生活しながらの就労も3か月を超え、ある程度安定してきたので、ひとり暮らしを始めることにした。住む場所や部屋については、できるだけ涼太が自分で探すようにし見守った。涼太は、仕事の休日を利用し、就労先から自転車で通える距離のワンルームマンションを探した。

　母親が保証人になってくれなかったため、保証人が不要の住居を探し、無事契約に至った。費用については、今までの貯金をあてることで工面できた。引っ越しは、施設職員が手伝い、涼太の約17年間の施設生活は終わった。

■ アフターケア

　社会性が低い涼太は、人の目が気になると仕事を辞めてしまうのではないかと施設の職員は不安に思っていたが、継続することができている。仕事が続けられた理由の一つとして、就職が決まった段階でラーメン店の事業主と植田児童指導員が連絡をとり、涼太の性格を詳しく説明し、気になることがあった場合は、施設職員が対応するという支援体制を敷いたことが大きい。

　そして定期的に施設職員が涼太のアパートを訪問し「仕事の調子はどう？もし、○○のようなことがあったら、△△のようなふうにしてみなよ。不安なことがあったら、いつでも相談にきてね」という、適宜アドバイスをして

きたこともよい結果につながったといえる。地区担当の民生委員にも協力を依頼し、涼太の生活を見守ってもらえるようにしている。

その後、涼太は高校卒業の資格がほしいと担当指導員に相談をしてきた。そして、通信制高校に入学し勉強している。涼太の思いや考えを尊重しつつアフターケアを定期的に行っている。

演習課題

① この事例は、退所後の自立支援に焦点を置いているが、児童養護施設における自立支援にはほかにどのようなものがあるだろうか。
② 涼太の今までの生活の経緯を踏まえて、就労支援を行う際にはどのようなアドバイスや支援が適切であるか考えてみよう。
③ 社会性の乏しい涼太が就職した際に、あなたならどのような助言をするでしょうか。

ケース 自立支援2

9 自立援助ホームで生活する子どもへの退居支援（リービングケア）

> ▼ 学びのねらい ▼
>
> 　社会的養護で暮らす子どもが退所後に社会へ出る場合の支援はさまざまな課題の克服が必要となるため、退居支援（リービングケア）がとても重要になる。子どもは自己決定と現実の狭間で悩み、生い立ちに苦しみながら自分の将来について考える。自立援助ホームの指導員はそこに寄り添い、共感しながら具体的な進路選択ができるよう支援する必要がある。このような支援は常に子どもの「自己決定」を念頭に置いた対応が求められる。
>
> 　本事例は、地元であるB県からA県にある自立援助ホームに入居した子どもで通信制高校を卒業した後にB県に引っ越し、就職自立を希望しているケースである。指導員として、子どもが自らの状況を理解し気づくことができるための具体的な支援を行うことや、時には気づきを促すために見守ることの必要性について理解することを学びのねらいとする。

① 利用者

■ 利用者（本人）と家族のプロフィール

・山田　マロン（本児・長女）　性別：女児　年齢：18歳（高校3年生）

　高校1年生の時に母親からの身体的虐待が理由で児童相談所に一時保護される。その後、母親、親族、マロンや児童相談所との協議により、母方祖母宅に預けられる。アメリカ人の父親、日本人の母親を両親にもつが、マロンが小学生の頃、父親が家を出て現在離婚調停中である。

　身体能力に優れ、中学生時代は陸上競技、高校生になりフェンシングに取り組むなど運動を好む。日本語以外に英語も堪能。B県にいる1学年上の交際相手に依存的である。

・山田　佐代子（母親）　年齢：50歳　職業：会社員

　三児の母である。マロンが小学生の頃、父親と不仲となり別居状態。マロンに対し、小学生の頃から手をあげることがある。精神科に受診しており服薬中。

・デイビッド マイケル（父親）　年齢：50歳　職業：米軍兵士
　マロンが小学生の頃、母親との不仲が原因で子どもたちを残して家を出る。家を出た後もマロンとはSNSなどを活用して連絡を取っている。現在、離婚調停中だが自身はすでにアメリカに帰国している。子どもたちとの関係自体は当初から現在まで良好である。
・山田 マイク（長男）　性別：男児　年齢：14歳（中学2年生）
　母親、次女と一緒に自宅で暮らしている。母親と時々口論になることがあり、マロンに続き、児童相談所から母親との関係が不安視されている。
・山田 ロイン（次女）　性別：女児　年齢：8歳（小学2年生）
　母親、長男と一緒に自宅で暮らしている。マロンにかわいがられており、次女もマロンを慕っている。
・山田 京子（母方祖母）　年齢：76歳
　高校1年生時にマロンを引き取り、B県でマロンと二人暮らしをしている。

ジェノグラム

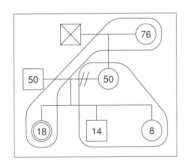

② 施設および支援者

施設の概要

特定非営利活動法人　希望会　のぞみ（自立援助ホーム）
施設形態：2人部屋3室
定員：女子6名
現員：女子5名
職員数：4名
　ホーム運営は担当制を採用しておらず、ホーム長1名、指導員3名で入居している子どもたちの養育にあたるという考え方である。

■支援者

〈のぞみ〉

・金田 秀樹（ホーム長）　性別：男性　年齢：34歳　資格：社会福祉士　職歴：10年

　4年生大学で社会福祉学を学び、社会福祉法人が運営する児童養護施設で児童指導員を8年、同法人の児童家庭支援センターで相談員を2年経験。32歳の年に社会福祉法人を退職し、「のぞみ」のホーム長に就任。子どもたちの主体性を生かした養育を理念として掲げ日々の生活支援にあたっている。

・廣末 正美（指導員[*1]）　性別：女性　年齢：51歳　資格：ホームヘルパー2級　職歴：1年目

> [*1] 指導員
> 子どもの生活支援にあたるスタッフ。

　「のぞみ」で務めるまでは観光ホテルや飲食店など一般企業での就労を経験。その後、居宅介護支援事業所などで社会福祉事業に従事する。それらの経験を生かして「のぞみ」の指導員となる。自身の子育て経験も生かしながら日々の養育にあたる。子どもたちから「正美」と呼ばれ、親しまれている。

〈マロンの通う高校〉

・岩田 敏夫（スクールソーシャルワーカー）　性別：男性　年齢：41歳　資格：社会福祉士　職歴：5年

　社会福祉系大学を卒業後、障害者支援施設などで社会福祉事業に従事し、現職。不登校の子どもやその保護者とかかわり、学校など関係機関と連携しながら子どもの最善の利益を追求している。

③　ケースの概要

■利用者が入居に至った経緯

　高校2年生の1学期に、高校での友人関係が原因でマロンは不登校となる。当所、祖母宅で祖母と2人で生活していたが、マロンと祖母との折り合いも悪くなり、マロンが祖母との生活を拒絶し始める。この現状を問題視したマロンの所属する高校が岩田スクールソーシャルワーカーに相談。岩田スクールソーシャルワーカーの勧めでマロンと岩田スクールソーシャルワーカーが自立援助ホームである「のぞみ」を見学、マロンが入居を希望し金田ホーム長がこれを受け入れたため、後に児童相談所の許可を得て入居となる。

■家庭環境

マロンはアメリカ人の父親、日本人の母親との間に生まれた。父親は母親との不仲が原因でマロンが小学生の頃に家を出る。父親は子どもたちとの関係は良好で、マロンも父親を慕っており、「将来は父さんのいるアメリカに行く」という発言もある。父親が家を出て以降、母親、子どもたちでの生活となる。もともと精神的に不安定であった母親は父親が家を出た頃からマロンに手をあげることがあった。また、マロン自身は交際相手に依存的であり、B県にいた頃から交際相手と家出をし、警察に保護されるなどの事件があり、母親、祖母ともに交際相手との関係を問題視している。

■マロンが祖母に引き取られた理由

高校1年生の頃、マロンに対し母親が暴力をふるった。マロンが翌日、頭に傷を負った状態で高校へ登校した時に高校教員がこれに気づき、児童相談所へ虐待通告、一時保護となる。その後、親族と児童相談所との話し合いを経て祖母宅に引き取られる。

④ ケースの経過

■マロンの性格・行動

母親の支配的なかかわりが影響してか、自分で何かを決定することが苦手である。ホーム入居後のアルバイト先への面接電話について「どうやって電話すればいいの？ わからない」など自分で考えようとしないため、廣末指導員らが電話の方法を事前に説明し、電話をかけさせる。

祖母に引き取られた経緯も「私が来たかったわけじゃない。勝手に連れてこられた」などさまざまな生活場面において他人に責任転嫁をする場面がある。

一方、きょうだいへの想いが強く、「マイクとロインが心配。あいつ（母親）に何されるか」と児童相談所の担当児童福祉司へ電話で安否確認をすることがある。

運動が好きで、中学時は陸上部、高校時はフェンシングとさまざまな運動部に所属していた。日本語以外に英語も堪能である。

マロンは社交性が高いとはいえず、入居後もホームの子どもたちと時々外出するくらいで、A県に来てからの友人と外出することはほとんどなく、B

県にいる交際相手と頻繁に電話で連絡を取り合っている。

■アセスメント（事前評価）

　将来は、B県に戻りたいという意向をもっているため、まずは高校を卒業し、就職自立することを目標とする。そのために、現在通っている高校を退学し、編入先をどうするか、就労してどれだけ貯金ができるかがポイントとなる。また、社交性が高くないためホーム内での子どもたちとの関係性にも配慮が必要と考える。

■支援計画（プランニング）

　短期的支援は、ホームでの生活に慣れることを優先に考え、行事などを通してホーム内での交流の場を設けることで、ホームの子どもたちとの良好な関係作りにも配慮する。夏に海水浴や花火大会、冬には温泉と子どもたちとの良好な関係作りのための意図的な機会を設けている。

　中期的支援は、他高校への編入学であり、マロン、祖母とも相談し、マロンが卒業するまで通える高校を探す。

　長期的支援は、母親との関係調整と再統合の可否など家族支援である。また、自立してひとり暮らしをするうえで必要となる就労先と住居の確保も目標となる。

■インケア

　ホームでの生活には1か月程度で慣れ、他の子どもたちとも会話をする姿がみられ、一緒に外出することも増える。入居して1か月以内に居酒屋でのアルバイトを始める。ただ、居酒屋であるため、昼間の時間を寝て過ごすことが多い。廣末指導員らが将来の自立のための貯金が必要であることを説明、居酒屋に加え昼間にファーストフード店などでのアルバイトを始めるが1か月も続かず辞める。

　もともと、温和な性格であることも手伝ってか、廣末指導員らに反抗的な態度をとることは滅多にない。しかし、子ども同士での関係において不和が生じ興奮した際には「お前殺すぞ」など攻撃的な発言が出ることもあるため、その都度、廣末指導員らが仲裁に入っている。

　ホームでの生活に慣れてきた頃から現在の高校の退学手続きを進め、その間高校教員とホームで面接をするなどマロンの意思を確認、入居して2か月程度で退学手続きを終える。

　また、これにあわせて高校卒業の意思確認をすると、初めは高校卒業を希

望していなかったマロンは、「将来居酒屋の経営に携わりたい」という目標を語り出し、そのために「高校くらい出ておいたほうがいいよね」と言い、編入学先を探し始める。そして、マロン、祖母、金田ホーム長とも相談し隣県にある通信制高校へ入居4か月後に編入学することとなる。編入学を開始した頃より、岩田スクールソーシャルワーカーと毎月ホームで面接を再開することとなる。岩田スクールソーシャルワーカーとの面接を通して、マロンが高校卒業の意欲を低下させないよう、動機づけが続けられる。

■ 高校編入学

隣県の通信制高校に通学を開始する。この通信制高校はさまざまな通学方法を提示しており、マロンが選択した方法は、週2回の通学コースである。通学開始して1か月程度は毎週2日通学していたが、1か月を経過する頃より休みがちとなる。毎月1回の岩田スクールソーシャルワーカーの面接を通して、通学への動機づけを行う。また、廣末指導員らからも、「自己決定」して決めた通学なのだから責任もって通学するよう注意をする。

■ アルバイト

ホームに入居してから長期に渡り同じ居酒屋でアルバイトをしている。途中、昼間のアルバイトも始めたが、2つのアルバイト先での就労がマロンには負担となったようで、コンビニエンスストア、ファーストフード店など次々辞めてしまう。その都度、廣末指導員らから辞める手続きをしっかり取るように助言し、手続きを取って辞めるようにはしている。

しかし、18歳の年度末に退居してひとり暮らしを目標としているマロンの希望に向けて貯金額が目標額に届かない状況である。毎月1回程度、廣末指導員らがアルバイト先に連絡を取り就労状況を確認しているが、働きぶり自体はいたって真面目という報告を受けている。

■ 母親との関係

母親との関係について、マロンから母親に対する思いを確認すると、「あいつとは話にならない。言っていることがわからない。絶対に帰らない。B県でひとり暮らしする。家も知られたくない。何をされるかわからない」と拒否的な反応を示す。ただし、住居の確保や就労時の身元保証人のこともあるため、関係が完全に切れることはよくないと、金田ホーム長はマロンに説明した。ホームに時々かかってくる母親からの電話に出させたり、用事がある時など必要に応じて、マロン自身の携帯電話から母親へ電話をすることは

できる。しかし、いつも口論となり話が進まない状況である。母親は「マロンにひとり暮らしなんて無理。するなら実家の近くでするか、実家に帰ってくればいい」と主張している。

金田ホーム長は、マロンと母親との関係性を児童相談所へ定期的に報告し、家庭復帰は難しいというホームの見解を伝えると担当児童福祉司も同意、やはり退居後は就労自立が妥当だろうという方向になる。

⑤ リービングケア

■ 自律した生活のために

ひとり暮らしをするうえで必要な能力として「自律」がある。これは、日々の生活を自分で律しながら生活することであり、寝る時間、起きる時間、食事の準備、お金の使い方などすべて自分で考えて行わなければならない。ホームでの生活でマロンの身の回りのことに手をかけすぎると決して身に付かない能力である。

そこで、入居してホームでの生活に慣れた頃から、アルバイトの時間に間に合うよう起こさない、アルバイト先を決めるのを手伝わない、お金の使い方について何も言わない、というように積極的に支援をせず、見守るようにしている。これは「放置」ではなく、自律のための支援である。もちろん、失敗した時に廣末指導員らがそばにいて助言をできるという環境が保障されているからこそ可能な支援であり、失敗した時には必ずフォローする支援体制を整えている。また、日々の食事の準備を一緒に行わせる、通帳とキャッシュカードの作成、市役所での手続きなど同行するなど、廣末指導員らの教育的なかかわりも必須となる。このように、高年齢で自立を目前とした子ども達に対しては「勇気ある見守り」が必要となり、手をかけること、見守ることのバランスが子どもの自立支援に向けて非常に重要となる。

■ 「自己決定」を支える

高校2年生の終わり頃、マロンが急に「高校辞めて就職する。彼氏と同棲する」と言い出す。それまでは「高校は卒業して就職する」と言っていたが、交際相手と連絡を取り合うなかで心変わりしたようである。当初は、廣末指導員らはマロンの気持ちの変化に戸惑いを感じる。しかし、職員会議などを通して「マロンの言い分にとことん付き合ってあげよう」と金田ホーム長が方針を固めてからはマロンに対し、「じゃあひとり暮らしをする準備をしよ

うね」「就職先を探そうね」と言い、ハローワークへ一緒に行き、就職希望先の面接に同行したり、ひとり暮らし先の物件をインターネットなどで探すよう伝えたりとマロンの意向を常に確認しながら動く。

しかし、就職先が決まりかけ、ひとり暮らしの居住先も決め、後は契約するだけという場面になった際、ひとり暮らしをするために必要な金額をマロンに試算させ話し合いの場をもったところ、「全然お金足りないじゃん。やっぱり高校卒業するまでここにいる。就職もやめる」とマロンはホームでの生活の続行を決める。

初めから、マロンの意見を聞かずに支援を続けていたら、「私はひとり暮らしをしようと思ったのにホームがさせてくれなかった」というマロンの不満を高め、他人に責任転嫁した生活が続いていたかもしれない。廣末指導員らがマロンの意向を尊重した対応をした結果、マロンの「自己決定」を導き出すことができたのである。

このように、子どもたちにはさまざまな場面で「自己決定」の機会を提供し、その結果について予測、必要に応じて責任をもつという経験を自立支援と考えており、ホームではこの考え方を大切にしている。

■ 退居へ向けての調整

高校3年生の1月頃には、通信制高校の卒業見込みが出る。そこで、廣末指導員らがマロンと一緒にハローワークへ行くなど、就労支援を行う。割と早く、B県にあるマロンの地元とは少し離れた地域で、希望している居酒屋への就職が決まる。

次に、住む場所の確保である。ひとり暮らしを希望しているため、さまざまな不動産会社をあたる。母親がマロンのひとり暮らしを認めていないため、ひとり暮らしの契約の際に保護者の同意が得られない。そのため、ほかに保証人となってくれる人物を探す必要がある。金田ホーム長が児童相談所と協議し「身元保証人確保対策事業*2」というしくみを活用することとなる。結果的に、保護者の同意を得られない状態ではあるが、児童相談所所長が身元保証人となることでひとり暮らし先のアパートを契約することができた。

また、マロンが母親との関係に不安を感じているため、金田ホーム長が児童相談所と協議し、「支援措置」の手続きを取る。

最終的に、貯金が30万円程度となり、無事に就職先と住居を確保し、B県に転居、ホームも退居となる。

*2 身元保証人確保対策事業
児童養護施設などに入所中または退所した子どもが就職や高等学校、大学等への入学に際して、また住宅を賃借する際に親などによる保証人が得られにくく、就職やアパートの賃借が困難になる場合があることから、施設長などが保証人となった場合の負担軽減を目的とした事業。保証人に損害賠償や債務弁済の義務が生じた時に賠償額のうち、一定額を支払うもの。

演習課題

①通信制高校を無事に卒業できた理由として、自立援助ホームの職員やスクールソーシャルワーカー、祖母のかかわりが要因として考えられるが、こういった状況で、具体的にどういったかかわりが求められるか考えてみよう。

②リービングケアで金田ホーム長らがマロンに対し、あえて手をかけなかったことでマロンにどのような変化が生まれたか考えてみよう。

③退居に向けての準備について、ほかに必要と考えられる取り組みはどのようなことがあるか考えてみよう。

家庭養護へ向けての支援
ネグレクトされていた子どもの里親委託までのプロセス

▼ 学びのねらい ▼

　近年、児童虐待の増加により、社会的養護においても不適切な養育を受けた子どもが増加している。

　わが国の社会的養護の中心は、長年施設養護であったが、1994（平成6）年の児童の権利に関する条約（子どもの権利条約）の批准や2016（平成18）年の児童福祉法改正などにより、里親などの家庭養護が推進されている。

　不適切な養育を受けた子どもは愛着形成や対人関係、自尊感情の欠如、集団への不適応など、さまざまな課題を抱えており、これらを回復させ、健全な成長を保証することが求められる。これらは里親などの家庭に近い環境で保証していくことが、「子どもの最善の利益」といえる。家庭養護を推進するには、乳児院や児童養護施設などの役割も大きく、里親との連携は欠かせない。

　本事例では、家庭養育が望めない子どもが里親養育に至るまでのプロセスを児童相談所、施設、児童家庭支援センター、里親の4つの視点から、子どもや保護者への支援の実際や、委託後の里親への支援について理解してもらいたい。

① 利用者

利用者（本人）と家族のプロフィール

・石田　健（本児）　性別：男児　年齢：6歳（幼稚園年長）
　4歳の時に児童養護施設のぞみ学園へ入所する。家庭での養育環境の影響から、大人との関係が作りにくい。また、些細なことで嘘をつくことが多く、施設でも幼稚園でも乱暴な言動がある。

・石田　和子（母親）　年齢：27歳　職業：無職（生活保護受給）
　健の父親とは、健が2歳の時に離婚している。

・石田　真一（母方祖父）　年齢：54歳　職業：無職（生活保護受給）
　遠方に住んでいる。祖母とは和子が18歳の時に死別した。慢性的な持病がある。

・斉藤　次郎（父親）　年齢：30歳　職業：会社員

健が２歳の時にDVが原因で和子と離婚する。離婚した後は和子や健との接触は全くない。

■ジェノグラム

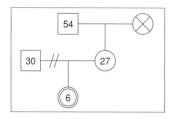

② 施設および支援者

■施設の概要

社会福祉法人希望会　のぞみ学園（児童養護施設）
施設形態：小規模グループケア（男子：小規模グループケア３棟（各定員７名）、女子：小規模グループケア２棟（各定員８名）、幼児：小規模グループケア１棟（定員８名））
定員：45名
現員：44名（男子21名、女子15名、幼児８名）
職員数：34名
職員配置：施設長、副施設長、事務職員、児童指導員、保育士、家庭支援専門相談員、里親支援専門相談員、個別対応職員、心理療法担当職員、栄養士、調理員
そのほかの事業：地域小規模児童養護施設１か所、児童家庭支援センター
施設経営は担当制を採用しており、居室は小学生までの子どもは原則２人部屋もしくは個室を使用している。幼児は原則２人部屋を使用している。地域小規模児童養護施設は、女子１か所設置されており、原則社会的自立が近い高年齢の女子が生活している。

■支援者

〈のぞみ学園〉

・大谷　恵子（保育士）　性別：女性　年齢：27歳　資格：保育士　職歴：７年
　短期大学で幼児教育を学び、卒業と同時に就職。在学中からのぞみ学園で

ボランティア活動を行っていた。現在は、幼児棟の担当をしている。健の担当者である。

・西田　良太（里親支援専門相談員*1）　性別：男性　年齢：36歳　資格：社会福祉士　職歴：14年

　社会福祉系大学を卒業後、児童指導員として就職する。幼児棟、男子棟の担当を経験し、現在は里親支援専門相談員として子どもたちの支援とともに里親への支援を行っている。

・鈴木　雄一（家庭支援専門相談員）　性別：男性　年齢：40歳　資格：社会福祉士　職歴：18年

　社会福祉系大学を卒業後、児童指導員として就職する。個別対応職員、主任指導員を経験後、家庭支援専門相談員として家庭支援を行う。

〈児童相談所〉

・小川　和子（ケースワーカー）　性別：女性　年齢：30歳　資格：社会福祉士　職歴：8年

　社会福祉系大学を卒業後、A市に福祉専門職で採用。一時保護所職員を2年経験後、ケースワーカーとして6年間の経験をもつ。健の担当ケースワーカーである。

・佐藤　幸恵（里親担当職員）　性別：女性　年齢：39歳　資格：社会福祉士　職歴：17年

　社会福祉系大学を卒業後、A市に福祉専門職で採用。ケースワーカーを5年、その後、一時保護所で4年、再度ケースワーカーを3年経験し、里親担当となる。

〈児童家庭支援センター〉

・福田　理恵（相談員）　性別：女性　年齢：45歳　資格：社会福祉士　職歴：23年

　社会福祉系大学を卒業後、のぞみ学園に児童指導員として就職する。幼児棟、男子棟、女子棟の担当を経験し、法人内の児童家庭センター「ひかり」で相談員として里親の支援にかかわり、6年になる。

〈里親〉

・小林　真治　性別：男性　年齢：44歳　職業：公務員

　里親認定を受け、4年が経つ。これまで乳児の短期委託1ケース、2年間の委託を1ケース受けている。小学5年生の実子（女児）がいる。

・小林　真由美　性別：女性　年齢：41歳　職業：専業主婦

　真治の妻で、子どもが産まれるまでは保育士として保育所で働いていた。養育里親*2を希望し、夫とともに里親認定を受けた。

*1　里親支援専門相談員
里親支援専門相談員は、2012（平成24）年より児童養護施設、乳児院へ配置されている。その機能は厚生労働省からの通知によると「児童養護施設及び乳児院に地域の里親及びファミリーホームを支援する拠点としての機能をもたせ、児童相談所の里親担当職員、里親委託等推進員、里親会等と連携して、所属施設の入所児童の里親委託の推進、退所児童のアフターケアとしての里親支援、所属施設からの退所児童以外を含めた地域支援としての里親支援を行い、里親委託の推進及び里親支援の充実を図ることを目的とする」とされている。

*2　養育里親
里親制度には、養育里親、専門里親、養子縁組里親、親族里親の4つの類型があり、養育里親はその一つである。厚生労働省によれば「保護者のない児童又は保護者に監護させることが不適当であると認められる児童を養育することを希望し、かつ、省令で定める要件を満たす者であって、都道府県知事が要保護児童を委託する者として適当と認め、養育里親名簿に登録されたものをいう」とされている。

③ ケースの概要

■利用者が入所に至った経緯

　健の自宅の近隣住人から、児童相談所に「母親が自宅を不在にすることが多く、夜間も子どもを放置していることがある」と通告がある。状況確認のために児童相談所の小川ケースワーカーが家庭訪問をすると、母は不在で、健が1人でテレビを観ており、部屋は足の踏み場もないほど散らかっていた。健の衣服は汚れており、身体は痩せていた。小川ケースワーカーが福祉事務所の母親の生活保護担当ケースワーカーに依頼し、母親に連絡をしたが、連絡が取れなかったために、健の安全確保を優先しのぞみ学園に一時保護委託となる。小川ケースワーカーが、健に話を聞くと「お母さんは、時々いなくなるから一人でいる。ご飯がないからおなかがすくし、怖いからいや」と話す。ネグレクト*3状態である可能性が高いと考えられる。一時保護中に、児童相談所で判定会議が行われ、里親委託についても検討されたが、母親から連絡があり、健の里親委託には同意しなかった。母親は、児童養護施設への入所については同意したために、健はのぞみ学園へ入所となった。

■家庭環境

　母親の和子は祖父と折り合いが悪く、高校卒業後、家出同然で住み込み就労するが、すぐに職を転々とし、次郎と知り合い20歳で妊娠し結婚、すぐに健を出産する。その頃から次郎が和子へ暴力を振るうようになる。和子はDVに耐えきれず、精神的にも限界となり、健が2歳の時に協議離婚した。生活は苦しく、和子は就労をしようとしたが、DVを受けた影響で精神的に不調をきたし、うつ状態となり生活保護を受給することとなった。

　また、その頃から和子は、健の養育が重荷になっていた。健のことをかわいいと思う気持ちはあるが、何もする気力が起こらず、次第に健の食事や身の回りの世話が不十分になっていった。祖父は遠方で、折り合いも悪いために助けを求めることもできず、孤立を深めていた。健と向き合うことが苦痛になり、夜間自宅に健を残し外出することが常習化している状態であった。

---

*3　ネグレクト
ネグレクトとは家に閉じ込める、食事を与えない、身体や衣服を不潔にする、放置する、重い病気になっても病院に連れて行かないなど、本来、保護者が果たすべき養育を果たしていない養育放棄の状態のことである。

④ ケースの経過

健の性格・行動

両親が一緒に住んでいる時は、父親の母親への暴力を目にしていた。また、母親との生活のなかでも、母親の精神状態の悪い時は、叱責を受けていた。そのためか、職員や他児とのやり取りのなかで暴力的な言動がある。言葉数が少なく、笑顔があまりみられない。職員の名前をなかなか覚えず、甘えを出さない。失敗することを恐れ、初めてのことに対して不安が高い。失敗すると、些細なことで嘘をつくことが多い。自由遊びの時間は、一人で絵を描いていることが多い。

アセスメント

児童相談所の面接や心理判定の所見では、健は知的には特に問題はないが、ネグレクト状態が続いたことから、安定した大人との関係が築けておらず、大人に対する信頼感や期待感がない。健は、失敗した時に父親や母親から叱責を受けることがあったために、失敗に対しての不安が強く、自信がないことや、身を守るために嘘をついていることが多いのではないかという所見が出る。したがって、まずは安全で安心できる安定した生活のなかで職員との信頼関係を築き、大人は信頼できる存在であることを健に認知してもらえるように、人間関係を構築すること、失敗への不安を取り除くことが重要であると考えられた。この所見をもとに、施設で自立支援計画を立案する。

自立支援計画

短期目標として安全で、安心できる生活を保障することと、職員との安定したかかわりを継続することで、大人との信頼関係を構築する。日常生活支援では小さな成功に着目し、スモールステップで成功体験を積ませ、それを意識してほめることで自信をつけさせ、失敗への不安を軽減させることを重視することとした。中長期的な支援では、児童相談所と連携し、母親の生活実態の把握と、親子関係調整を図ること、里親委託について検討することとした。

■インケア

　一時保護された当初は、入浴を嫌がったり、食事を手づかみで食べるなど家庭生活での経験不足を感じることや、職員や他児へ関心を示さず一人でいることが多く、さまざまな生活場面で戸惑っている様子であったが、1か月ほどで、施設の生活にも慣れ、少しずつ変化がみられた。健は、他児がごっこ遊びなど集団の遊びをしている時に輪に入れず、一人で絵を描いていることが多かった。幼児棟担当の大谷保育士が常に絵をほめる声掛けを続けたことで最初は無関心で、大谷保育士の手助けを嫌がっていた健であったが、自分の描いた絵を見に来てほしい、一緒に絵を描こうと大谷保育士を誘うようになってきた。他児も興味を示し、ともに絵を描くことで、少しずつ遊び友だちが増えていった。大谷保育士は幼児棟の掲示板に健の描いた絵を飾り、ほかの職員や他児からもほめてもらうようにして、健の自己肯定感を高めていった。

　次第に健は大谷保育士に甘え出したり、わがままや無理を言うようになり、年齢相応の姿が見られるようになった。最初は嫌がっていた、食事や入浴などもスムーズに取り組めるようになり、施設の生活を「楽しい」と話すようになった。

　しかし、他児とのかかわりが増えるようになったが、健は気に入らないことがあると暴力的な言動をしてしまうために、トラブルが絶えない状態であった。大谷保育士は、安定した家庭を知らない健に対して、さらなる家庭的な支援が必要ではないかと考えていた。

　健の担当である小川ケースワーカーが児童相談所で母親と面会し、状況を確認すると、「体調が悪く自分のことで精一杯、健を引き取ることは今は考えることができない」と話す。母親は、健が一時保護から入所に切り替わる時に1度だけ小川ケースワーカー同席のもとで健と施設で面会したのみである。母親は、施設からの電話連絡はつながらないことが多い。施設や幼稚園での生活の様子を伝えても無関心で、健と会うことを断る。この様子から、長期的な支援が必要になると考えられる。

⑤　里親支援へ向けての支援

■ケースカンファレンス

　入所後1年が経過し、大谷保育士は鈴木家庭支援専門相談員に健の今後の

支援方針について相談をした。鈴木家庭支援専門相談員が小川ケースワーカーに確認したところ、母親には引き取りの意思はないということであった。そのため支援方針の確認のために、ケースカンファレンスを実施することを決めた。カンファレンスでは、支援の長期化が考えられるために、「家庭的な環境での支援が必要かどうか」について検討することとなる。

ケースカンファレンスは、施設から大谷保育士と西田里親支援専門相談員、児童相談所から小川ケースワーカーと佐藤里親担当職員が出席して実施された。母親に引き取りの意思がなく、支援が長期化することから、施設での支援を継続するより、家庭での個別的な養育支援が健にとって必要であることが確認されたため、里親委託を検討していくこととなる。

■ 母親との面会

母親との面会には小川ケースワーカーと佐藤里親担当職員、西田里親支援専門相談員、入所時に母と面識のある鈴木家庭支援専門相談員が参加する。小川ケースワーカーから里親委託を検討している話をすると、母親は「里親」という言葉に対して「子どもを取られる」とイメージし、拒否的であった。母親に対して、佐藤里親担当職員から里親制度について詳しく説明し、西田里親支援専門相談員と鈴木家庭支援専門相談員からも、健には施設の大きな集団より、個別的なかかわりと家庭的な生活の必要性があることを説明し、健にとって最善の支援と養育環境は家庭養護であることを伝えた。この説明で母親は納得して、養育里親の委託に同意した。

■ 里親委託までの調整

小川ケースワーカー、佐藤里親担当職員、大谷保育士、西田里親支援専門相談員で健の里親委託までの支援方針を検討した。健に無理のないように、週末里親利用から始め、健の里親宅での生活が順調であれば、養育里親に移行していく方針を確認した。健への里親制度の説明は、小川ケースワーカーと西田里親支援専門相談員が行い、健も同意した。マッチング[*4]は、以前にも委託を受けた経験のある里親を探すこととなり、のぞみ学園の近くに住み、以前に2人の委託を受けた経験もあり、実子がいるうえに、妻が保育士の経験もある小林さん夫婦が候補にあがる。小林さんに委託を打診すると、受託可能との返答であったために、のぞみ学園で健と面会を行う。健は最初緊張気味であったが、次第に打ち解けて笑顔がみられるようになった。

面会後、健に大谷保育士から週末里親利用について聞くと、「お泊まりしたい」と返答した。それを児童相談所に報告し、週末里親利用が開始された。

*4 マッチング
マッチングとは子どもにとって、どのような里親が適しているのかを検討することである。対象となる子どもの個性や性格、地域の特性等をふまえ検討していく。最終的には実際に子どもと面会し、マッチングを行う。

健の負担を軽減するために、まずは里親となる小林さん夫婦にのぞみ学園に来てもらい、施設内での面会（職員同席と個別）から、次に外出、外泊へと段階的に進めていく方針を確認した。西田里親支援専門相談員を中心に、健の性格行動、支援やかかわり方のポイントを伝え、精神的なサポートを行った。

　児童相談所は、健との面会から里親への気持ち、里親の対応を聞き、里親からは健と里親の実子との関係、里親の思いや不安、施設からのサポートをどのように思っているかを確認しながら里親の支援を行った。また、進捗状況を母親に通知し、意向に変化がないか確認を行った。その結果、児童相談所と施設が協議し、外出や里親宅へ1泊の外泊を開始することを決めた。それが順調ならば、長期休暇に1週間程度の外泊を実施し、外泊中に家庭訪問を行い、里親と健の様子をうかがうこととなった。

　家庭訪問では、里親・健ともに気を遣わず楽しそうに生活をしていた。また、里親の実子とも良好な関係であった。児童相談所と、施設で協議し里親委託を実施するタイミングではないかと確認する。外泊後、健に里親宅での生活の意思を聞くと、「小林さんの家で暮らしたい」と返答をしたために、健は施設から離れ、養育里親宅での里親委託が開始された。

⑥　里親委託後の支援

■ 委託後の子どもの様子とそれぞれの支援

　委託直後は、健はわざと叱られるようなことをする試し行動があったが、次第に里親宅の生活や人間関係にも慣れ始め、生活は落ち着いていった。児童相談所の佐藤里親担当職員と西田里親支援専門相談員が2週間に1回家庭訪問を行った際に、里親の気持ちや不安を聞き情報交換を行った。その後も、月に1回の家庭訪問は継続し、三者が協働して健を育んでいることを里親に実感してもらい、お互いの信頼関係を深めた。

　里親支援機関に認定されている児童家庭センターの福田相談員から、里親に対して毎月開催される里親会や、サロンの紹介を行い、里親が孤立しないように配慮した。

　児童相談所は里親委託後も、実親である健の母親との連絡調整を行い、里親に実親の状況や、今後の方針を説明し続けた。また必要があれば発達、心理面でのチェックやレスパイト・ケア[*5]もでき、いつでもサポートできることを伝えた。関係機関（幼稚園、保健センターなど）の調整も行った。

　施設は、健の養育や困ったことをいつでも相談してほしいこと、レスパイ

[*5] レスパイト・ケア
レスパイト・ケアとは里親の一時的な休息のための支援のことである。里親が一時的な休息を必要としている場合には、乳児院、児童養護施設等または里親を活用して子どもの養育を一時的に行う。レスパイト・ケアを実施する場合、子どもには事前に十分な説明をし、不安にならないように配慮しなければならない。また、里親にも円滑に利用してもらえるよう十分な制度説明と手続き方法、実施施設の紹介をしておく必要がある。実施施設については子どもの状況や里親の意見を参考にして実施施設を選定する。

ト・ケアの活用など、気軽に施設を活用してほしいこと、いつでも支援できることを伝えた。

健は、里親宅で「安心して自分を委ねることができる特定の大人」の存在から、信頼関係に基づいた人間関係の形成を学び、また家庭養育による「あたりまえの生活」を体験することにより、「生活」をつくっていく過程や、施設生活とは違う「生活の柔軟性」も体験することができた。

演習課題

① 健にとって施設での集団生活ではなく、家庭養護がなぜ必要であったのかを考えてみよう。
② 里親委託を受ける際に、里親はどのようなことを意識しなければならないかについて考えてみよう。
③ 里親・児童相談所・施設・里親支援機関が互いに連携し、里親につながりを感じてもらう大切さについて考えてみよう。

【参考文献】
厚生労働省新たな社会的養育の在り方に関する検討会「新しい社会的養育ビジョン」2017年
厚生労働省子ども家庭局家庭福祉課「社会的養育の推進に向けて」2017年
厚生労働省雇用均等・児童家庭局長通知「家庭支援専門相談員、里親支援専門相談員、心理療法担当職員、個別対応職員、職業指導員及び医療的ケアを担当する職員配置について」2016年
厚生労働省雇用均等・児童家庭局長通知「里親委託ガイドラインについて」2017年
厚生労働省雇用均等・児童家庭局長通知「児童養護施設等のケア形態の小規模化の推進について」2013年
福村出版『里親養育と里親ソーシャルワーク』2013年

ケース 11 　永続的解決に向けての支援
乳児院に入所していた子どもの養子縁組までのプロセス

> ▼ **学びのねらい** ▼
>
> 　現在、社会的養護の枠組みを施設養護から家庭養護へと大きく変更する流れとなっている。2017（平成29）年8月に示された「新しい社会的養育ビジョン」では、乳幼児について「原則施設への措置はしない」という方向性も示されており、里親制度の活用や児童福祉法に新たに規定された養子縁組里親（民法第817条の2に根拠規定がある特別養子縁組）等の養子縁組制度の活用が期待されている。
> 　本事例は乳児院における特別養子縁組を前提としたケースである。これらの流れの理解と戸籍制度の理解、棄児に対する支援について学んでいく。

① 利用者

利用者（本人）と家族のプロフィール

・上原　大也（本児）　性別：男児　年齢：推定0歳2か月
　マンションの駐輪場に棄児されていたところを保護されたため、氏名、生年月日、親の状況等に関する個人情報については不明である。
・父親　不明
・母親　不明
　戸籍法に則り氏名ならびに生年月日が付され戸籍に就籍する。

ジェノグラム

棄児のため不明

② 施設および支援者

施設の概要

社会福祉法人海の杜会イルカ乳児院（乳児院）
施設形態：小規模グループケア

定員：30名
現員：男子20名・女子10名　1ユニット定員5名の6ユニットとなっている。
職員数：常勤職員30名（非常勤職員5名）の合計35名
配置職員：施設長1名、副施設長1名、主任1名、看護師1名、担当者24名（1ユニット4名）、家庭支援専門相談員1名、里親支援専門相談員1名、愛着（アタッチメント）の重要性を考え、ユニット担当者は個別担当もしている。

■ 支援者

〈イルカ乳児院〉

・夏田　敦子　性別：女性　年齢：26歳　資格：保育士　職歴：3年

　保育系大学を卒業と同時に就職。大学入学時は、こども園への就職を希望していたが、社会福祉や社会的養護などの福祉に関する科目を履修するうちに施設に魅力を感じる。保育実習でイルカ乳児院へ行く。実習期間中に生後間もない乳児が入所してきたことに衝撃を受けたことがきっかけで乳児院の就職を決意する。

　現在は、ユニットで中堅職員として子どもとかかわっており、大也の入所と同時に個別担当となる。

・秋間　紅葉（児童指導員）　性別：女性　年齢：35歳　資格：社会福祉士　職歴：12年

　社会福祉学部のある大学を卒業後、児童指導員として就職する。就職後に社会福祉士試験に合格し資格を取得する。ユニット担当を経て3年前に主任となり、全ユニットの統括と、家庭支援専門相談員を兼務している。

　秋間児童指導員には実子もおり、母親の視点も交えて的確な助言をすることから、後輩職員の信頼も厚い。施設での愛着形成について関心が高い。

・冬柴　幸雄（里親支援専門相談員）　性別：男性　年齢：30歳　資格：社会福祉士　職歴：8年

　社会福祉系大学を卒業後に児童指導員として就職。卒業と同時に社会福祉士試験に合格し、資格を取得する。里親支援専門相談員として里親支援を担っている。里親、児童相談所と連携をしながら課題を調整するといった丁寧かつ慎重な支援を心がけている。独学で法律も勉強し、弁護士とも協働しながら問題解決にあたっている。

〈児童相談所〉

・春花　風太（ケースワーカー）　性別：男性　年齢：34歳　資格：社会福祉士、精神保健福祉士[*1]　職歴：11年

　社会福祉学部のある大学を卒業後、A市の福祉専門職で採用される。

[*1] 精神保健福祉士
精神保健福祉士は「精神科病院そのほかの医療施設において精神障害の医療を受け、又は精神障害者の社会復帰の促進を図ることを目的とする施設を利用している者の社会復帰に関する相談に応じ、助言、指導、日常生活への適応のために必要な訓練そのほかの援助」を行う（厚生労働省）。

ケースワーカーとして2年勤務後、一時保護所職員を5年、その後再びケースワーカーとして4年の経験をもつ。大也の担当ケースワーカーである。

③ ケースの概要

■利用者が入所に至った経緯

2017（平成29）年5月15日の早朝、A市にあるマンションの駐輪場に停めてあった自転車のかごに乳児が置かれているのを新聞配達員が発見する。配達員はすぐに警察に通報し、乳児はその後病院に搬送され保護される。

発見時は、衣服を着用し、布団も掛けられていたことから体温低下等の健康上の問題はなく元気であった。

保護された乳児の出自が判別できるものは一切なく、氏名、生年月日等個人の情報は不明である。そのため、すぐに戸籍の届け出が行われ、戸籍法の規定[*2]に則り、発見されたA市上原町の「上原」を姓として、市長の「大也」を名として上原大也とされ、誕生日は、推定生後2か月ほどではないかということで、発見された5月15日を基準にして2か月前の3月15日を誕生日として、戸籍に就籍された。

2週間ほどして大也は退院となり、児童相談所に併設されている一時保護所を経て、イルカ乳児院へ入所措置となった。発見から1か月ほど経過している。

■家庭環境

出自に関する情報がないため不明。

■支援の方向性

本児の出自に関する情報が一切なく、警察や児童相談所等が親を探すが、有力な手がかりもないことから、永続的な養育環境を提供することが本児の最善の利益であるとの判断により、特別養子縁組を前提とした里親委託の方向性で調整していくこととなる。

---

*2　戸籍法第57条
棄児を発見した者又は棄児発見の申告を受けた警察官は、二十四時間以内にその旨を市町村長に申し出なければならない。
2　前項の申出があつたときは、市町村長は、氏名をつけ、本籍を定め、且つ、附属品、発見の場所、年月日時その他の状況並びに氏名、男女の別、出生の推定年月日及び本籍を調書に記載しなければならない。その調書は、これを届書とみなす。

④ ケースの経過

■ 大也の状況

〈健康状況〉

発見時に病院にて検査され、特に異常はなく健康である。気管支が弱く、少し喘息の傾向がある。肌が弱く、冬は乾燥、夏は汗により湿疹ができることがある。

〈性格・行動〉

とても活発であり、表情も豊かである。担当者の夏田保育士にもよく甘え、抱っこを求めてくる。夏田保育士も大也がかわいいと感じており、勤務時間を超えても一緒にいることがある。

笑顔も多く、ほかの職員からもかわいがってもらっている。

■ アセスメント（事前評価）

遺棄は刑事事件であり、警察も捜査をしているが、有力な手がかりはなく、現状のまま時間経過をすることは大也の最善の利益とはいえない状況である。そのため、3か月程度は乳児院にて生活の安定を保障し、その後は永続的な養育を検討する必要があると考え、特別養子縁組を前提とした里親を探すことが必要、とのアセスメントをする。このことからマッチングは慎重に時間をかけて慎重に進めることが必要と判断する。

■ 支援計画（プランニング）

実親の現状が不明のままであることから、実親との交流は困難であると判断し、パーマネンシープランニング*3として特別養子縁組をめざす方向性が決定された。

短期的支援として、大也と担当者との関係を密にして特定の人との関係構築から情緒的な安定を図る。また、身辺的な自立に向けて段階的なトレーニングを進め、衣服の着脱、排泄など、自立に向けたきっかけとなるようにかかわる。

*3 パーマネンシープランニング
パーマネンシー(permanency)とは「不変性」、「永続性」といった意味があり、パーマネンシープランニングは、社会的養護の分野では、施設でも里親でもない恒久的な家族として、特別養子縁組を指す。

■ インケア

乳児院での生活には馴染んでいる。担当者等の職員との関係も良好であり、大也とほかの入所児童と遊ぶ姿もみられるようになっている。担当者の夏田保育士が不在の時に大泣きすることはあるが、ほかの職員が抱っこをしてか

かわると落ち着く。甘えん坊のところがあるため、大也の「甘えたい」欲求に対しては極力応じるようにしている。

特別養子縁組候補者との面談

大也が1歳6か月になった頃に児童相談所より、特別養子縁組候補者が選定されたとの連絡が入る。候補者は30代後半の夫婦で実子はいない。この連絡を受け、早速、施設側の意向として、職員と面談を実施したいと児童相談所へ回答をし、主任の秋間家庭支援専門相談員、担当者の夏田保育士、冬柴里親支援専門相談員の3名と児童相談所の春花ケースワーカーとで面談を児童相談所にて実施することになる。

〈面談の様子〉

候補者は、幸田育夫（38歳）幸田里美（36歳）の結婚10年目の夫妻である。現在まで子どもに恵まれず、不妊治療をしたが授かることができなかった。たまたま、テレビの特集で赤ちゃんポストがテーマの番組をみて特別養子縁組を知ったとのことであった。

育夫は銀行員で里美は通信販売の受付業務を仕事としており、経済的には安定していることがうかがえる。養子縁組を希望するにあたり気持ちや考えを聞かせてもらったが、子どものためにとの熱い思いと同時に冷静さももち合わせているようで施設側としては好印象をもつ。

マッチング（面会）

特別養子縁組の成立過程にはいくつかのステップがあり、そのファーストステップがマッチング（面会）である。施設に夫妻で来訪してもらい、大也との対面を行う。

〈初回〉

施設に来訪された幸田夫妻には、施設で配慮してもらいたいことを伝え、別室での面会は双方が緊張する可能性も高いことから、大也の生活空間に入ってもらい、遊びを通じてかかわってもらうように実施された。大也は最初、警戒をしている様子で笑顔もみせなかったが、里美の声かけに徐々に緩和し、自らおもちゃをもっていき、かかわりを求めるようになった。終盤は育夫の膝の上に座り、里美と遊ぶ姿がみられるようになる。

終了後、夏田保育士と冬柴里親支援専門相談員の2人と幸田夫妻と面談を実施する。大也の印象について、「かわいい」といい、育夫はすでに目じりが下がっている。里美も「また一緒に遊びたい」といい、初回のマッチングは良好のうちに無事終了となる。

〈2回目～6回目（月に2回程度）〉

3か月かけて6回の面会を施設内で実施した。3回目を過ぎた頃には、大也も幸田夫妻が来訪することを楽しみにしているようで、喃語[*4]で「こーちゃん（幸田さんの意味）」と言うようになる。

面会は終始楽しそうであったことから、外出、外泊へと次のステップに移行することを提案すると、幸田夫妻は満面の笑みで喜んでいる。

〈7回目～8回目〉

施設外に出ての面会を行う。最初は午前中の外出で昼食を食べて施設に戻ってくるというものである。近くの大型ショッピングセンターで過ごし、無事に施設に戻ってくる。8回目の外出は、朝から夕方（夕食前）までの外出を行い、3人で水族館に行って楽しむ。過度におもちゃなど買い与えることもなく、大也との情緒的な関係を構築しようとしている様子がみえる。

*4 喃語
生後2～3か月頃に出てくる「アー」「ウー」など、乳児の発する意味のない発声。

外泊

3か月におよぶ面会は順調に進み、次のステップは、外泊である。

月に2回程度週末を中心に1泊2日から2泊3日と徐々に泊数を伸ばしていくことで、日常生活でのかかわりを増やしていくものである。

初回の外泊終了後に夏田保育士と冬柴里親支援専門相談員と面談をする。夜中に少し夜泣きがあったので戸惑ったが、添い寝をしてしばらくすると泣き止んだ。食事は里美が手作りした和食中心のメニューであったので、煮物を少し残したが、よく食べたとのことであった。

長期外泊

面会から外泊まで約6か月間順調に進んだことから、ゴールデンウィークの間長期外泊をする。この期間は日常と非日常生活を組み立てて、大也の疲労度などを配慮した生活リズムのバランスを経験してもらうことと、濃密な時間を数日間過ごすことで絆を強めてもらうことが目的となっている。

長期外泊を無事に終え、元気に施設に戻ってきたが、幸田夫妻との別れ際に大也が大泣きするという場面もみられたことから、施設側としては順調であることを認識する。

里親委託

里親委託についての面談を実施する。児童相談所からは春花ケースワーカー、施設側から秋間家庭支援専門相談員、夏田保育士、冬柴里親支援専門相談員が同席し里親委託について話をする。

児童相談所所長と施設長が幸田夫妻の努力を高く評価しているということを伝え、大也も2歳をすぎていることから、特別養子縁組を前提とした里親委託を開始したい旨を伝える。幸田夫妻は涙を浮かべ、何度も礼をいってくる。里親委託の時期については夫妻の仕事の都合もあるだろうことで、受け入れ態勢が整い次第開始ということになる。

　1週間後に児童相談所に連絡がある。里美は育児休暇ではなく、退職を決意し、7月末で退職した。経済的には貯蓄もあることから専業主婦として、大也との時間を大切にしたいとの意向である。これを受けて8月1日付で里親委託となる。

　里親委託の6か月間は、特別養子縁組を成立させるうえでの監護期間（試験養育期間）であり、これをもとに家庭裁判所が特別養子縁組の可否を判断することになっている。

■ 特別養子縁組の成立

　6か月の試験養育期間を終え、家庭裁判所が特別養子縁組を認める決定があり戸籍に入籍されることになった。名前も「上原大也」から「幸田大也」となり、正式に幸田夫妻の子どもとなった。

演習課題

① 特別養子縁組制度において、実親との関係についてどうなるのかを調べてみよう。
② なぜ施設側が長期外泊から戻った大也が大泣きしたことで順調だと判断したのかを考えてみよう。

ケース12 相談支援1
ネグレクトにより子どもが乳児院に入所している母親への支援の事例

> **▼ 学びのねらい ▼**
>
> 近年、若年出産や未婚での出産の増加、離婚率の上昇やひとり親家庭の割合が増加し、育児不安やストレスを抱える養育者も少なくない。また地域のつながりの希薄化などにより、妊産婦や母親の孤立感や負担感が高まっている。
>
> こうした養育者の育児不安や孤立を軽減するため、妊娠期から子育て期にわたるまでの総合的な相談支援を提供するワンストップ窓口として、2016(平成28)年の児童福祉法改正により「子育て世代包括支援センター[*1]」が法定化された。これは虐待の未然防止、発生予防に国をあげて取り組むことが打ち出されたともいえる。特に乳児期は自ら助けを求めることができないため、周りの大人が早期に気づき支援につなげる視点が必要である。
>
> 本事例は、不適切な養育環境で育った母親が、養育スキルをもたず地域でも孤立し育児放棄に至ったケースである。母親の抱える問題の理解と、母親を精神的に支えながら多機関で連携し在宅支援に至った経過について理解を深めることがねらいである。

[*1] 子育て世代包括支援センター
2016(平成28)年の児童福祉法改正により、母子保健法第22条において法定化された(法律上の名称は「母子健康包括支援センター」。妊娠期から子育て期にわたるまでのさまざまなニーズに対して総合的相談支援を提供するワンストップ拠点としての役割が期待されている。

① 利用者

利用者(本人)と家族のプロフィール

・白石 麻里(本児)　性別：女児　年齢：1歳9か月
　生後11か月の時にひまわり乳児院に入所。入所時より体重増加不良、栄養不良が認められた。また表情の少なさが目立ち、言葉の遅れがみられた。

・白石 亜里沙(母親)　年齢：25歳　職業：無職
　高校卒業後、定職には就かず、飲食店のアルバイトをしていた時に春樹と出会う。同棲を始めてすぐに麻里の妊娠が発覚し、それを機に春樹と結婚。しかし、麻里出産の半年後から春樹が家に帰らなくなり、ほかの女性と同棲していることが発覚し離婚。両親とは絶縁状態であり、亜里沙が結婚、出産したことも知らない。

・田辺 春樹(父親)　年齢：35歳　職業：トラック運転手
　20歳の時に結婚し2人の子どもがいたが離婚。前妻が子どもを引き取り現

在交流はない。その後34歳で亜里沙と結婚。しかし麻里が生まれて半年後より家に帰らないことが続き、ほかの女性と同棲状態となる。このことが亜里沙に発覚し、麻里が6か月の時に離婚となる。離婚後、亜里沙や麻里との交流は全くない。

ジェノグラム

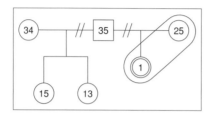

② 施設および支援者

施設の概要

社会福祉法人藍里会　ひまわり乳児院
施設形態：小規模グループケア1か所（4グループ（1グループ5名））
定員：20名
現員：男児8名・女児12名
職員数：23名
配置職員：施設長、嘱託医、事務員、看護師、保育士、児童指導員、家庭支援専門相談員、里親支援専門相談員、個別対応職員、心理療法担当職員、栄養士、調理員
そのほかの事業：児童養護施設、地域小規模児童養護施設、小規模グループケア、児童家庭支援センター

支援者

〈ひまわり乳児院〉
・牧田　くみ（保育士）　性別：女性　年齢：31歳　資格：保育士　職歴：9年

　保育系短期大学を卒業後、乳児院勤務となり9年が経つ。職員の中では主任クラスでありリーダー的存在。麻里の担当保育士である。
・大島　みわこ（家庭支援専門相談員）　性別：女性　年齢：46歳　資格：社会福祉士　職歴：20年

社会福祉系大学を卒業後、児童養護施設、児童家庭支援センターにて11年勤務。結婚を機に一度退職するも職場復帰し9年目。5年前より家庭支援専門相談員として相談支援にあたっている。施設内では主任としての立場であり、職員からの信頼は厚い。また自身の子育て経験を生かし、特に母親への支援においてはとても暖かく丁寧に行っている。亜里沙は何でも相談できる母親的な存在として頼りにしている。

〈さくら児童家庭支援センター〉

・塚口　しのぶ（相談員）　性別：女性　年齢：48歳　資格：社会福祉士　職歴：18年

　社会福祉系の大学を卒業後、児童養護施設に就職。児童指導員として8年勤務。女子ブロックを担当し、ブロックリーダーとしてケアにあたっていた。その後児童家庭支援センターに異動となり、地域でのソーシャルワークや施設退所後のアフターフォローを中心に支援を行っている。

〈保健センター〉

・宮地　恵美子　性別：女性　年齢：55歳　資格：看護師、保健師[*2]　職歴：33年

　看護系大学を卒業後、看護師資格を取得し地元の小児科に勤務。その後保健師資格を取得し公務員試験を受け保健センターに就職して27年目。乳児家庭全戸訪問事業（こんにちは赤ちゃん事業）[*3]を通して継続的に母子にかかわっている。

〈家庭児童相談室〉

・岩澤　朋子（家庭相談員）　性別：女性　年齢：40歳　資格：社会福祉士　職歴：14年

　4年制大学を卒業後、福祉事務所に非常勤職員として勤務。家庭相談員として地域でさまざまな事情を抱えた家庭や子どもにかかわっている。麻里の乳児院退所後より積極的に亜里沙と麻里にかかわりを持つ。

〈児童相談所〉

・田中　友樹（ケースワーカー）　性別：男性　年齢：38歳　資格：社会福祉士　職歴：14年

　社会福祉系大学を卒業後、公務員試験を受験し、福祉専門職として採用される。麻里の担当ケースワーカーを務めている。

*2　保健師
「保健師助産師看護師法」に基づいた資格であり、保健指導に当たる専門職。地域住民の保健指導や健康管理が主な仕事。保健師資格を取得するには前提として看護師資格が必要となる。保健師国家試験に合格して厚生労働省の免許を受けた人がなる。

*3　乳児家庭全戸訪問事業（こんにちは赤ちゃん事業）
生後4か月までの乳児のいるすべての家庭を訪問し、さまざまな不安や悩みを聞き、子育て支援に関する情報提供を行うとともに、親子の心身の状況や養育環境の把握や助言を行い、支援が必要な家庭に対しては適切なサービス提供につなげる。乳児のいる家庭と地域社会をつなぐ最初の機会とすることにより、乳児家庭の孤立を防ぎ、乳児の健全な育成環境の確保を図るものである。

③ ケースの概要

■ 利用者が入所に至った経緯

　乳児家庭全戸訪問事業（こんにちは赤ちゃん事業）で宮地職員が何度か自宅を訪問するも会えないことが続いた。その後も訪問を重ね、2か月後にようやく母子に面会できた。部屋はカーテンが閉め切られ、ゴミが散乱していた。麻里はその異臭漂う部屋の片隅にオムツ1枚で床に寝かされており、皮膚湿疹と栄養不良状態がひどく目立っていた。母親である亜里沙はベッドに寝転んだまま、ずっとスマートフォンを操作しており、子どもをあやす様子は見られなかった。母子手帳を確認すると予防接種はすべて未接種であることが判明した。また、亜里沙は「いつ予防接種を受けたらいいかわからない」、「子どもはかわいいがどう子育てをすればいいかわからない」、「旦那はほかの女と出て行って一人でこの子を育てるのは自信がない」、「お金もない」と宮地職員に訴えた。

　これらの状況から、ネグレクト状態である可能性が高いと判断し、児童相談所に通告後、麻里はひまわり乳児院に緊急一時保護委託[*4]となった。

■ 生育歴と家庭環境

　亜里沙は保育所に通っている頃に両親が離婚し母親に引き取られた。亜里沙の母親はもともと精神的に不安定であったが、さらにひとり親での育児負担が重くのしかかり亜里沙を"かわいい"と思える余裕はなかった。もともと家事全般が苦手で、家は散らかり、食事もカップラーメンやスーパーで買ってきた総菜が多かった。また経済的困窮のため仕事に追われ、亜里沙は朝早くから閉園まで多くの時間を保育所で過ごした。亜里沙が小学校に入学してからは、母親が夜の仕事を始めたため、亜里沙は母親が仕事に行っている間一人で家にいる状態であった。母親は相変わらず精神的に不安定で、亜里沙への養育に十分にかかわることができず、亜里沙が一人で食事、洗濯、掃除などの家事全般を行っていた。中学校に入り、友人関係でのトラブルや学力面でついていけないことが目立ち始め、次第に不登校状態になっていった。またこの頃より他校の不良仲間と遊び、家に帰らないことが増え母親との関係も悪化していった。高校は定時制高校をどうにか卒業するが、定職には就かず飲食店でアルバイトをしながら生計を立てた。この頃アルバイト先で春樹と知り合い、すぐに同棲を始め麻里の妊娠を機に結婚となる。

---

*4　一時保護委託
一時保護とは児童相談所の機能の一部である。保護が必要な子どもは家庭から離して児童相談所内の一時保護所で保護され、家庭環境、素行、発達、心理面での観察や診断を行い、アセスメントしアドミッションケアプランを策定する。一時保護は最長2か月である。ただし乳児においては児童相談所内の一時保護所で養育することが難しく、ほとんどは乳児院への一時保護委託となる。

④ ケースの経過

■ アセスメント（事前評価）

亜里沙の養育能力については生育歴に起因することが多く、春樹の浮気による家出のダメージと幼少期より十分に母子間の愛着関係が築かれず放任されてきた養育環境が相乗効果となってしまったと考えられる。

麻里の健康状態や、亜里沙の養育能力や精神的な状態から判断しても在宅支援は現状では厳しいと判断。亜里沙の生育歴に起因するアタッチメント[*5]の課題も大きいことから、亜里沙への育児支援を中心課題とし、適切な育児への助言や、具体的な支援が行えるようになれば再び在宅養育も可能ではないかと見立てる。

これらにより、当面は麻里を乳児院へ入所させることが妥当と判断し、亜里沙への同意を求め、児童福祉法第27条による措置[*6]決定となる。

■ 支援計画（プランニング）

短期的支援は、麻里が安心して施設生活を送れることを優先に考え、生活リズムを整えることから始めることになる。また看護師などによる健康状態の確認を日々行い、身体的発育の促進と情緒の安定に努める。亜里沙に対しては、まずは生活の立て直しをめざし、生計を立てるために仕事を探すことを短期目標にした。麻里との愛着形成も大きな課題であるため、できるだけ多く麻里との面会を促し、良好な愛着形成に努めるようにした。

長期的支援は、2歳での児童養護施設の措置変更はせず、亜里沙の養育能力を高め家族再統合[*7]をめざすことを目標にする。

■ インケア

乳児院では1人の子どもに担当保育士をつける担当制を導入しており、麻里には牧田保育士が担当となった。麻里は入所当初からあまり泣くことなく、保育者なら誰でもよいという様子で抱かれていたが、1か月を過ぎた頃から牧田保育士を見つけると甘えて泣き出すことが増えた。また表情が増え笑顔も多く見られるようになり、喃語が多く聞かれるようになった。入所当初の皮膚疾患は看護師によるケアにより日を増すごとにきれいになっていった。体重も乳児院内での栄養管理のもと、少しずつ増加していった。また心理療法担当職員による定期的な発達検査においてもおおむね順調な生育をしており特に問題はないとの見解が示される。

*5 アタッチメント
特に幼児期までの子どもと特定の養育者の間に形成される母子関係を中心とした情緒的絆のことである。子どもの愛着行動（泣く、しがみつく、微笑、後追い行動など）に母親が適切に応答することで母子の安定した情緒的な関係が成立し、基本的な信頼関係の形成の基礎となる。

*6 措置
措置とは行政が公的責任において行う行政処分であり、福祉サービスを受けるニーズを満たしているかを判定し、福祉サービスを提供することである。

*7 家族再統合
社会的養護の目的の一つである。家庭を再生し、家族と暮らせる環境を整える支援も重要である。

亜里沙は麻里の乳児院への入所が決定してから間もなく、好きだったアパレル関係の仕事に就き働き始めた。乳児院では、入所時から大島家庭支援専門相談員が亜里沙の応援役として側に寄り添い、信頼関係を構築するように努めた。亜里沙は徐々に大島家庭支援専門相談員を信頼し、自分の育った環境や、これまで辛かったことなどを話し始めるようになった。また子どもを可愛いと思う気持ちはもっていたため、大島家庭支援専門相談員から「毎日仕事終わりに短い時間でも面会にくるようにしたらどうだろうか」と提案すると、亜里沙は素直に承諾した。

亜里沙が面会に来た際には、大島家庭支援専門相談員が寄り添い、実際に麻里と亜里沙が乳児院内で過ごす様子を見ながら具体的な支援の方法などを伝える時間を意識的に確保した。亜里沙は実母から世話をしてもらう経験が少なかったため、どのように世話をしたらよいのか想像できないことが多々あったためである。また麻里の担当である牧田保育士からも麻里の様子を亜里沙に丁寧に伝えるようにした。さらに、亜里沙の養育能力向上のため、麻里の予防接種や1歳半検診などには牧田保育士や大島家庭支援専門相談員とともに亜里沙にも同行するよう積極的に声をかけた。

また、乳児家庭全戸訪問事業（こんにちは赤ちゃん事業）で麻里が4か月の頃からかかわりのあった宮地職員も、定期的に亜里沙に電話連絡を入れ、その後の様子を確認していった。

⑤ リービングケア

■家庭復帰の時期について

麻里が2歳に近づいてきた頃から、児童相談所の田中ケースワーカーと亜里沙は面談し、今後の方向性として「家族再統合」について検討することとなる。亜里沙は麻里との2人の生活を望むようになっており、育てていきたいとの意思が確認された。亜里沙の意思を確認後、児童相談所の田中ケースワーカーとひまわり乳児院（乳児院長、大島家庭支援専門相談員、牧田保育士）とでケース会議を開き、今後の方向性を協議した。

亜里沙は現在、アパレル関係の仕事も継続できており経済的な自立が進んでいること、麻里への愛着形成もできつつあることなどから、退所後の支援体制が整うことで家庭復帰を実現させてもいいのではとの意見が出されその方向で決定した。

■ 家庭復帰の支援体制

　亜里沙は現在仕事をしているため、家庭復帰に向けては麻里を保育所に入所させることが必要である。そのことで、育児ストレスが軽減でき、麻里の安全確認と発達状況の確認ができるようになる。ひとり親家庭への保育所などの優先入所[*8]もひとり親家庭への支援として位置づけられているため積極的に進めていくことにする。

　次に、退所後の亜里沙の相談窓口としては、児童家庭支援センターが担い、必要に応じて牧田保育士や大島家庭支援専門相談員もかかわりをもつことにする。また、定期的な予防接種や3歳児健康診査[*9]などにおいては、保健センターにて確認を行い、未受診が続くようであれば、児童家庭支援センターに連絡を入れてもらい、連携して見守ることを確認する。退所後しばらくは週に1回程度、児童家庭支援センターの塚口ケースワーカーが家庭訪問し、様子を見に行くこととなる。

　さらに、地域での見守りを手厚くするため、家庭児童相談室の岩澤家庭相談員とも連携し、地域での子育て支援の情報や、児童厚生施設[*10]、母親教室などの情報も亜里沙に伝えていくことにする。

　麻里の乳児院退所前に、児童相談所、乳児院、児童家庭支援センター、保健センター、家庭児童相談室の関係機関が集まりネットワーク会議[*11]を開き、虐待の再発防止、母の孤立防止のためのセーフティネットを確立し、母子支援を行う体制が整えられる。

■ 家庭復帰とアフターケア

　亜里沙は上記の支援計画をすべて承諾する。具体的な支援開始は麻里の保育所入所決定後となる。麻里は家庭復帰後すぐに保育所に通所することになるため、まずは大島家庭支援専門相談員が亜里沙とともに保育所見学に同行し、その際自宅からの通所方法の確認や、入所にともなう手続きや持ち物の確認などを細かく行う。また入所前に麻里の環境の変化に対する不安を軽減させるため、一時預かり事業[*12]を利用して麻里を数回保育所に預ける対応がとられる。

　保育所入所が決定するまでの間、麻里は毎週末自宅に帰り、母子で過ごす時間を重ねる。帰院後は、大島家庭支援専門相談員が亜里沙と面接し、帰省の期間中の亜里沙の困りごとや育児不安などを丁寧に聞きながら、麻里との愛着形成が良好かを確認している。

　アフターケアについては、児童家庭支援センターと保育所、家庭児童相談

[*8] 保育所などの優先入所
母子及び父子並びに寡婦福祉法第28条には、ひとり親家庭の子どもに対する保育所などの特定教育・保育施設への入所や放課後児童健全育成事業等の利用について、保育所入所の必要性が高いものとして市町村が特別の配慮をしなければならないと定められている。

[*9] 3歳児健康診査
3歳児健康診査とは乳幼児の健康や発達・発育の定期的な健康診断のこと。市町村に実施義務があり、1歳6か月児健康診査と3歳児健康診査がある。健康診査には、医師による健康状態の確認のほか、歯科検診や聴力、視力検査、また子育て支援を含めた親子への総合的な支援を提供する目的がある。

[*10] 児童厚生施設
児童福祉法に基づく児童福祉施設の一つであり、児童遊園、児童館等、児童に健全な遊びを与えてその健康を増進し、または情操を豊かにすることを目的としている。

[*11] ネットワーク会議
子どもに適切な支援を行うために関係機関が一堂に会して検討する会議。子どものプログラムや支援方法、役割分担などさまざまな立場から意見を出し合い支援の方向性を決めていくもの。ケースカンファレンスともいう。

[*12] 一時預かり事業
家庭において冠婚葬祭、保護者の通院、育児による心理的・身体的負担等により保育を受けることが一時的に困難となった乳児または幼児について、主として昼間に、保育所、幼稚園、認定こども園そのほかの場所において、一時的に預かり、必要な保護を行う事業のこと。

室とが定期的なカンファレンスを開き情報を共有し、万一麻里が保育所に通所しないことが続いたり、養育上問題が認められたりした場合には、すぐに麻里を保護できる体制を整えておく。

　亜里沙が慕っている大島家庭支援専門相談員との関係も大事にし、困ったことがあれば気軽に相談するように伝えている。また、乳児院での行事やイベントの予定を告知し、日頃から来所できるような配慮を行うなど、退所後の亜里沙と麻里を温かく見守り応援し続けている。

演習課題

① 幼少期に養育者との愛着形成がうまくいかなかった経験が、麻里の養育スタイルに影響を及ぼしていたが、乳児院で行った亜里沙への支援において何が大事だっただろうか。亜里沙と大島家庭支援専門相談員との関係性から考えてみよう。
② 家族再統合やアフターフォローに向けて多くの機関が連携してかかわることになったが、その際どういったことがポイントになるだろうか。
③ 育児に悩み社会から孤立した亜里沙への支援として何が大事だっただろうか。

【参考文献】
厚生労働省子ども家庭局家庭福祉課『ひとり親家庭等の支援について』
http://www.mhlw.go.jp/file/06-Seisakujouhou-11900000-Koyoukintoujidoukateikyoku/0000205463.pdf（2018年4月）
西澤哲『子ども虐待』講談社　2010年
ヘネシー澄子『子を愛せない母　母を拒否する子』学習研究社　2004年
数井みゆき『アタッチメント―生涯にわたる絆―』ミネルヴァ書房　2005年

ケース13 相談支援2

DV被害を受けて母子生活支援施設へ入所した母親への就労支援と離婚の事例

> **▼ 学びのねらい ▼**
>
> 母子生活支援施設とは、母親と子どもの権利擁護と生活の拠点となり、唯一親子を分離せずに、母親と子どもがともに入所し生活することのできる社会的養護を担う児童福祉施設である。
>
> 母子生活支援施設は、DV被害を受けた母親やDVに晒されたり児童虐待を受けた子ども、貧困世帯、子育てに悩みを抱えている親がいる。施設では、生活に何らかの困難を抱えている母親と子どもが安心・安全な環境のなかで暮らしながら、母親は子育てスキルを身に付け、就労することをめざす。子どもは大人から大切にされる体験から大人への信頼を取り戻し、親子が地域と連携しながら自立した生活をしていくことができるよう支援していく。
>
> 本事例は、父親からDV被害を受けて入所した母子の母親への就労支援を中心に取り上げられたケースである。

① 利用者

利用者（本人）と家族のプロフィール

・松田 奈央（本人）　性別：女性　年齢：31歳

　高校卒業後、ネイルの専門学校へ進学し、ネイルサロンへ就職するが、職場の人間関係に疲れ2年で退職してしまう。その後始めたアルバイト先で良治と出会い交際する。しばらくして良治との間に子どもを授かったことがわかり、結婚した。結婚後はアルバイトを辞めて専業主婦となる。

　奈央は4人家族の長女として生まれ、1歳離れた妹がいる。比較的安定した家族ではあるが、退職後は特に母親との関係がうまくいかなくなり家族とはほとんど会うことがなくなった。

　奈央はどちらかというと派手な服装をしているが、おとなしい性格である。施設内でも他者に対して笑顔で話すことができ、人間関係は一見安定しているように見えるが、実際は人とかかわると疲れてしまう様子である。

・松田 唯菜（長女）　性別：女児　年齢：7歳（小学1年生）

大人の顔色をうかがいながら行動することが多い。父親が母親に暴力を振るっている姿も目撃している。入所当初は特に母親から離れることができなく警戒心が強い。母親の体調が優れない時は長男と次女のお世話をすることもある。

・松田 優斗（長男）　性別：男児　年齢：5歳

おとなしい性格で、家のなかでゲームをして過ごすことが多い。自ら他児とのかかわりをもとうとはしない。施設内では聞き分けのよい子である。

・松田 千夏（次女）　性別：女児　年齢：3歳

母親に対して甘えることが多く独占しようとする。母親の体調が優れない時はさらに甘えることがある。

・松田 良治　性別：男性　年齢：37歳　職業：会社員

唯菜、優斗、千夏の3人の父親である。過去に離婚経験がある。気が短く、自分の思い通りにならないとすぐに怒り出し、怒鳴りつけたり、物を投げつける。また、お酒を飲むと身内に暴力を振ることもある。

ジェノグラム

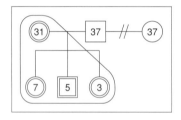

② 施設および支援者

施設の概要

社会福祉法人共愛会　みどりホーム
施設形態：5階建ての全20居室（20世帯）、事務所、保育室、学童室、静養室、応接室、プレイルーム、緊急一時保護室、宿直室がある。
定員：20世帯
現員：20世帯
職員数：13名
配置職員：施設長、事務職員、嘱託医、母子支援員、少年指導員、保育士、心理療法担当職員、個別対応職員
そのほかの事業：緊急一時保護、ショートステイ

■支援者

・安藤 由香里（母子支援員[*1]）　性別：女性　年齢：43歳　資格：保育士　職歴：21年

大学卒業後、保育所で15年間勤務する。その後、転職し、母子生活支援施設で母子支援員として勤務している。生活支援、子育て支援、就労支援などの支援を行う。

・高田 祐一（少年指導員[*2]）　性別：男性　年齢：25歳　資格：児童指導員　職歴：3年

福祉系大学在学中に児童養護施設と母子生活支援施設でボランティアをしていた経験がある。大学卒業後、児童指導員として就職する。施設で安心して暮らすことができるように環境を整えたり、子どもと遊びや学習などを通してかかわりをもっている。

・秋山 陽子（個別対応職員[*3]）　性別：女性　年齢：34歳　資格：臨床心理士[*4]、社会福祉士　職歴：6年

福祉系大学院を修了後、母子生活支援施設に就職する。親や子どもの心のケアを中心に行っている。

[*1] 母子支援員
母子生活支援施設で主に母親に対して自立のための支援を担当する。就職支援、子育て支援や各関係機関への手続きや連絡を母親と行う。

[*2] 少年指導員
母子生活支援施設で主に子どもの日常生活の支援を行う。子どもを預かり保育をしたり、学習指導を中心に行う。

[*3] 個別対応職員
被虐待児等で個別的なかかわりの必要な場合に対応したり、保護者への援助も行う。

[*4] 臨床心理士
児童相談所だけではなく、被虐待児の増加により施設にも配置されている。施設内でも心理療法や発達検査などを行う。母子生活支援施設の場合、母親も子どもも受けることがある。

③ ケースの概要

■利用者が入所に至った経緯

奈央は退職後に勤めたアルバイト先で出会い交際した良治との間に子どもを授かり半年で結婚する。交際中の良治は優しかったが、お酒を飲むと騒いで周囲に迷惑をかけることもあった。奈央もアルバイト先の仲間もそのことを気にしていたが、妊娠していたため結婚に至った。

奈央はアルバイトを辞めて結婚し、一緒に生活を始める。良治は日常的な不満や怒りがあると妊娠中の奈央に対して罵声を浴びせたり、物を投げつけることがよくあった。投げた物が奈央の顔面に当たりあざができることもあったが奈央は周囲に知られてはいけないと思い、病院に行くことができなかった。

長女の唯菜を出産後も良治の様子は改善されていくどころか、奈央に直接暴力を振るうようになっていった。子どもが産まれたことから、奈央は2人で話し合いの場をもち、何とか生活を変えていきたいと思っていたが、恐怖のあまり服従する生活を続けていた。長男、次女を出産しても状況は変わらず、罵声と暴力を受ける日々が続いていた。このままでは子どもとの生活も

ままならないと思い、何度か家を出て行こうとしたが行動には移せずにいた。しかし、子どもたちが通っている保育所で子どもの落ち着きがないことなどを保育士から面談で伝えられたことをきっかけに、奈央は家庭のことを含めて保育士に語るようになる。相談していくうちにこのままではいけないと再認識し、家を出る決意をする。警察の協力も得て、配偶者暴力相談支援センターで一時保護され、母子生活支援施設へ入所する。

④ ケースの経過

■アセスメント

入所後の1週間は母子ともに表情が硬く、夫が居住地を調べて施設に来るのではないかと怯えていた。奈央は職員の話に応答するが、子どもたちは反応しない。それどころか奈央から一時も離れようとしない。

世帯の担当職員である安藤母子支援員を中心に、今後の生活についてアセスメントを行っていく。

話を聞く前にまずは担当職員から母子生活支援施設での生活について説明する。そして、施設の所在地は夫に知らされていないことを伝え、安心して話ができるような雰囲気になるようにした。夫には会う可能性がないことがわかると奈央と唯菜の表情が和らぐ。

奈央が夫から受けてきたDVや子育ての苦労などについて話を聞き、自分の意思で逃げてくることができたことを安藤母子支援員はねぎらう。

3人の子どもたちを連れて逃げてくることがやっとのことで、「着の身着のままで逃げてきてお金がないから今後はすぐにでも働かなくてはならないと思っている。」と話す。その一方、「今まで働いた年数も短く、ネイル以外の仕事は思いつかない。何も資格などもっていないし……」とうつむき加減で不安げな表情になる。

また、子どもたちのことや自分自身が夫から受けてきた暴力に関しても、「もうあんなふうに夫の暴言や暴力を振るわれたくない。あの家に戻ることは考えられないし考えたくもない」と話す。DVを見ていた子どもたちは、「パパはママにいつも怒ってた。怖い……。ママと一緒に居たい」と口にした。

■自立支援の目標と支援の実施

アセスメントをもとに自立支援計画が短期的支援と中長期的支援に分けられて策定された。短期的支援としては、安心感や安定感を得て生活に慣れて

もらうために「心身の安定と新しい生活への適応」が目標となった。中長期的支援としては、母子がいずれ地域で生活していくことができるように「離婚問題の解決」と「経済的生活の確立」が目標となった。

短期的支援目標の「心身の安定と新しい生活への適応」については、子どもたちが母親から離れられないことを心配したが母子ともに安心した生活を送ることができるようになってきており、施設内では母親と子どもがそれぞれの場所で過ごすこともできるようになった。

入所当初は夫のDVや環境の変化により精神的に不安定であったため、秋山個別対応職員と話をする機会を設けた。そして、安藤母子支援員と高田少年指導員は生活に困ったことや精神的に辛いこと、心配なことはないかなどを気にかけながらコミュニケーションを取っていた。

中長期的支援目標の「離婚問題の解決」については、弁護士と相談のうえ奈央の精神的負担がなるべく軽減されるように様子をみながら進めていく。また、「経済的生活の確立」については、金銭をほとんど持ち出さずに逃げてきたことから、奈央もすぐにでも働かなければならないと意識しており就労意欲がある。生活に必要な家具などを購入するお金などはないため、施設の貸し出し備品で補い、生活を整える。

■ 就労支援

奈央は仕事について考えていたが自分にはどのような仕事ができるのかと悩んでいた。子どものことを考えて安定した仕事に就くために看護師や介護福祉士などの資格取得をめざしたほうがよいのではないかと考えてみるものの本当に働くことができるのかという不安が大きい。安藤母子支援員は奈央が仕事を辞めた理由として、職場の人間関係に疲れてしまったということを考慮し、話を一つずつ整理していくことにした。職場の人間関係に疲れてしまうという話ではあったが、奈央からさらに話を聞いていくと、ほとんど初対面のお客様を相手にすることも疲れやストレスの原因の一つであったことがわかった。奈央は施設内では慣れてくると普通に会話もできることから、できる限り人の入れ替わりが少ない仕事か、人とのかかわりが少ない仕事を探したいと話がまとまった。そのほかに、安藤母子支援員は、奈央がネイルなど細かい作業をじっくり取り組むのが好きなこと、ネイルサロンで働いていた時にお店の掲示物やチラシなどをパソコンで作成していたことがあり、そのパソコンを使う作業は苦手だったが使っていくうちに使い方がわかってくると凝ったものも作成していたという話を聞いていたため、奈央の丁寧さや物事に対する探究心があることが強み（ストレングス）であると考えた。

その後、安藤母子支援員と一緒にマザーズハローワークへ相談に行き、就職希望について伝えた。事務作業の多い仕事を中心に考えることとなったが、就業でのパソコン経験があまりないことから、自立支援教育訓練給付金事業でパソコン講座を受講することにした。パソコン講座の受講だけでなく、施設内でもパソコンの練習ができるように一時的に子どもたちを預けて安藤母子支援員とパソコンの勉強をした。以前パソコンを使用したことがあることから苦手意識は少なく講座を無事受講し、奈央の自信にもつながりパソコンを活用する事務仕事への就労意欲も高まった。そしてそのまま就職活動を継続し、パソコン事務の仕事に就いた。

■ 離婚問題

離婚については法テラス[*5]の弁護士に相談した。離婚調停に向けて陳述書を作成する際に、これまで受けてきた暴力について詳細に記載した。奈央は暴力を受けた時の話をしていると表情が暗くなり涙を浮かべることもあった。交際中の飲酒後の良治の言動についてアルバイト先の人と交わしたメールのやり取りや、奈央が妊娠中や出産後に受けた暴力によるあざなどを携帯電話の写真に残していた。また、奈央が逃げる少し前に良治が暴言を吐いているところを携帯電話の録音機能で残していたため、それらを証拠とした。その結果、保護命令が出た。

その後、離婚調停が始まった。良治は暴力に対して口論だったなどと言い訳をしていた。3回の調停が行われたが、なかなか合意せずその後も時間がかかった。しかし、調停を通して奈央が断固として離婚しようとしている姿勢を貫くと良治が合意したため、離婚が成立した。長期に渡る離婚問題に奈央も疲れを見せていたことと、奈央の精神的負担が子どもにもなるべく影響しないようにするために施設では子どもを預かり、子どもへの負担を軽減した。また奈央とは、職員と話す時間を確保したり気分転換できるような時間を確保するようにした。

> *5 法テラス
> 法テラスは、国が設立した法的な総合案内所のことである。経済的な理由で弁護士に相談できない場合にもサービスを受けることができる。

演習課題

① 奈央のエンパワメントについて考えてみよう。
② 本事例での就労支援の配慮する点や注意する点について考えよう。
③ 本事例での退所に向けて準備が必要なことを考えよう。

終章

社会的養護実践における課題と展望
〜その将来像〜

1 社会的養護の歴史的経過

　本書において学んできた通り、子どもおよび子育てをめぐる社会環境の変化には目を見張るものがある。子どもの生存権、幸福追求は社会的責任としての国家責任であり、質を考慮した養育環境の保障に向けた取り組みが急ピッチで取り組まれている。

　また、子どもの養育課題は戦前戦後の中心であった孤児の養育とは異なり、近年は被虐待児童への対応、障害のある子どもへの支援、DV被害等、より高度な専門的対応を要する養護・役割・機能へとその変化が顕著となってきている。

　これらを理解するうえで社会的養護の歴史的経緯を確認することは大切なことである。

　社会的養護の多くは、第二次世界大戦後による戦争孤児や浮浪児を救済したところから事業を開始したところが多い。戦争孤児は、わかっているだけで約12万人にのぼり、そのうち浮浪児は推定3万5,000人といわれている。しかし、戦後の混乱期の調査であったこともあり、おそらくこの数倍の子どもたちがいたと推測される。子どもの年齢は14歳以下の者がほとんどで、親を失い、家を失った浮浪児たちは窃盗や徘徊など、さまざまな問題を巻き起こし、浮浪児対策は深刻な社会問題であった。これらの子どもを受け入れたのが「篤志家」といわれる社会事業家であり、その志の背景は信仰が大きく影響していることが多い。

　高度経済成期には産業構造が変化し、人口が都市部へと移動したことで、核家族化が進んだ。親と子どものみの世帯が増加したことで、世帯に人数が減少し、相互扶助で解決する家庭の自己治癒力も低下したことから、離婚や疾病などの家族問題が生じると、子どもの養育が困難となり、これらの受け皿として社会的養護は機能してきた。

　そして、現在は児童虐待など不適切な養育（マルトリートメント）による受け皿として、子どもの居場所を担保したうえで心身の治療、発達保障、自立支援といった機能へと変化した。このように、子どもと家庭のセーフティネットとして中心的な機能を施設が担ってきた。

2 児童福祉法改正と新しい社会的養育ビジョン

① 児童福祉法改正

　2016（平成28）年5月に児童福祉法が改正され、2017（平成29）年より施行されたが、今回の改正は第1条の理念規定から改正されるという「大改正」といえるものであった。

　第1条の理念規定には「児童の権利に関する条約の精神にのっとり」と条文に盛り込まれ、国際的基準を意識したものになっている。また、代替的養護についても深刻化する児童虐待問題の対応の一つとして、そのあり方についても言及されている。

　今回の改正に大きな影響を与えたのは、国連子どもの権利委員会の「国連子どもの代替的養育に関するガイドライン」（2009年11月20日採択）である。この委員会が日本に対して1998年、2004年、2010年の3度にわたり社会的養護のあり方について勧告を出している。勧告の核は「施設中心ではなく、家庭やそれと同等での養育を保障すべき」といったものである。この指摘により里親などの家庭養護を推進する必要性に迫られている。

② 児童福祉法改正における社会的養護の位置づけ

　代替的養護における国際的基準は里親であるのに対して、日本は施設養護が中心であり、この現状を打開するために改正された児童福祉法には第3条の2が新たに付け加えられた。

　内容は、国と地方公共団体の責務を明記したうえで、①子どもが家庭で養育されるよう保護者を支援する（家庭養育）、②家庭での養育が困難または適当でない場合には家庭の養育環境と同様の環境で継続的に養育される（里親、養子縁組による養育）、③家庭、家庭と同様の養育環境が適当ではない場合は、できる限り良好な家庭的環境で養育される（地域小規模児童養護施設、小規模グループケア）といった3つの受け皿をあげている。

　特に注目すべきは③であり「良好な家庭的環境」は「小規模グループケア」や「地域小規模児童養護施設」のことを指す点である。これにともない、大舎制などの従来の児童養護施設や乳児院の形態は社会的養護の枠組みから除外された。

❸ 新しい社会的養育ビジョン

児童福祉法の改正を受け、2017（平成29）年8月2日に厚生労働省が「新しい社会的養育ビジョン」（以下、養育ビジョンとする）を示した。この養育ビジョンは、社会的養護の関連団体を大きく揺さぶることとなった。これを受けて、全国児童養護施設協議会は「施設に対する偏見」だとして反対の意思を明確にしている。

養育ビジョンの特徴は、児童福祉法を改正したうえで、社会的養護の枠組みを施設養護から里親等の家庭養護へと加速させるために具体的な数値目標について言及した点である。これにより乳児院は受け皿としての役割を終えることになり、乳児院は機能転換と名称の変更が求められ、児童養護施設は、小規模化と地域分散化を柱として、ケアニーズの高いケースに対応する高機能化と地域分散化が求められている。これにより、10年程度の時間を要して大きく機能を転換させることになっている。児童養護施設も入所する子どもが激減する可能性が高まり、閉鎖となる施設もでてくることが予想される。

養育ビジョンの主たる内容としては施設養護からの脱却と家庭養育の優先を掲げ、実親の養育困難や不適切な養育の場合は、里親委託を優先的に行い、子どもに家庭生活を保障するというものである。また、実親との再統合が困難なケースについては、永続的な養育（パーマネンシープランニング）として、特別養子縁組を推進するとしている。

これらを達成するための具体的な方策は、①児童相談所と民間団体が連携し、養親希望者を増加させること、②概ね5年以内に年間1,000人以上の特別養子縁組の成立をめざし、その後も増加を図ること、③就学前の子どもについては、家庭養育を原則として、原則的に施設への新規入所を停止する。そのために2020年までにフォスタリング機関事業の全国展開のための整備を完了させること、④3歳未満は概ね5年以内にそれ以外の就学前の子どもについては概ね7年以内に里親委託率75％以上を実現させ、学童期以降は概ね10年以内を目途に里親委託率50％以上を実現するとしている。

これらについて関係団体や自治体からは、数値目標を達成するには困難だとの意見を受けて、数値目標は求めないとする動きもある。その一方で数値目標を求めなければ養育ビジョンは「骨抜き」になるとの批判もあり、国としては「乳幼児は数か月以内、学童期以降は1年以内とし、特別なケアが必要な場合でも3年以内を原則とすること」を強く意識している。

改めて社会的養護の意味を確認すると、社会的養護は保護者からの適切な養育・監護がなされない、保護者に養育・監護させることが適当でない等の

状況下にある児童を社会的（公的）責任下において社会的に養育・保護し、自立への支援を行うとともに、養育上の困難を抱える家庭への支援を併せて行う理念であり実践を指す。その基盤には、当該子どもの最善の利益のために何が適切なのかを考え、社会全体で子どもを育むという理念を置かなければならない。

したがって、社会的養護には「養育機能」「心理的ケア等の機能」「地域支援等の機能」の3つの機能[1]を有する。

さらに、上記の3つの機能に加え、「子どもの養育の場」「虐待等からの保護と回復」「世代間連鎖を防ぐ」「ソーシャルインクルージョン（社会的包摂）」の4つの役割[2]が指摘されている。

これらの特性を踏まえ、「家庭的養護の推進」「専門的ケアの充実」「自立支援の充実」「家族支援、地域支援の充実」が社会的養護の進むべき基本的方向性[3]として図られている。

3 社会的養護にかかわる専門職として

社会的養護の対象は、乳児院や児童養護施設、母子生活支援施設等における取り組みだけを意味するものではないことが理解できたであろう。広義に解釈するならば、障害関係施設、保育所等で提供される支援サービス等もその範疇として考えなければならない。

児童福祉法に規定している保育士は、児童福祉関係施設において活躍すべき専門職であることに鑑みると、実践対象の違いこそあれ、その役割を担うべき知識や技術等の専門性を養成していくことの必要性に議論の余地はないといえる。

したがって、社会的養護における共通課題として、制度的枠組みの確立と整備はもちろんのこと、直接、子どもたちの生活・生命・権利・自立にかかわる専門職である職員の質が重要な鍵となるのである。

近年、職員の質的向上への取り組みは、施設長や基幹的職員（スーパーバイザー）の研修はもとより、中間的責任者レベルによる研修、家庭支援専門相談員（ファミリーソーシャルワーカー）による研修、職員研修システムの構築等が積極的に取り組まれている。日常的ケアにとどまらず、子どもの自立と家庭の再構築といった目標を踏まえた児童養護領域における専門職員として日常的具体的な要求に応えるべく専門職性（能力）について実践上求められる要素を次にまとめる。

- 子育て支援におけるターゲットは「①子ども自身、②親、③親子関係、④地域社会」の4つの枠組み[4]であることを踏まえる。
- 子どもの人生へ関わるという社会的価値への意識をもつ
- 社会資源を有効活用しつつ家庭の再構築への適切な判断と支援に関わる視野を涵養する
- 社会資源を有効活用し、多様な背景や支援を要する子ども（虐待、障害、貧困、国籍等）支援のための専門的援助能力向上に取り組む
- 子どもの自己肯定感や主体性（自信）を育む
- 家族の意味・かたち、親子関係のあり方の理解を促す取り組み
- 子どもとしての生活を送る上での安心・安全の実感と環境確保
- 衣食住の基本的な生活管理、金銭管理、健康管理、個人情報を守る
- 子どもが社会資源を有効に活用し生活の質的転換を図ることのできる力の育成
- 自立生活能力の育成（生活スキル、社会的スキルの向上）
- 自己選択・自己決定をしながら他者との共生していく力の育成
- 社会人、職業人としてのマナー習得への関与
- 学習能力向上への関与
- 職業選択・進路選択・人生設計能力の育成

　以上、本書で学んできた内容を踏まえ整理したが、子どもの多様な生活と自立等へ向けた支援である以上、専門職としての業務内容はこの限りではなく、常に高度なものへと深化していかなければならないし、資質向上への努力を怠ってはならない。

4　社会的養護のこれから

　社会的養護という概念は、子どもの養育に対する幅広い理念を含んだ社会的支援体制の総体である。しかしながら、この概念および社会的責任下で行われるべき養育プロセスであるという基本的視点について社会的認知と社会的コンセンサスは十分とはいえない状況である。このような状況下に加え、児童虐待や障害などの特別な支援、治療を必要とする子どもへの専門的処遇、自立支援に向けた取り組み、子どもの多様かつ複雑なニーズへの対応、子育ての潜在的問題や早期発見・早期対応のための相談・支援体制、地域における家庭支援の充実、家庭において適切な養育を受けることができない子ども

の増加予測等、社会的養護における課題は山積している。社会的養護を担う専門職者としての保育士にも、日常的ケアの知識とスキルだけではなく児童の自立に介入する者としての社会的責任と期待が課せられていることを忘れてはならない。

次世代を担う社会の財産である子どもを育成支援していくという観点から、子どもは家庭だけではなく地域社会とともに育つ、地域社会のなかで育てる、という共通認識を社会に根付かせることが重要となる。つまり、家庭において養育困難に陥った時は、まず地域社会がその家庭の機能を補完し合う。そして、地域・社会が協働して子どもの養育に取り組むことができる社会システムの確立と供給体制が社会的養護であり、それを必要とする子どもたちに対して、未来（将来）への希望や自分への自信・自尊心の確立、社会や大人たちへの信頼感の確保、人間として健やかに当たり前に育つことができるように格差のない支援のあり方を検討し合うことが社会的養護の一側面である。

留意すべきことは、一般家庭の子どもと公平な地平線からの出発点に立ちながら、社会への自立に向けた支援をどのように構築していくかが、社会的養護の意義と深くかかわっていくことを忘れてはならない。

【引用文献】
1) 児童養護施設等の社会的養護の課題に関する検討委員会・社会保障審議会児童部会社会的養護専門委員会とりまとめ「社会的養護の将来像」厚生労働省　2011年7月　p.3
2) 前掲書　p.3～p.4
3) 前掲書　p.5～p.6
4) 山縣文治「子ども家庭福祉とソーシャルワーク」『ソーシャルワーク学会誌　第21号』日本ソーシャルワーク学会　2011年　p.11

【参考文献】
児童養護施設等の社会的養護の課題に関する検討委員会・社会保障審議会児童部会社会的養護専門委員会とりまとめ「社会的養護の将来像」2011年
新たな社会的養育の在り方に関する検討会「新しい社会的養育ビジョン」2017年
厚生労働省子ども家庭局「『都道府県社会的養育推進計画』の策定について」2018年

学ぶ・わかる・みえる
シリーズ　保育と現代社会

演習・保育と社会的養護実践
―社会的養護Ⅱ―

2019年4月20日　初版第1刷発行
2023年7月20日　初版第5刷発行

編　　集	橋本　好市
	原田　旬哉
発　行　者	竹鼻　均之
発　行　所	株式会社 みらい
	〒500-8137　岐阜市東興町40　第5澤田ビル
	TEL　058-247-1227(代)
	FAX　058-247-1218
	https://www.mirai-inc.jp/
印刷・製本	サンメッセ株式会社

ISBN978-4-86015-470-7 C3036
Printed in Japan　　　乱丁本・落丁本はお取り替え致します。

シリーズ 保育と現代社会

保育と社会福祉〔第3版〕
B5判　232頁　定価2,310円(税10%)

演習・保育と相談援助〔第2版〕
B5判　208頁　定価2,200円(税10%)

保育と子ども家庭福祉
B5判　224頁　定価2,310円(税10%)

保育と子ども家庭支援論
B5判　180頁　定価2,310円(税10%)

保育と社会的養護Ⅰ
B5判　256頁　定価2,530円(税10%)

演習・保育と社会的養護実践
—社会的養護Ⅱ
B5判　228頁　定価2,310円(税10%)

演習・保育と子育て支援
B5判　208頁　定価2,420円(税10%)

演習・保育と障害のある子ども
B5判　280頁　定価2,530円(税10%)

保育と日本国憲法
B5判　200頁　定価2,200円(税10%)

保育士をめざす人の 福祉シリーズ

九訂　保育士をめざす人の社会福祉
B5判　208頁　定価2,310円(税10%)

新版　保育士をめざす人のソーシャルワーク
B5判　188頁　定価2,200円(税10%)

新版　保育士をめざす人の子ども家庭福祉
B5判　204頁　定価2,310円(税10%)

新版　保育士をめざす人の社会的養護Ⅰ
B5判　176頁　定価2,310円(税10%)

新版　保育士をめざす人の社会的養護Ⅱ
B5判　168頁　定価2,310円(税10%)

新版　保育士をめざす人の子ども家庭支援
B5判　184頁　定価2,310円(税10%)

新時代の保育双書 シリーズ

ともに生きる保育原理
B5判　192頁　定価2,420円(税10%)

幼児教育の原理〔第2版〕
B5判　176頁　定価2,200円(税10%)

今に生きる保育者論〔第4版〕
B5判　216頁　定価2,310円(税10%)

子どもの主体性を育む保育内容総論
B5判　208頁　定価2,310円(税10%)

保育内容　健康〔第2版〕
B5判　224頁　定価2,310円(税10%)

保育内容　人間関係〔第2版〕
B5判　200頁　定価2,310円(税10%)

保育内容　環境〔第3版〕
B5判　176頁　定価2,310円(税10%)

保育内容　ことば〔第3版〕
B5判　200頁　定価2,310円(税10%)

保育内容　表現〔第2版〕
B5判　176頁　定価2,420円(税10%)

乳児保育〔第4版〕
B5判　200頁　予価2,200円(税10%)

新・障害のある子どもの保育〔第3版〕
B5判　280頁　定価2,530円(税10%)

実践・発達心理学〔第2版〕
B5判　208頁　定価2,200円(税10%)

保育に生かす教育心理学
B5判　184頁　定価2,200円(税10%)

子どもの理解と保育・教育相談〔第2版〕
B5判　192頁　定価2,310円(税10%)

図解　新・子どもの保健
B5判　136頁　定価1,980円(税10%)

演習　子どもの保健Ⅱ〔第2版〕
B5判　228頁　定価2,420円(税10%)

新・子どもの食と栄養
B5判　236頁　定価2,530円(税10%)

　株式会社みらい　https://www.mirai-inc.jp/
〒500-8137　岐阜市東興町40番地　第五澤田ビル
TEL (058)247-1227(代)　FAX (058)247-1218